Fuck & Go

Ulla Rhan

Fuck & Go

Warum Männer sich nicht binden wollen und Frauen daran schuld sind

Eichborn

1 2 3 06 05

Umschlaggestaltung: Christiane Hahn
Lektorat: Dr. Barbara Werner
Layout: Tania Poppe
Gesamtherstellung: Fuldaer Verlagsanstalt, Fulda

ISBN 3-8218-5603-3

Verlagsverzeichnis schickt gern:
Eichborn Verlag, Kaiserstraße 66, D-60329 Frankfurt/Main
www.eichborn.de

Inhalt

Den letzten weißen Bären gewidmet.

Einleitung

Von allen Seiten erschallt in unserem Land das Lamento der Single-Frau: Nichts wünscht sie sich sehnlicher als eine Beziehung – einen Mann zum Verlieben, der mit ihr durch dick und dünn geht und mit dem sie das perfekte Glück leben kann, bis dass der Tod sie scheidet. Was stellt sie nicht alles an, um ihren Traumprinzen kennen zu lernen. Stunde um Stunde harrt sie in stickiger Kneipenluft aus und mustert jeden Typ, der am Tresen lehnt. Sie zeigt auf allen Partys strahlende Präsenz, um ihre Netze auszulegen, fahndet per Annonce nach ihm, wühlt sich durch Berge von Kontaktanzeigen, steht tapfer den zermürbenden Marathon des Bewerber-Siebens durch und schlägt sich so manche lange Nacht in den Chatrooms des World Wide Web um die Ohren.

Aber die Ausbeute ihrer Mühen ist denkbar mager. Und hat sie dann doch endlich einen Mann entdeckt, der ihrer Vorstellung von der Idealbesetzung wenigstens annähernd entspricht, gerät sie erst richtig ins Dilemma: Kaum zieht sie in Erwägung, ihrem Hirn grünes Licht zur Ausschüttung der Verliebtheitshormone zu geben, kneift der so viel versprechende Kandidat den (pardon!) Schwanz ein und ward nicht mehr gesehen. Ist also doch was dran an der Mär von der Bindungsunfähigkeit des modernen Mannes?

Einerseits schon, denn dass es sie gibt, ist unbestritten – die Beziehungsphobiker und Don Juans, die Lügner, die Feiglinge und die ganz schlichten Vollidioten. Andererseits aber kommt es immer wieder vor, dass tolle Frauen an tolle Männer geraten und es trotzdem nicht klappt. Die weiblichen Singles, von denen ich hier rede, brauchen sich nicht zu verstecken, wirklich nicht. Sie sind das Anti-Modell des Mauerblümchens, verstehen, etwas aus sich zu machen, sind intelligent und unabhängig und treten entsprechend sicher auf. Sie betrachten Sex nicht als reine Pflichtübung, sondern können dem Akt durchaus Lustvolles abgewinnen. Und sie sind bereit für den Mann ihrer Träume – bereiter geht's nicht.

Dann allerdings passiert immer wieder das Gleiche: Zuerst berichten sie atemlos und mit verklärtem Blick, sie hätten am letzten

Wochenende jemanden kennen gelernt. Also echt, sie wollten ihr Glück ja nicht beschreien, aber dieses Mal hätten sie das untrügliche Gefühl, es sei Mr. Perfect persönlich. Die Euphorie ist derart überschäumend, dass eine Spontanheirat alles andere als ausgeschlossen scheint. Doch plötzlich hört man nichts mehr von der Sache. Fragt man irgendwann mal nach, was aus dem Herzass geworden ist, tut sie, als sei nichts gewesen. »Ach weißt du, eigentlich hab ich ja von Anfang an gespürt, dass das nichts wird. Es hat einfach nicht gepasst.« Oder sie zieht vom Leder: »Wieder so ein Schwein, das nur seinen Spaß haben wollte. Gut, dass er weg ist.«

Also wieder nichts. Je nachdem, wie weit das emotionale Engagement der Noch-immer-Single-Frau gegangen ist, wird sie sich grämen oder bloß die Achseln zucken und weiterträumen, denn sie weiß: irgendwann wird sie IHN finden, den Seelenpartner, nach dem sie sich verzehrt. Er ist da draußen und wartet auf sie. Ist bloß eine Frage der Zeit, bis sie ihn trifft. Und was die bisherigen Reinfälle anbelangt, da hatte sie eben Pech.

Aber ist es wirklich bloß eine Glückssache, den Richtigen zu finden? Ich bin überzeugt, die Dauer-Pleite hat System. Und dass es nicht klappt, liegt meist nicht – wie wir so gerne glauben – an den Männern. Bei genauerem Hinsehen wird deutlich, dass die Frauen es sich in weiten Teilen selbst zuzuschreiben haben, wenn ihre Beziehungen über das Anfangsstadium einfach nicht hinauskommen wollen.

Warum also immer die Schuld im männlichen Lager suchen? Es würde uns wesentlich weiterbringen, endlich einmal vor unserer eigenen Haustüre zu kehren. Und genau das will dieses Buch. Es zeigt auf, wie wir noch heute unter dem Schatten einer Emanzipationsbewegung stehen, die mit der generellen Verteufelung des Mannes den Ton zwischen den Geschlechtern vergiftet und im weiblichen Hirn ein Feindbild verankert hat, das uns zu Angstbeißerinnen macht. Wir signalisieren in tradierter Vehemenz »Komm mir bloß nicht zu nahe!« und wünschen uns doch das genaue Gegenteil.

Auch die mit viel guter Absicht und Frauenpower durchgedrückte »sexuelle Befreiung« hat sich letztlich gegen uns verkehrt. Zwar brauchen wir heute kaum noch Angst vor ungewollter Schwangerschaft zu haben und können unbeschwert unsere Lust mal mit dem einen, mal mit dem anderen genießen, aber den Bindungseifer der Männer haben wir deutlich abgelöscht. Die viel beklagte männliche Fuck&Go-Mentalität haben wir Frauen in letzter Konsequenz erst möglich gemacht, da wir im revolutionären Überschwang der Sechziger- bis Achtzigerjahre naiverweise alle Köder, Netze und Angelhaken über Bord geworfen haben, mit denen unserere Vorfahrinnen ihre Männer über Jahrhunderte hinweg ans Weib und Heim ketteten.

Wir modernen Frauen sind in vielerlei Hinsicht überaus emanzipiert. Keiner kann uns ein X für ein U vormachen. Um uns Gehör zu verschaffen, nehmen wir kein Blatt vor den Mund. Dass sich hinter unserer großen Klappe aber ein winzig kleines, bibberndes Herzchen verbirgt, wird immer dann deutlich, wenn es ernst wird, besonders beim Thema Erotik. Statt auf unser eigenes Gefühl zu vertrauen und unsere Lust (oder auch Unlust) zu leben, lassen wir uns von den Sexbotschaften beeindrucken, die uns in den Medien eingetrichtert werden. Um ja nicht als bieder und prüde zu gelten, mimen wir nach außen hin die verruchte Queen of Erotics. Aber wehe, wenn es einmal wirklich zur Sache geht und wir spüren, dass wir den Kopf verlieren könnten. Dann kriegen wir Angst vor der eigenen Courage und ziehen uns je nach Naturell klammheimlich oder unter wüsten Beschimpfungen auf die »sexistischen Saukerle« zurück.

Klar, es gibt unter den Männern solche und solche. Doch sosehr wir auf die Chauvi-Schweine schimpfen, die uns nach Strich und Faden ausnutzen, bevor sie uns wie eine heiße Kartoffel fallen lassen – genau das sind die Typen, denen wir uns in schöner Regelmäßigkeit an den Hals werfen. Wir hängen uns mit Vorliebe an die Frauen-Abgreifer, Blender und Seitenspringer, die sich garantiert nicht binden wollen. Lässt uns so einer (wie zu erwarten) sitzen, brauchen wir wenigstens unser Weltbild vom bösen Mann nicht zu revidieren. Wir klagen weiter: Wo sind nur die richtigen Männer geblieben? Gute Frage. Wo sind sie denn geblieben? Nun, ich will nicht alles schon in der Einleitung verraten …

Gerade Single-Frauen sind es gewohnt, in ihrem Leben alle Fäden in der Hand zu halten. Die Kontrolle abzugeben, ist für sie noch schwerer als für andere. Verständlich, dass ihr Unterbewusstsein sie darum ständig zur Einhaltung eines maximalen Sicherheitsabstands zu Männern mahnt, die ihnen »gefährlich« werden könnten. Was könnte sie besser schützen, als sich in einen himmelhohen Turm aus Ansprüchen einzumauern und einen Wassergraben aus flotten Abwehrsprüchen darum herum zu ziehen? Wie es im tiefsten Inneren aussieht, geht schließlich niemanden etwas an. Hin- und hergerissen zwischen emanzipierter Weltenbürgerin und Pflänzchen Rühr-mich-nicht-an, zwischen kämpferischer Amazone und hilflosem Mäuschen kommen wir Frauen von heute als personifizierter Widerspruch daher. Während wir uns auf diesem Schlingerkurs durchs Leben lavieren, purzeln wir interessanterweise jedes Mal just in die Rolle hinein, die uns die meisten Vorteile beschert: Einerseits verweigern wir uns vehement der Hausfrauenrolle und weisen jeden männlichen Wunsch nach Versorgung zurück, andererseits schreien wir nach dem Kavalier, der uns auf Händen trägt, uns in Watte packt und wie selbstverständlich im Restaurant die Rechnung für uns mit übernimmt. Wenn sich einer längerfristig bindet, rutscht er sogleich in die Rolle des Hauptverdieners. Und geht eine Ehe schief, darf er erst recht löhnen.

Warum machen die Männer das überhaupt mit?

Der Trieb, der Trieb …

Dennoch ist beim »starken Geschlecht« eine zunehmende Abneigung zu verzeichnen, sich auf das Abenteuer Beziehung einzulassen, denn immer öfter haben die Kerle den Eindruck, dabei die berüchtigte »Arschkarte« zu ziehen. Wie er sich auch dreht und wendet – der Mann von heute hat das Gefühl, bei uns Frauen immer alles falsch zu machen. Kehrt er den Macho raus, landet er in der Schublade der Ewiggestrigen. Zeigt er sich gefühlvoll, wird er als Frauenversteher verhöhnt. Kommt er schnell zur Sache, wird er der sexuellen Nötigung geziehen. Übt er Zurückhaltung, ist er kein richtiger Kerl. Was Wunder, wenn er sich auf keine Frau mehr einlassen mag; wenn er allergisch auf alle weiblichen »Einfangversuche« reagiert; wenn er das Unverbindliche sucht, sich in die Höhle des einsamen Wolfs verkriecht und nur zum Zweck der Triebabfuhr daraus hervorkommt.

Die Vorstellung, dass Mann und Frau unter diesen Umständen auf Dauer (und zur gegenseitigen Freude) zueinander finden könnten, erscheint da beinahe utopisch. Dabei wollen sie doch letztlich genau dasselbe: einen Partner, der sie liebt und versteht. Um dieses Ziel zu erreichen, lassen sie nichts unversucht und schlagen die unmöglichsten Wege ein. Das jedoch endet nicht selten in der Katastrophe.

Wir leben in einer Zeit, in der neue »Dating-Plattformen« und »Flirt-Börsen« wie Pilze aus dem Boden schießen und tausend Ratgeber die Machbarkeit des Partnerglücks beschwören. Wirklich tragfähige Beziehungen zu gründen aber fällt den Menschen immer schwerer. Um herauszufinden, warum das so ist, habe ich nicht nur Berge von Literatur und Medienmaterial gesichtet, sondern auch über sechzig Interviews geführt, von denen einige – mit geänderten Namen – in diesem Buch wiedergegeben werden.

Zunächst sprach ich mit weiblichen Singles, die bei bestem Willen keine Partnerschaft zustande bekommen konnten. Angesichts des Frusts, der mir da entgegenschlug, beschloss ich, mir auch die andere Seite anzuhören, und so dehnte ich meine Befragungen auf Männer aus. Schon der erste Eindruck brachte eine Überraschung: Während kaum einer meiner weiblichen Gesprächspartner ein gutes Haar an den »Herren der Schöpfung« ließ und fast alle die Gründe für ihr Alleinsein in männlichen Unzulänglichkeiten sahen, schlugen die Männer ganz andere, sehr viel leisere Töne an.

Die meisten wiesen mich schon bei der Terminvereinbarung darauf hin, dass sie aber auf keinen Fall als Frauenhasser gesehen werden wollten. »Ich bin pro Frau«, beteuerten gleich mehrere noch am Telefon. Kamen sie aber erst einmal ins Erzählen, wurde bei allem Wohlwollen dennoch deutliche Kritik, manchmal sogar ungeheure Wut laut. Männer, denen von Frauen nur allzu oft mangelnde emotionale Ausdrucksfähigkeit vorgeworfen wird, echauffierten sich über die Ungerechtigkeit der gängigen Rollenbilder und die weibliche Kontrollsucht. Sie stöhnten über finanzielle Ausbeutung und klagten über Verunsicherung, Ängste und zunehmende Unlust. Sich heutzutage zu einer Frau zu bekennen, so das allgemeine Fazit, käme einer freiwilligen Versklavung gleich.

Der Mann von heute hat es satt, die Rolle des Froschkönigs zu spielen. Er mag sich einfach nicht mehr an die Wand werfen lassen! Und so lautet die Frage für die Single-Frau nicht mehr: Wie viele Frösche muss ich küssen? Sie muss sich vielmehr überlegen, warum die verkappten Edelmänner fluchtartig in den Teich zurückspringen, sobald sie sich an den Beckenrand setzt.

Da sitzt sie nun, die Prinzessin.

Mutterseelenallein.

Ist vielleicht gar nicht schlecht. Denn so hat sie Zeit, einmal in aller Ruhe in sich zu gehen …

Wo sind die guten Männer geblieben?

Wie Frauen sich nach einem Mann verzehren und ihn dann doch bloß zum Zirkustier abrichten wollen

Und Sie? Sind Sie auch Single-Frau, so um oder über dreißig? Betreiberin einer Ich-AG, die lieber heute als morgen mit dem idealen Mann zur Wir-AG verschmelzen würde? Aber was Sie auch anstellen, Sie finden IHN einfach nicht?

Ist der Froschteich in Ihrem Beziehungs-Märchenland wie leer gefegt? Kein Quaken zu hören? Keiner da, der sich ans Ufer locken und zum Prinzen küssen ließe? Dann herzlich willkommen im stetig wachsenden Millionenheer der unfreiwillig allein Lebenden!

Laut statistischem Jahrbuch 2003 gibt es 13,7 Millionen Singles im Land, Tendenz steigend. Wenn wir die Pflegebedürftigen, die Kriegerwitwen und die dem Zölibat verpflichteten Priester abziehen, bleiben so etwa 4 bis 8 Millionen übrig. 4 bis 8 Millionen Menschen im paarungsbereiten Alter auf der Suche nach dem Du.

Die gute Nachricht: Angeblich soll es mehr männliche als weibliche Singles geben. So schreibt es Oliver Creutz 2004 im Magazin *Neon*,[1] und so ist es in den Studien diverser Single-Forscher nachzulesen. Der Leipziger Sexualwissenschaftler Kurt Starke beziffert den Anteil der allein lebenden Männer in der Altersgruppe der Zwanzig- bis Vierzigjährigen auf 70 Prozent.[2]

70 Prozent aller Männer im besten Alter tummeln sich im Froschteich zu Ihren Füßen.

Sie brauchen nur die Hand auszustrecken.

Und zuzugreifen.

Rein theoretisch jedenfalls.

Aber wundern Sie sich nicht auch manchmal, wo die denn alle geblieben sind?

Komm mir nicht mit der Mitleidskiste!

… sagt Olga. So groß ist der Notstand nun auch wieder nicht. Wir kommen alle bestens allein klar und unsere Freiheit ist uns heilig. Das Single-Dasein ist nichts Furchtbares. Es ist die natürliche Seinsform des modernen Großstadtmenschen. Wer das Gegenteil behauptet, ist von gestern oder ein Landei.

Olga hat ja so Recht. (Olga hat immer Recht.)

»Mach's wie ich!«, sagt sie. »Ich reiß mich zusammen. Jammern gibt's bei mir nicht! Und wenn schon, dann nur im stillen Kämmerlein. Wozu soll ich herausposaunen, wenn mich wieder mal das heulende Elend packt? Damit die anderen ihr Adressverzeichnis zücken und mir den nächsten Typen präsentieren, den ich unbedingt mal kennen lernen sollte? Damit sie hinter vorgehaltener Hand noch ein bisschen besorgter/mitleidiger/hämischer über mich tuscheln? Nee! Nicht mit mir! Ich hab auch meinen Stolz!«

Sie doch sicher auch! Lassen Sie sich also bloß nicht vom Zweisamkeitsterror und Familienfundamentalismus der Gesellschaft ins Bockshorn jagen. Sie sind kein armes, einsames, Mitleid erregendes Würstchen. Sie stehen auf der Sonnenseite des Lebens! Gucken Sie sich doch mal Ihre Eltern an. Oder überhaupt die allermeisten Paare. Sind die etwa glücklich? Die machen sich entweder gegenseitig das Leben zur Hölle oder sterben einträchtig vor Langeweile. Und (mindestens) jeder Dritte lässt sich sowieso wieder scheiden.

Seien Sie froh, dass Sie allein sind. Da sind Sie in Ihren eigenen vier Wänden wenigstens keinen Fremdlaunen ausgesetzt, brauchen weder Tubenkriege zu führen noch sich über Grundsatzfragen wie die des Sitz- oder Stehpinkelns auseinander zu setzen. Können von Blume zu Blume flattern und flirten, mit wem Sie mögen, ohne mit den Eifersuchtsattacken irgendeines besitzergreifenden Machos rechnen zu müssen. Sie brauchen keiner Menschenseele Rechenschaft abzulegen und niemals große Erklärungen abzugeben. Und wenn irgendwo Schmutzwäsche in der Wohnung herumliegt, wissen Sie wenigstens, dass es Ihre eigene ist.

Doch was ist mit der Einsamkeit? Was ist, wenn die Erfolgsfrau das Gefühl beschleicht, allein in der Wohnung rammdösig zu werden?

Einsam ist es mitunter schon in so einem »Einpersonenhaushalt«, wenn niemand da ist zum Reden; wenn die Stille ein Eigenleben entwickelt und aus den Wänden zu kriechen scheint; wenn man vor ihr auf die Straße flieht, nur um leibhaftige Menschen zu sehen und sich zu vergewissern, dass man nicht der letzte Überlebende auf einem ausgestorbenen Planeten ist.

Aber natürlich. Da gibt es die »urban tribes«, die der amerikanische Autor Ethan Watters in seinem gleichnamigen Buch so voller Begeisterung beschrieben hat[3] – jene stammesartigen Verbände von eng miteinander befreundeten Großstadtmenschen, die dauernd etwas zusammen unternehmen und sich gegenseitig immer haarklein erzählen, was sie so alles erlebt haben. Die »Clique« ist unsere Ersatzfamilie. Was wären wir nur ohne sie?

Und doch …

Viele der ach so »tiefen Gespräche«, die man da führt, erinnern verdächtig an Klatsch und Tratsch. Und stellen wir uns nur einmal vor, wir würden an einem dieser Abende, an denen uns die Schwermut packt und wir uns von aller Welt verlassen fühlen, mit unserem »urban tribe« durch die Kneipen ziehen und vor versammelter Mannschaft gestehen, wie sehr uns die Leere in den eigenen vier Wänden zusetzt. Die wohlmeinende Meute würde sich sofort auf uns stürzen und versuchen, uns unser Herzeleid schnellstmöglich auszureden (man nennt das auch »trösten«), damit das Thema keinen allzu breiten Raum einnimmt. Könnte schließlich ansteckend sein und die Stimmung für den ganzen Abend verderben.

Im Wiederholungsfall wäre man zudem ziemlich schnell unten durch bei den ach so lieben Freunden, denn Offenheit in diesem einen Punkt ist eindeutig schlecht fürs Image. Der prototypische Stadtmensch ist nicht einsam. Er ist gesellig, erfolgreich, kontaktfreudig und schön – wie Jenna alias Jennifer Garner in *30 über Nacht*. Im »urban tribe« existieren keine Trübsalbläser. Zumindest offiziell. Denn wer gibt sich schon freiwillig eine Blöße auf dem Jahrmarkt der Eitelkeiten? Und außerdem: Wer seinen Kummer nicht für sich behalten kann, rührt bei manch anderem an einem empfindlichen Äderchen. Einsamkeit?! Nein, bloß nicht! Mit dem Thema will keiner was zu tun haben, weil jeder es kennt; weil jedem davor graut.

»Du fühlst dich nicht gut? Soll ich dir ein Taxi rufen?«

»Also, nimm mir das jetzt bitte nicht krumm … Aber ich an deiner Stelle würde mir einen guten Therapeuten suchen.«

Wer wollte schon so eine Szene riskieren? Ich nicht. Sie bestimmt auch nicht! Sehr wahrscheinlich würden wir also unseren Kummer hinunterschlucken (oder mit alkoholischen Getränken hinunterspülen) und tapfer das Ich-bin-ja-so-gut-drauf-Spiel spielen. Hinter der lächelnden Maske würden wir still vor uns hin leiden. Denn es gibt nichts Schlimmeres, als sich sogar in der Gesellschaft der besten Freunde allein zu fühlen. Da bleibt man wirklich lieber daheim und krabbelt unter die Schmusedecke!

Olga passiert so was natürlich nie. Sie hat dafür gar keine Zeit. Schiebt regelmäßig Sechzehnstundentage im Büro, hechtet von Meeting zu Meeting und legt dreimal die Woche in der Mittagspause eine schnelle, aber intensive Trainingseinheit im Fitnessstudio ein. Frau will schließlich nicht schlapp und schlabberig werden. Nur böse Zungen behaupten, das sei auch eine Flucht …

Und was ist mit der Familie? Nee, nicht im Ernst?! Wenn man Gesellschaft braucht, geht man doch nicht zu Mama und Papa und verkriecht sich in seinem alten Kinderzimmer! Allein die Idee löst unter erwachsenen Menschen klaustrophobische Gefühle aus.

Nach Hause fährt Olga nur zu Ostern und Weihnachten. Und fragt sich jedes Mal wieder, warum sie nicht lieber in die Karibik geflogen ist.

Dann eben die beste Freundin. Ja, schon … Ist wirklich gut, dass es sie gibt. Wenigstens ein Mensch auf dieser Welt, der uns versteht und dem man nichts vormachen muss! Nur, dauernd will man die auch nicht mit den eigenen Problemen belabern, denn das ist so eine Sache.

Erfolgsberichte gehen uns leicht von den Lippen und kommen immer gut an. Aber einzugestehen, dass wir nicht perfekt sind, dass in unserem Herzen die Trostlosigkeit regiert – das ist, als würden wir die anderen zu einem Sonntagsspaziergang in unsere düstersten inneren Verliese einladen. Kaum einer, den da kein mulmiges Gefühl überkommen würde, werden doch alle an die finsteren Kellerlöcher erinnert, die in ihrer eigenen Seele lauern. Also lieber schnell das Thema wechseln.

Oder sich etwas Kreatives einfallen lassen und eine Geschäftsidee daraus machen. Einsam? Ich hab da was für Sie! Zum Beispiel eine speziell für Singles entworfene Tapete mit naturgetreuen Menschenabbildungen.[4] Kleben Sie sich die an die Wand, dann haben Sie immer Gesellschaft! Dazu können Sie eine CD mit lebensechten Geräuschen[5] abspielen. Da ist alles dabei von »Noch kurz Zeitung lesen« bis hin zu »Jeder muss mal«. Und wenn Ihnen der virtuelle Lebensgefährte auf den Geist geht, brauchen Sie bloß auf den Ausknopf zu drücken.

Olga würde über solchen Firlefanz natürlich nur die Nase rümpfen …

Olga ist gern allein. Aus Überzeugung. Sie macht es sich nach Feierabend zu Hause so richtig gemütlich. Brutzelt sich was Ordentliches in der Pfanne und macht sich einen knackigen Salat zurecht. Bestellt nie den Pizza-Service. Isst nie im Stehen oder vor dem Fernseher fläzend. Olga dekoriert ihr Einzelset auf dem Esstisch mit einem Blümchen und zündet sich eine Kerze an. So richtig stimmungsvoll. Am Samstag holt sie sich frische Brötchen vom Bäcker oder auch schon einmal ein Croissant. Und sonntags gibt's ein Frühstücksei.

Total wohl fühlt sie sich. Ihr fehlt rein gar nichts zu ihrem Glück.

Doch, ehrlich …

Nicht so abgeklärt

Stehen Sie auch so über den Dingen wie Olga? Dann brauchen Sie nicht weiterzulesen. Dann ist ja alles gut, so wie es ist. Dann gehören Sie zu den Vorzeige-Singles, wie sie in Frauenzeitschriften so gern beschrieben werden: attraktiv, hip und kosmopolitisch. Die unabhängige, selbstbewusste Frau mit gutem Job, die sich stets gut gelaunt und auf der Woge des Zeitgeists mit einem Cocktail in der Hand in schicken Szenetreffs mit ihresgleichen trifft. Wir sehen förmlich, wie sie lässig an der Theke lehnt, relaxte Chill-out-Musik unterstreicht die legere Atmosphäre. Alle sind gut drauf, jeder parliert mit jedem. Das Leben: pures Abenteuer. Ein Flirt jagt den anderen. Fleischliche Gelüste werden beim gelegentlichen One-Night-Stand gestillt. Und irgendwann kehrt jede(r) für sich in ihre (seine) stille Oase zurück, wo kein bohrend-nörgelndes Wo-bist-du-denn-so-lange-gewesen je die gute Laune trüben kann.

Jede Wette, dass Sie nicht ganz so abgeklärt sind. Mag sein, dass das ungebundene Leben bis Mitte oder Ende zwanzig noch als natürlichste aller Daseinsformen durchgeht. Da ist der fliegende Wechsel von einem Partner zum anderen noch üblich, wenngleich als Angstreaktion auf die erschreckende Zunahme der Scheidungsraten eine wachsende Sehnsucht nach Verbindlichkeit gerade unter jungen Leuten zu beobachten ist. Eheähnlich zementierte Beziehungen gehen in dieser Phase trotzdem nur die wenigsten ein. Sich allzu fest zu binden wäre so, als würde man mitten im Spiel freiwillig auf der Ersatzbank Platz nehmen. Da würde ja das »eigentliche Leben« an einem vorbeirauschen.

Doch spätestens seit dem Tag, an dem das Zählwerk der Jahre vorne auf die drei umgesprungen ist, hat sich mit Sicherheit etwas geändert. Nicht, dass wir uns auf einmal alt fühlen und wie zu Großmutters Zeiten in die Fänge der Torschlusspanik geraten würden. Es ist eher so, dass wir uns bis dahin innerlich noch der Kategorie der Jugendlichen zuordnen konnten. Mit dreißig ist das unwiederbringlich vorbei. Wir überschreiten eine magische Grenze zu einem neuen Lebensabschnitt. Die Zeit des Nicht-erwachsen-Seins kehrt nie wieder zurück. Und es taucht die Frage auf, wie es weitergehen soll im Leben.

Auch plagen uns erste Ermüdungserscheinungen: Viele beschleicht mit dem Einläuten der dritten Lebensdekade das Gefühl, genug herumexperimentiert zu haben. Selbst die wildeste Party erscheint schal, wenn sie einmal zu oft gefeiert wird. Jetzt wollen wir (endlich) wissen, wohin wir gehören.

So kommt es, dass der schillernde Spaßfaktor des Single-Daseins urplötzlich in den Hintergrund tritt und sich unser Augenmerk auf das heftet, was sich eben auch hinter dem Begriff verbirgt: das Manko. Das, was fehlt: ein Mann. Ein Gefährte, der uns versteht und unseren Alltag mit uns teilt.

Haben Sie es etwa nicht satt, wie Olga die Mahlzeiten allein einzunehmen? Ganz zu schweigen von dem Akt, sich überhaupt zum Kochen aufzuraffen. Den Tisch zu decken. Eine Kerze anzuzünden. (Lohnt sich das überhaupt für eine(n) allein?) Nervt es Sie nicht, Ihre Freizeit genauestens vorausplanen zu müssen, um nicht am Wochenende vereinsamt dazuhocken, weil jeder schon was anderes vorhat? Weil die lieben Freunde aus Ihrer »urban family« sich bei der erstbesten Gelegenheit dem sozialen Druck beugen und wie die Ratten das sinkende Schiff verlassen? Und zusammenziehen? Und heiraten? Und Kinder kriegen? Gibt es Ihnen nicht jedes Mal einen Stich ins Herz, wenn andere von ihrem Partnerglück schwärmen? Überkommt Sie nicht die große Wehmut, wenn Sie wildfremde Menschen Händchen haltend durch den Park schlendern sehen?

Praktisch ist es schon, dass die Lebensmittelindustrie den Single inzwischen als Lieblingszielgruppe entdeckt hat und im Supermarkt neuerdings zwei Scheiben frische Ananas appetitlich angerichtet in hygienischer Zellophanverpackung zu haben sind. Aber reicht Ihnen das? Sie wollen doch bestimmt noch mehr. Sie wollen die ganze Frucht. Wie alle anderen auch.

Superman

Vorerst aber verzehren Sie sich. (Es sei denn, sie wären so taff wie Olga.) Kein geeigneter Kandidat ist in Sicht. Sie verbringen weiter Weihnachten, Ostern und einen Teil des Jahresurlaubs bei Ihren Eltern und lassen sich mit Hausmannskost mästen. Die schiefen Blicke und neugierigen, mitleidigen, bissigen Bemerkungen der Verwandtschaft von »Was macht die Liebe, Kleines?« bis »Meinst du nicht, dass es langsam mal Zeit für dich wäre?« tragen Sie (meist) mit Fassung und wenn Ihre einstigen Schulfreundinnen auf dem Klassentreffen mit stolzgeschwellter Brust die Fotos ihrer Lieben herumgehen lassen, streuen Sie selbstbewusst ein paar Bilder ihres Hundes/Katers/Kanarienvogels dazwischen. Oder Sie fangen an, von Ihren beruflichen Höhenflügen zu erzählen. (Ob wirklich was dran ist, kann ja keine(r) nachprüfen.)

Richtig schlimm wird es, wenn man versucht, Sie zu verkuppeln. Meistens sind es Mama und Papa, die ihr »Töchterchen« endlich unter der Haube wissen wollen. Um die Verantwortung los zu sein. Als ob eine Frau heute nicht für sich selbst sorgen könnte. Aber gut. Es sei ihnen verziehen. Ist schließlich eine andere Generation.

Total ätzend wird es, wenn der Beziehungsanbahnungseifer im Freundes- und Bekanntenkreis ausbricht. (Weshalb Olga inzwischen den Kontakt zu den meisten früheren Weggefährten abgebrochen hat.) Sicher haben auch Sie mindestens eine Freundin, die fest liiert ist und keinen Alleinlebenden im Umkreis von 100 Kilometern in Ruhe lassen kann. Es ist wie mit einem Atom, auf dessen äußerer Hülle ein freies Elektron kreist. Es muss gepaart werden, auf Teufel komm raus. Damit endlich Ruhe und Stabilität einkehren.

Seien Sie dankbar! Ihre Freundin meint es gut mit Ihnen, wenn sie sich so für Sie ins Zeug legt und Sie in den Genuss des gleichen Beziehungsglücks bringen will, das ihr zuteil geworden ist. Völlig uneigennützig natürlich. Kann ja kein Mensch mit ansehen, wie Sie leiden. Hintergedanken hat sie keine. Echt nicht.

Es ist doch höchste Zeit, dass Sie in feste Hände kommen, damit Ihre Freundin Sie von der Liste der potenziellen Nebenbuhlerinnen streichen kann. Single-Frau heißt Partnerklau! Außerdem ist es schon ziemlich unverschämt, wie Sie da vor aller Augen ein ungebundenes Single-Dasein führen und jeden Mann permanent daran erinnern, dass es außerhalb des trauten Heims ein Leben in Freiheit gibt. Und dann stoßen Sie auch noch Ihre Freundin beim harmlosesten Kaffeeklatsch mit der Nase darauf, dass sie eventuell etwas verpasst und womöglich zu Hause versauert, während Sie das Leben in vollen Zügen genießen. Sie brauchen sich nicht zu wundern, wenn sie Sie ins Gebet nimmt und die Moralkeule auspackt. »Wenn du erst verheiratet bist, so wie ich, dann weißt du endlich, wo du hingehörst. Dann wird alles gut!«

Ab dreißig ändern sich die Perspektiven. Wann begreifen Sie das endlich und ziehen die Konsequenzen? Schluss mit dem Lotterleben! Ran an den Mann!

Wäre zu schön, wenn es die Freundin bei Worten beließe. Tut sie aber nicht. Die Taten folgen auf dem Fuße, denn schon bald flötet sie am Telefon: »Komm doch am Samstag zum Abendessen. Ich hab ein paar nette Leute eingeladen – ein ganz kleiner Kreis.« Sie ahnen wahrscheinlich schon, was dann kommt. »Sven wird übrigens auch da sein.« Nützt nichts, die Augen zu verdrehen. Ihre Freundin hat einen klaren Plan. »Du weißt doch, Sven. Der Unternehmensberater.

Ein Bild von einem Mann! Echt ein Wunder, dass der noch nicht verheiratet ist, bei den Qualitäten, die er hat.«

Es gibt kein Entrinnen. Der missionarische Eifer der deutschen Busenfreundin ist gnadenlos. Die Welt ab dreißig ist auf Paarlauf programmiert.

Ach, wenn doch bloß der TRAUMPRINZ käme, um Sie zu erlösen! Nie wieder brauchten Sie solche Peinlichkeiten über sich ergehen zu lassen; nie wieder sich durch zähe Gespräche mit dicklichen, langweiligen, geistlosen Tischnachbarn zu quälen; nie wieder frustriert (weil allein) in Ihr stilles Kämmerlein zurückzukehren. Ein Mann wie aus dem Bilderbuch müsste er sein. Aus IHREM ganz persönlichen Bilderbuch! Nicht so ein Michael-Ballack-Verschnitt, auf den ihre Freundin abzufahren scheint. Mag sie ihn noch so »süß« finden – ein Blick auf den Normalo an ihrer Seite genügt um zu wissen, dass sie sowieso keinen Geschmack hat. Sie haben etwas Besseres verdient. Sie wollen mehr, viel mehr.

Sie wollen Superman, den Retter aller Retter. Den Helden mit dem makellosen Körper, den blitzenden Zähnen und wachsamen Augen, denen nichts entgeht. Er ist stets zur Stelle, wenn eine Frau in Bedrängnis gerät, und er weiß um ihre Not! Kauert schon auf dem Dach des Hauses gegenüber, die starken Muskeln zum Zerreißen gespannt, wartet nur auf seinen Moment. Jetzt ist es so weit! Mit wehendem Cape kommt er durchs Fenster gesprungen, strahlt Sie an, schließt Sie vor den entgeisterten (neidischen) Blicken aller Anwesenden einen köstlichen Moment lang fest in die Arme, bevor er Sie in die Weiten des Kosmos entführt. Auf ausgebreiteten Fledermaus-Schwingen. Nach Mailand. Oder auf die Malediven. Welch ein Triumph!

Wer ist der Star in meinem Leben?

Hören wir auf mit den Träumereien, bevor wir ganz abheben! Wenden wir uns lieber dem realen Leben zu: jenen magischen 70 Prozent ganz normaler paarungswilliger Single-Männer zwischen zwanzig und vierzig, von deren Existenz die Statistik kündet. Wo sind denn nun all die vielen Frösche, die nur darauf warten, von uns geküsst zu werden?

Angesichts der Populationsdichte müsste doch eigentlich jeden Moment einer auftauchen. Was heißt hier »einer«? DER EINE! Für den Ernstfall ist die kluge Frau von heute darum bestens präpariert. An den vielen langen einsamen Abenden und Wochenenden liest sie haarklein alle möglichen Anleitungen und Ratgeber, um mit sicherem Blick den einen Prinzen in der quakenden Schar der Schlicht-Amphibien ausmachen zu können. Sie kann sämtliche Checklisten und Fragebogen aus Barbara DeAngelis' Spreu-vom-Weizen-Trennsystem[6] auswendig herunterbeten, damit sie IHN auch ja erkennt, wenn sie IHM dereinst begegnet. (Ob sie sich im Fall aller Fälle aus der Deckung wagen würde, damit ER sie erkennt, ist eine andere Frage ...) Gerüstet ist sie. Sie hat sich schlau gemacht. Sie weiß, dass die rosarote Brille den Blick von Verliebten verschleiert und Beziehungen leicht zerbrechen, wenn der Alltag einkehrt. Sie kennt Michael Marys *12 Beziehungskiller*[7] und wüsste, wie sie zu vermeiden wären. Für den Fall aller Fälle hat sie *Ran an den Mann – Sextipps für Frauen*[8] ebenso gelesen wie *Die perfekte Liebhaberin*[9]. Schließlich ist sie nicht von gestern.

Und auch in vielerlei anderer Hinsicht ist sie offen. Sie guckt längst nicht nur im Froschteich. Seit sie von John Gray erfahren hat, dass Männer vom Mars[10] sind, hält sie wie viele andere Frauen gelegentlich sogar nach Ufos Ausschau. Überall legt sie ihre Angeln aus. Doch wenn sie sieht, was da hängen bleibt, fühlt sie sich im falschen Film. *Stirb langsam* statt *Love Story*. Die Beute? Viel Beifang. Und wenn dann ab und zu einer aussieht wie Bruce Willis, entpuppt er sich garantiert als Haifisch im Becken der Bösewichte, als gemeiner Beziehungsterrorist.

Auf der Suche nach dem einen, dem wahren, alles andere in den Schatten stellenden Partner haben bestimmt auch Sie sämtliche einschlägigen Zeitungsannoncen durchforstet und sich vielleicht auch schon diverse Nächte im Internet chattend um die Ohren geschlagen. Wie viele Anzeigen haben Sie formuliert, wie viele Persönlichkeitsprofile angelegt? Wie viele Kandidaten beim Speed-Dating vom Fließband abgecheckt? Oder gehören Sie zu denen, die an Single-Shoppingabenden verstohlen über Warenregale spähen, ob sich nicht was Passendes findet?

Glaubt man den entsprechenden Kreuzchen in den »Galerien« der Internet-Datingbörsen, suchen die allermeisten Single-Männer und -Frauen auf ihren Streifzügen durch die Partner-Jagdgründe ein und dasselbe: eine feste Beziehung. (Diejenigen, die was anderes ankreuzen, klicken wir ganz schnell weg.) Verbindlichkeit, Treue und Loyalität stehen bei beiden Geschlechtern fast immer ganz oben auf dem Wunschzettel. Nur ernst gemeinte Zuschriften. B. m. B.

Natürlich geht es auch ums Spaßhaben, ums Kuscheln, um Zärtlichkeit und Nähe. Sex? Okay. Schon. Aber nie einfach nur so. Nie ohne Gefühle. Nie ohne Liebe. Es herrscht eine solch weitgehende Übereinstimmung bei den Vorlieben und Abneigungen (Oberflächlichkeit? Bäh!), dass es nicht nur bei den allermeisten Dates funken und in den Bäuchen der Beteiligten ein unablässiges Schmetterlings-Geflatter herrschen müsste. Theoretisch müssten permanent die Hochzeitsglocken läuten. Theoretisch, wohlgemerkt.

Grenzenlose, geschlechterübergreifende Einigkeit. Paarungswille allenthalben. Paradiesische Zustände – in der Realität wie im Film? Dort wird das Thema für die Sehnsüchtigen und Romantiker in aller Ausführlichkeit abgehandelt. Ob Komödie oder Melodram, im Kino finden sich immer zwei einsame Herzen – allen Verwicklungen zum Trotz.

Nehmen wir Renée Zellweger alias Bridget Jones. In *Schokolade zum Frühstück* gibt sie den filmischen Prototyp der frustrierten Single-Frau. Am Neujahrsmorgen wacht sie, wie könnte es anders sein, mit einem Riesenkater, aber immer noch unbemannt auf. So kann es nicht weitergehen, beschließt sie und gelobt Besserung. Ein Tagebuch muss her, und ein »netter, einfühlsamer Freund«, der sie von ihrem Chef Daniel Cleaver ablenkt. Der wird von Hugh Grant gespielt und sieht entsprechend aus. Dann ist da aber noch Mark Darcy, der Favorit ihrer Mutter, den Bridget verachtet, weil er Weihnachten in einem völlig unmöglichen Rentier-Pullover auf der Party ihrer Eltern aufgekreuzt ist und sie von oben herab behandelt hat. Daniel, der ursprünglich Angebetete, entpuppt sich im Laufe der Geschichte als intriganter Weiberheld, Mark, die zweite Wahl, steigt in die erste Liga auf. Am Ende ist er es, der Bridget »kriegt«. Er ist der Richtige, obwohl es erst gar nicht danach aussieht. Er ist der wahre Held, ein

Superman im Gewand des muffeligen Star-Anwalts. Bis die schokoladensüchtige Dreißigjährige das begreift und ihm, nur mit einem Tiger-Tanga bekleidet, in die Arme sinkt, dauert es gerade mal 90 Filmminuten. Damit es geschehen kann, muss sie erst alle Ratgeber in die Mülltonne werfen …

Na toll, denken Sie bestimmt im Verein mit all den anderen vielen Single-Frauen, die in ihren düsteren Momenten ebenso wie die Filmheldin fürchten, dereinst tot und vom eigenen Schäferhund angefressen nach Wochen in ihrer Wohnung aufgefunden zu werden. So weit, so gut. Wo aber ist der Star in meinem Leben? Wo ist der, der mich aus den Fängen des verlogenen Lakenhelden befreit? Der vielleicht nicht ganz so gut aussieht wie Daniel Cleaver, aber mindestens so charakterstark ist wie Mark Darcy. Und ebenso gut küssen kann. Sie wissen, glauben, hoffen, dass irgendwo da draußen die große Liebe auch auf Sie wartet. Es ist bloß eine Frage der Zeit, bis Sie Ihren Mister Darcy finden. Momentan aber kreuzen nur zwei Typen Ihre Wege: Der eine gehört zur Spezies der Langweiler, Loser und Luschen. Der andere schwört Stein und Bein, dass er es ernst meint, dass er eine tiefe, lange, feste Beziehung will, der Treue gelobt, so wahr ihm wer auch immer helfe. Nur um dann doch sein Spielchen mit Ihnen zu treiben. Mal eben schnell in die Kiste springen? Ja, gern. Aber das war's dann auch schon.

Man sieht sich, Baby.

Ich ruf dich an …

Die Jagd auf den weißen Bären

Männer gibt's wie Sand am Meer. Aber den Richtigen zu finden, ähnelt trotz aller Hilfsmittel in Buch- und Filmform und der regelmäßigen Frequentierung aller relevanten Szenekneipen und Chatrooms zunehmend der berüchtigten Suche nach der Stecknadel im Heuhaufen – oder der Jagd nach dem weißen Bären, einer genetischen Variante des Schwarzbär-Normalos, dessen Fell so hell ist wie sonst nur das des Eisbären. Neulich wurde im Fernsehen darüber berichtet: Auf der Suche nach dem äußerst menschenscheuen Tier bricht ein Team von Naturfilmern in die unberührte Wildnis der Insel Princess

Royal vor der Westküste Kanadas auf. Die Spezies ist so selten, dass sie kaum je ein Mensch zu Gesicht bekommen hat. Bei Reiseantritt ist nicht einmal klar, ob es den weißen Bären überhaupt je gegeben hat. Vielleicht ist er ja auch nur eine Gestalt aus den Mythen der Indianer, die den »Geisterbären« als heilig verehren.

Mag sein, dass Ihnen der Vergleich zum Mann an dieser Stelle etwas zu weit geht. Heilig? Ein Mann? Aber vergessen Sie nicht, dass es sich um keinen geringeren als IHREN TRAUMMANN handelt! Da lohnt es sich schon, zur Abwechslung mal quer zu denken. Und wo wir schon bei den ungewöhnlichen Gedankengängen sind: Es ist höchste Zeit, dass Sie sich klar machen, was bei Ihrer Suche nach IHM falsch läuft. Sonst werden Sie IHN wohl niemals finden, und es bleiben Ihnen nur zwei Möglichkeiten: entweder weiterhin allein ein »wahnsinnig« aufregendes Single-Leben fristen oder sich vor lauter Verzweiflung mit einem Mann zusammentun, der Ihnen nicht wirklich am Herzen liegt. Womöglich würden Sie ihn dann noch zum Erzeuger Ihrer Kinder machen, nur um ihn irgendwann zu verlassen, weil Sie das Mittelmaß im Reiheneigenheim keinen Augenblick länger ertragen können.

Bevor das geschieht, richten wir unseren Blick doch lieber nach Kanada und begleiten die Naturfilmer auf ihrer Expedition. Nach wochenlanger beschwerlicher Wanderung entdecken die indianischen Fährtenleser im Team erste Spuren – erst ein imposanter Tatzenabdruck, dann eine Portion Bärendreck, noch nicht ganz durchgetrocknet. Helle Aufregung! Es gibt ihn also doch. Fieberhaft suchen sie weiter.

Dann steht er auf einmal vor ihnen – deutlich sichtbar auf einer Lichtung im Wald. Schnell gehen alle in Deckung und bestaunen ehrfürchtig die prachtvolle Erscheinung: ein leibhaftiger weißer Bär! Die Kamera surrt. Ganz nebenbei fängt sie den Gesichtsausdruck einer der Expeditionsteilnehmerinnen ein. Wie sie strahlt! Völlig verzückt! Total hin und weg!

Keiner versucht, sich dem Tier zu nähern. Sie filmen und bestaunen es aus der Distanz. Es ist schließlich ein scheues Wesen. Sie wollen es keinesfalls vertreiben.

Und was machen wir, wenn wir unseren weißen Bären finden? Spielen wir die Möglichkeiten einmal durch:

Variante 1: Wir sind so verdattert, als wir ihn auf einmal vor uns auftauchen sehen, dass wir wie angewurzelt stehen bleiben. Bis wir wieder zu uns kommen, ist der Bär längst verschwunden.

Variante 2: Mit einem lauten »Ha, jetzt hab ich dich, Bürschchen!« (oder alternativ: »Junge, jetzt bist du dran!«) brechen wir durchs Unterholz und stürzen auf die Lichtung. Äußerst unwahrscheinlich, aber nicht uninteressant. Der Bär könnte so geschockt sein, dass er vergisst, das Weite zu suchen. Der Überrumpelungseffekt lässt ihn in eine Art Duldungsstarre verfallen. »Oh Gott«, denkt er. »Ein Weibchen auf der Jagd!« Und was tut er?

a) Er faselt was von »Wir sind doch alle moderne Menschen« und »One-Night-Stand«. Wir denken »Verdammt! So weit wollte ich doch heute noch gar nicht gehen«, haben dann aber Angst, ihn gleich wieder zu verlieren, wenn wir nicht ja sagen. Lassen uns hinter die Büsche ziehen und geben unser Bestes. Kaum ist's geschehen, schüttelt er sich den Pelz und ward nicht mehr gesehen.

b) Er spielt den Bären von Welt, macht ein wenig Konversation und fragt dann höflich nach unserer Telefonnummer. Wir zücken mit gekonntem Schwung das Ledermäppchen mit den Visitenkarten. (»Hurra! Er beißt an!«) Kaum ist er verschwunden, eilen wir nach Hause, um unseren Platz neben dem Telefon einzunehmen. Eine Woche lang rühren wir uns nicht von der Stelle. Dann geben wir auf und wissen, dass der echte weiße Bär eben doch bloß ein Fabelwesen ist.

Variante 3: Wir drücken uns vor lauter Schreck erst mal unauffällig ins Gebüsch. Aber nicht, um ihn ehrfürchtig zu bestaunen. Vielmehr kramen wir das Handy aus den Tiefen unserer Handtasche hervor und rufen alle unsere Freundinnen an. Wozu? Um Ratschläge zur besten Jagdtaktik einzuholen und um sie wissen zu lassen, dass wir IHM begegnet und damit quasi in die Zielgerade zum Erfolg eingebogen sind. »Ich hab IHN gefunden! Er ist ja so süß, so toll, so großartig! Was soll ich jetzt bloß tun?« Die, die wir nicht erreichen, simsen wir schnell an.

Dann zücken wir Wimperntusche, Compact und Lippenstift und fischen je nach Tageszeit Schlaghose, bauchfreies Top und Marken-Sneakers oder das kleine Schwarze nebst hochhackigen Schuhen aus dem Expeditionsrucksack – frei nach dem Motto »Dressed to kill«. Wir sind schließlich auf der Jagd.

So ausstaffiert, pirschen wir uns etwas näher heran, um einen genaueren Blick auf den Bären zu riskieren. Schließlich müssen wir noch unseren Fragebogen durchgehen, um abzuchecken, ob es auch wirklich DER RICHTIGE ist. Frau hat so ihre Erfahrungen mit Blendern und will auf Nummer sicher gehen.

Nehmen wir an, wir kommen zu dem Schluss: ER ist es wirklich. Wir schlendern mit völlig unbeteiligtem Gesichtsausdruck und ohne IHN eines Blickes zu würdigen über die Lichtung. Wenn wir Glück haben, hält ER uns – aufgedonnert wie wir sind – für einen Paradiesvogel und stuft uns als ungefährlich ein. Der Fluchtreflex unterbleibt.

Und was dann?

a) Wir werden so nervös, dass wir mit hochrotem Kopf schnurstracks weiterlaufen. Bloß nicht stehen bleiben! Ein weißer Bär? Wo? Ich sehe keinen! Schnell und ohne uns umzuschauen schlagen wir uns auf der anderen Seite der Lichtung ins Unterholz. Für den Rest unseres Lebens träumen wir von einem stattlichen weißen Bären, den wir hätten haben können, wenn wir uns bloß nicht so blöd angestellt hätten.

b) Wir behalten die Nerven. Lassen unseren Blick beiläufig über die Wiese streifen und tun so, als ob wir ihn erst jetzt entdecken. Mit cooler Miene und klopfendem Herzen nähern wir uns, fest entschlossen, einen bleibenden Eindruck bei IHM zu hinterlassen. In dem Augenblick, in dem wir vor ihm stehen, kriegen wir die Krise. Weiter mit a).

c) Wir behalten die Nerven. Lassen unseren Blick beiläufig über die Wiese streifen und tun so, als ob wir ihn erst jetzt entdecken. Mit cooler Miene und klopfendem Herzen nähern wir uns, fest entschlossen, einen bleibenden Eindruck bei IHM zu hinterlassen. In dem Augenblick naht von rechts ein Weib, das den gleichen Bären im Visier hat.

Sie ist schneller. Hakt sich bei IHM ein und wirft uns einen triumphierenden Blick zu, bevor sie mit IHM von dannen zieht. Wir geben uns die Kugel.

d) Wir behalten die Nerven. Lassen unseren Blick beiläufig über die Wiese streifen und tun so, als ob wir ihn erst jetzt entdecken. Mit cooler Miene und klopfendem Herzen nähern wir uns, fest entschlossen, einen bleibenden Eindruck bei IHM zu hinterlassen. Als wir vor ihm stehen, merkt er, dass wir gar kein Paradiesvogel sind, sondern ein Weibchen auf der Jagd. Er grinst. Zieht uns kurz hinter die Büsche. Und tschüss!

e) Wir behalten die Nerven. Lassen unseren Blick beiläufig über die Wiese streifen und tun so, als ob wir ihn erst jetzt entdecken. Mit cooler Miene und klopfendem Herzen nähern wir uns, fest entschlossen, einen bleibenden Eindruck bei IHM zu hinterlassen. Und siehe da: Kaum haben wir die ersten Worte mit ihm gewechselt, fällt alle Anspannung von uns ab. So mühelos läuft das Gespräch, dass wir das Gefühl haben, wir würden uns schon ewig kennen. Innerlich jubeln wir. Endlich haben wir den Jackpot geknackt! ER ist's! ER ist's!

Nachdem wir eine ganze Weile über Gott und die Welt geredet haben, schaut er uns auf einmal direkt in die Augen. »Also …«, fängt er an. »Was ich dir jetzt sage, habe ich noch keiner anderen gesagt. Ich habe ja nie an Liebe auf den ersten Blick geglaubt. Aber seit ich dich auf die Lichtung kommen sah … Also … Eine Frau wie du … Ich glaube, du bist meine große Liebe. Meine ganz große Liebe!« Wir sind dem Herzinfarkt nahe, kriegen kaum noch Luft.

Dann fährt er fort: »Meine Frau ist mit den Kindern für zwei Wochen auf Mallorca. Wir könnten uns dieses Wochenende so richtig Zeit für uns nehmen. Ich meine, um uns näher kennen zu lernen. Ein schnuckeliges kleines Hotel. Irgendwo außerhalb, wo's schön romantisch ist …«

Während wir halb erschlagen unter den Trümmern unseres Luftschlosses liegen, gelangen wir zu der Erkenntnis, dass es den weißen Bären zwar gibt, er aber alles andere als heilig ist.

Wie der Teufel das Weihwasser

Woher kommt die Scheu des weißen Bären? Warum macht er sich überstürzt aus dem Staub, sobald wir uns in Paarungsabsicht nähern (oder genauer gesagt: auf der Suche nach einer festen Beziehung)? Warum fürchtet er uns wie der Teufel das Weihwasser? Hat es nicht einmal Zeiten gegeben, da ein Mainstream von »seriösen Anwärtern« durchaus bereit war, nach der Begattung zu bleiben?

Wahrscheinlich sind die Bärenmänner cleverer, als die Bärenjägerinnen gemeinhin denken: Die Kerle haben gelernt sich untereinander auszutauschen. So weiß inzwischen jeder, was passiert, wenn wir sie erwischen: Wir ringen ihnen gnadenlos das Zugeständnis ab, dass mehr zwischen uns läuft als bloß Sex – dass wir eine Beziehung haben.

Allein das Wort lässt dem weißen Bären kalte Schauer über den Rücken laufen, so gruselt es ihn, denn für ihn gilt die Gleichung: Beziehung = Gefangenschaft. Bindet er sich an eine Frau, behindert ihn das erheblich bei der Ausübung seiner höheren Pflichten. Er hat schließlich einen Auftrag zu erfüllen, ist von der Evolution dazu ausersehen, seinen Samen auf möglichst viele Schöße zu verteilen. Fuck & Go. Das ist die Basis seiner inneren Programmierung, insofern ist er ganz Tier. Da es dabei um nichts Geringeres als den Erhalt der Spezies geht, ist der Datensatz unlöschbar in jeder seiner Zellen gespeichert.

Ungeachtet der sich daraus ergebenden geringen Erfolgsaussichten können sich aber nur die allerwenigsten Frauen Kultivierungsversuche verkneifen. Mag sein, dass wir uns in einen wilden Bären verliebt haben. Aber kaum haben wir ihn geschnappt, fangen wir an, ihm die Wildheit auszutreiben: Ein paar Wochen lang geht alles gut. Unser Hirn ist angesichts des gelungenen Coups derart von Glückshormonen überschwemmt, dass sämtliche weiblichen Wahrnehmungsorgane blockiert sind. Aber über kurz oder lang sehen wir wieder klar. Noch im selben Augenblick bemerken wir, wie zottelig das Fell unseres einzigartigen, supertollen Bären ist. Ob er will oder nicht, spätestens dann heißt es: Ab in die Wanne! Von Kopf bis Fuß kräftig durchshampoonieren, mit einer üppigen Spezialpackung für störrisches Haar weichspülen und mit der Rundbürste in Form föhnen! Dann treten wir einen Schritt zurück und betrachten ihn mit Besitzerstolz. Was eine Frauenhand nicht alles bewirken kann!

Sieht doch schon viel besser aus. Kein Vergleich zu vorher. Und wie er duftet! Wobei ... genau betrachtet ... wirklich perfekt ist er noch nicht. Hier könnte man noch eine verfilzte Stelle herausschnipseln und dort ein Strähnchen zurechtzupfen. Wenn man sich so einen Bären ansieht, ist er nie so, wie er sein sollte. Es gibt eigentlich immer was an ihm zu tun.

Solchermaßen herausgeputzt würden wir ihn am liebsten in einen Käfig der Exklusivität sperren und ihm eine Spezialbrille aufsetzen, die sämtliche anderen Weibchen aus seinem Gesichtsfeld ausfiltert. Er gehört uns, darum sollen seine Blicke nur auf uns gerichtet sein. Bewundernd natürlich, und gehorsam.

Samstags, wenn er frisch gewaschen ist, legen wir uns ein Weilchen zu ihm. Zum Kuscheln. Wenn sein Trieb arg drängt, paaren wir uns zur Not auch mit ihm. Damit er Ruhe gibt. (Das mit der Leidenschaft und dem Herumgestöhne legt sich, sobald er hinter Gittern ist. Dann hat es seinen Zweck erreicht.)

Wir gebären ihm den von uns gewünschten Nachwuchs. Weil der teuer im Unterhalt ist, schicken wir unseren Käfigmann unter der Woche zum Anschaffen. (Uns selbst lässt die Brutpflege ja leider keine Zeit zum Geldverdienen.) Egal ob als Tanzbär in der Manege, als Studienrat im Gymnasium oder als Investmentbanker im Hinterhof der Frankfurter Kaiserstraße. Hauptsache, die Kasse stimmt. Wenn er nach Feierabend nach Hause getrottelt kommt, soll er sich gut gelaunt und mit echtem Interesse unsere Berichte von der Heimatfront anhören. Und uns nur ja den Käfig nicht schmutzig machen. Und sein Essen nicht so herunterschlingen. Wir leben schließlich nicht im Dschungel!

Nutzt er nach jahrelanger Fron den Freigang um abzuhauen (womöglich weil er einer anderen – jüngeren – Jägerin auf den Leim gegangen ist), schreien wir Zeter und Mordio und erklären ihn zum Saubären. Er soll sich bloß nicht mehr blicken lassen! Zahlen soll er! Für uns und seine Brut. Das ist doch das Mindeste, was wir verlangen können.

Bleibt er, tigert er angesichts der Eintönigkeit seines Daseins mit Hospitalismuserscheinungen hinter seinen Gitterstäben auf und ab. Sein Blick wird stumpf und wie wir sein Fell auch pflegen, es glänzt nicht mehr wie früher. Der weiße Bär ist abgeschlafft. Die alte Pracht ist hin.

Wenn jetzt ein Jüngerer, Besserer käme, würden wir ihn sitzen lassen, den alten Langweiler. Andere Bärinnen haben auch schöne Söhne. Die lassen sich genauso gut zähmen. Eine Frau braucht schließlich eine Aufgabe, eine Herausforderung.

Und da fragen wir uns noch, warum ER so scheu ist und sich auf einer einsamen kanadischen Insel im hintersten Winkel des Nebelwalds verbirgt?

Die Erbinnen der Xanthippe

Wie radikale Emanzen den Mann zum Feindbild erhoben und damit das Geschlechterverhältnis auf Jahrzehnte hinaus vergiftet haben

Mal ehrlich: Trauen Sie den Männern über den Weg? Selbst wenn Sie zu jenen Frauen gehören, die ein inniges Verhältnis zu Vater, Bruder oder irgendeinem anderen Ausnahmevertreter des anderen Geschlechts haben: Würden Sie, was den Umgang mit dem Weibe anbelangt, wirklich die Hand für einen von ihnen ins Feuer legen? Wohl kaum. Schließlich sind die Jungs triebgesteuert. Da weiß frau nie. Außer vielleicht, wenn einer ganz eindeutig vom anderen Ufer ist. Das ändert natürlich alles.

Waren Sie schon einmal mit einem Schwulen befreundet? Ich rede hier nicht von den Ledertypen oder den Sex-Addicts, die ihre Wochenenden in der Dunkelsauna zubringen, sondern von dem ganz normalen, sympathischen Schwulen von nebenan. Ich kann Ihnen sagen, das ist fast wie ein Lottogewinn: So ein Typ ist charmant und einfühlsam und offen für jedes Thema. Du kannst über alles mit ihm reden, sogar über Gefühle. Und über Männer. Beim Shopping schlurft er nicht gelangweilt neben dir her, sondern berät dich kompetent und mit sicherem Instinkt. Auch verplempert er bei so einem Bummel nicht wertvolle Zeit damit, die Auslagen von PC-, Handy- und Fotoläden zu studieren.

Er ist um Längen besser angezogen als jeder Hetero und somit ein höchst attraktiver Begleiter. Er versteht dich, ist dir treu und spannt dir garantiert nicht den Typ aus, für den du dich gerade interessierst. (Es sei denn, der hätte selbst gewisse Neigungen ...) Und: Er will mit Sicherheit nichts von dir. Manchmal denkst du: Leider! So ein Prachtkerl! Warum musste ausgerechnet einer wie er der Frauenwelt verloren gehen?

Andererseits: Wäre es anders und es gelänge uns, ihn wider jedes Naturgesetz umzupolen (was der geheime Ehrgeiz so mancher Schwulenfreundin ist), wäre er uns nur noch halb so sympathisch. Wir verstehen uns ja gerade deshalb so gut mit ihm, weil wir definitiv wissen, dass er uns in Ruhe lässt. Sonst wäre er wie alle anderen Männer. Und die sind doch schlicht eine Katastrophe, oder?

Sosehr Sie sich auch wünschen, noch in diesem Leben die eine Ausnahmefigur zu finden, die Sie mit dem anderen Geschlecht versöhnt – im Prinzip wissen Sie doch wie alle anderen Frauen auch, dass die Welt ohne die Kerle wesentlich besser und friedlicher wäre. Sollen sie doch ruhig abtauchen, wenn sie wollen! Wer will so einen schon haben?

Eigentlich sind Männer nämlich eine ziemliche Zumutung, finden Sie nicht? Bornierte, selbstgefällige Idioten. Denken nur an ihr Vergnügen, starren jedem Rock hinterher und wenn's nach ihnen ginge, würden sie jede halbwegs attraktive Frau kurzerhand vernaschen. In den wenigen Momenten, in denen sie nicht ans Vögeln denken, lümmeln sie Bier saufend und Chips fressend auf dem Sofa und krümeln alles voll.

Im Haushalt machen sie keinen Strich, ziehen aber auf Schritt und Tritt eine Spur der Verwüstung hinter sich her. Duschen tun sie nur auf Zuruf und nachher steht das ganze Bad unter Wasser. Die Wäsche wechseln sie erst, wenn der Pumaduft selbst für sie unerträglich wird. Beim Essen kleckern sie sich von oben bis unten voll und die Tischdecke ist auch jedes Mal versaut.

Reden kann man mit ihnen allenfalls über Fußball, PCs und Börsenkurse. Die Themen, die eine zarte Frauenseele bewegen, interessieren sie einen Dreck. Einblicke in ihre Gefühlswelt verweigern sie beharrlich. Und wenn die Gattin fünfzig wird, tauschen sie sie gegen zwei Fünfundzwanzigjährige aus.

Außerhalb des häuslichen Einerleis sind Männer nicht minder unerträglich. Sie machen uns mit Sprüchen von vorvorgestern an und gehen uns mit Macho-Kalauern auf den Geist. Im Job behandeln sie uns bestenfalls gönnerhaft von oben herab, schnappen uns alle wichtigen Posten vor der Nase weg, kriegen mehr Geld für geringere Leistungen (weil sie die Klappe weiter aufreißen) und nutzen uns als »Zuarbeiterinnen« schamlos aus.

Und dann sind diese Rüpel auch noch absolut unästhetisch. Sie rülpsen, furzen und riechen nach Schweiß. Sie niesen, dass den Umstehenden das Trommelfell platzt, und denken gar nicht daran, sich dabei irgendeine Form des Bazillenschutzes vor ihren reizenden Zinken zu halten. Sie kratzen sich in aller Öffentlichkeit am Sack und bespritzen unter Missachtung jeglicher Sitzpinklerschilder die mühevoll von Frauenhand geputzten Klos. Wenn's pressiert, pissen sie ungeniert an Gartenzäune und Häuserwände, und auch in den Treppenhäusern von Parkgaragen hinterlassen sie gern ihre typisch männlichen Duftmarken.

Männer sind wie Tiere. Nein, schlimmer als Tiere, denn die sind wenigstens treu und goldig.

Warum, so wundere ich mich, sind wir Frauen eigentlich immer noch bereit – oder besser: erpicht darauf! – mit einem von ihnen zusammenzuziehen?

Die Urmutter der Hausdrachen

Im Lästern und Meckern sind wir Frauen immer gut gewesen. Schon damals zu Zeiten der Xanthippe, im antiken Griechenland. Wenn wir verstehen wollen, warum wir es heute, im 21. Jahrhundert, so schwer haben, unser männliches Pendant zu finden, müssen wir bei ihr anfangen. Seit Xanthippe ihren Ehemann Sokrates piesackte, fürchten die Kerle die spitze Zunge des Weibes und wissen: Wer freiwillig einer Furie die Lippen zum Hochzeitskuss hinhält, sieht binnen kurzem geküsst aus. Um wie viel bequemer und vergnüglicher ist es da, zum Froschmann zu werden und abzutauchen.

Am Anfang allen Übels stand ein Versäumnis. In vielen anderen Aspekten schafften es die Griechen, sich über die Sitten und Gebräuche des ihnen geografisch so nahen Orients hinwegzusetzen. Sie waren ihrer Zeit weit voraus. Ihre Gesellschaft war die Wiege der westlichen Zivilisation. Aber die Geschlechtertrennung abzuschaffen, das ging ihnen offenbar doch zu weit.

Die Mädchen aus ehrbarem Hause wurden von den Eltern oder professionellen Eheanbahnern mit etwa fünfzehn Jahren an den Gatten gebracht und in ihrem neuen Heim sogleich weggeschlossen. Sie waren jung und unbedarft und kannten nichts anderes. So erzählt der

Geschichtsschreiber Plutarch von einem Herrscher namens Hiero, der von einem Widersacher ob seines entsetzlichen Mundgeruchs verspottet worden war. Als er daraufhin nach Hause lief und seiner Frau vorwarf, ihn nie darauf hingewiesen zu haben, erwiderte die: »Ich dachte, dass alle Männer so riechen.«[11]

Frauen wie Xanthippe trugen ihr Los nicht ganz so stoisch. Die Gattin des Philosophen Sokrates ist als Urmutter aller Hausdrachen in die Geschichtsbücher eingegangen. Anlass zum Sauersein gab es wahrlich genug. Als Sokrates sie heimführte, hatte sie gerade die zwanzig überschritten. Er war 58, hässlich wie die Nacht und mittellos. Ums Geldverdienen scherte er sich dennoch herzlich wenig. Schließlich war er Philosoph und hatte Wichtigeres zu tun. Während sie mit ihren drei Kindern darbend zu Hause hockte und sich mit Sokrates' zweiter Frau Myrto herumärgerte, ließ er sich von seinen jungen, reichen Adepten zum Essen einladen oder trieb sich mit seinen Gespielinnen herum. Des Öfteren soll Xanthippe ihren Gatten darum unter großem Gezeter von der Agora – dem Stadtplatz – geholt und zur Arbeit angehalten haben. Besonders übel soll es Sokrates ergangen sein, als er sich einmal mit beiden Frauen gleichzeitig anlegte. Es heißt, er habe sie beim Zanken angetroffen und sich darüber lustig gemacht, wie man bloß wegen eines so hässlichen Mannes wie ihm in Streit geraten könne. Bis ins Mark erbost über seine Bemerkung hätten die beiden voneinander abgelassen, sich gemeinsam auf ihn gestürzt und ihm die wenigen Haare vom Kopf gerissen, die ihm in seinem hohen Alter noch verblieben waren.

Gründe zum Zornigsein lieferte Sokrates seiner Xanthippe also genug – wenn sie denn wirklich so zänkisch war, wie man ihr nachsagt, was keineswegs erwiesen ist. Es geht die Mär, wonach die frauenfeindliche Philosophenschule der Kyniker (sprich: Zyniker) das Gerücht von ihrer Bösartigkeit lang nach ihrem Tod gestreut habe, um der Welt zu zeigen, dass Frauen eben keine Ahnung von Philosophie haben. Sie sind ja noch nicht einmal in der Lage, ein solches Genie an ihrer Seite zu erkennen. Und ergo: Die Ehe ist generell ein Fehler.[12]

Wie viel oder wie wenig an der Geschichte auch dran sein mag – das Bild von der geifernden Alten besitzt für Männer einen derart hohen Wiedererkennungswert, dass sie es noch Jahrtausende später bei jeder Gelegenheit genüsslich aufgreifen. Es ist der Inbegriff des Männer-Albtraums schlechthin, und es zieht sich quer durch die gesamte Literaturgeschichte. Man denke nur an die Katharina in Shakespeares *Der Widerspenstigen Zähmung*, die sich mit Petruchio, dem Gatten in spe, manch wortreichen Schlagabtausch liefert; oder an die Lene in Gerhart Hauptmanns *Bahnwärter Thiel*, die ihren Mann mit ihrer Unbeherrschtheit und ihrem bösen Mundwerk ins Exil seiner einsamen Bahnwärterhütte treibt und die ihren Stiefsohn mit beispielloser Grausamkeit misshandelt. Oder an Friedrich Dürrenmatts *Es geschah am hellichten Tag*, das in Ladislao Vajdas Verfilmung mit Heinz Rühmann und Gert Fröbe zum Klassiker wurde. Meisterlich spielt Berta Drews darin die Rolle der herrschsüchtigen Frau Schrott, die ihren Mann – einen schüchternen, kindlichen Riesen – so lange demütigt und traktiert, bis er seinen Hass auf die Frau schließlich an wehrlosen, blonden Mädchen auslässt.[13]

Bei Bertolt Brecht haben die Frauen gleichfalls Haare auf den Zähnen. Würde manch anderer seine *Mutter Courage* gern zur Personifizierung des »leidenden Muttertiers« machen, bringt er selbst sie als Hyäne des Schlachtfelds auf die Bühne, als berechnende, harte, unnachgiebige Kriegsgewinnlerin.[14] Dass Brecht bei der Beschreibung unduldsamer Weiber auf einen reichen Schatz an persönlichen Erfahrungen zurückgreifen konnte, dürfte angesichts seiner zahlreichen Affären gewiss sein. Wer will es Helene Weigel schon verübeln, dass sie zur Furie wurde, als ihr Gatte die Geliebte Nr. 1, Margarete Steffin, ins Haus holte und seine Geliebte Nr. 2, Ruth Berlau, im eigenen Garten im Zelt übernachten ließ, während Geliebte Nr. 3, Elisabeth Hauptmann, sich im Ausland um die Geschäfte des Angebeteten kümmerte?[15]

Aber nicht nur in der großen Literatur hat das zeternde Weib einen festen Platz. Keine moderne Fernseh-Soap kommt ohne eine solche Nervensäge aus. Die Figur der Else Kling aus der *Lindenstraße* ist nur eines von vielen Beispielen. Gerecht oder ungerecht – das Grauen hat einen Namen: Xanthippe.

Wie ein Damoklesschwert schwebt ihr Geist noch heute über allen fest liierten Männern, müssen sie doch bei jedem kleinsten Fehltritt fürchten, daheim mit dem (realen oder verbalen) Nudelholz erwartet zu werden. Und die Jungs, die noch zu haben wären, fürchten sich aus lauter Solidarität gleich mit.

All das verfestigt ein weiteres Mal unsere Vorstellung vom »male chauvi pig«. Haben wir es nicht schon immer gewusst? Diese elenden Machos!

Doch auch er hat eine Botschaft verinnerlicht, und die lautet: Sei auf der Hut vor den »ehrbaren« Weibern – vor solchen, die eine feste Beziehung wollen. Sie machen nichts als Probleme! Wenn du dein Vergnügen willst, hast du ganz andere Möglichkeiten.

Genau das haben ihm wiederum die alten Griechen vorgemacht. Im Hinblick auf Frauen führten zumindest die Wohlhabenderen unter ihnen ein echtes Doppelleben: zu Hause die graue Maus fürs Grobe und draußen der Paradiesvogel für Leidenschaft, Lust, und alles, was einem Mann sonst noch Freude bereitet. Was dem Japaner die Geisha, war dem Hellenen die Hetäre – eine Art Edelnutte, hoch gebildet und ebenso hoch geschätzt. Mit ihr war der Akt »ein Genuss wie Essen und Trinken, flüchtig und kurz, aber zutiefst befriedigend«[16]. Danach wurde parliert und die Welt neu geordnet. Billig waren die Damen nicht. Aber: Keine weiter gehenden Verpflichtungen. Kein Stress. Keine Probleme. So unbeschwert kann Leben sein. Abtauchen und sich wohl fühlen!

Die Sache mit dem Doppelleben hat in ganz Europa Schule gemacht. In einer Zeit, in der Eheschließungen in den höheren Gesellschaftsschichten rein politische oder wirtschaftliche Hintergründe hatten, hatte jeder Mann, der auf sich hielt, eine Mätresse (ein Begriff, der sich vom französischen *maîtresse* ableitet und so viel wie Herrin bedeutet, ein Hinweis darauf, welchen Stellenwert so eine Dame für ihren Gönner hatte). Versteckt wurden die Geliebten damals nicht. Madame de Pompadour empfing, obwohl sie keinerlei offizielles Amt bekleidete, Staatsbesuch für Louis XV. Ihre Nachfolgerin Marie Jeanne Dubarry saß neben dem König, als der Kronprinz Marie Antoinette zum Altar führte.

Auch Gräfin Cosel mischte gern in aller Öffentlichkeit in der Politik mit – wohl ein wenig zu viel für den Geschmack ihres Mäzens August des Starken, Kurfürst von Sachsen und König von Polen, denn er schickte sie, die ihm drei Kinder geboren hatte, in die Verbannung nach Burg Stolpen, wo sie ohne Prozess 49 Jahre lang bis zu ihrem Tod gefangen gehalten wurde. Berühmtheit erlangte auch Lola Montez, die Kurtisane Ludwigs I. von Bayern, eine schillernde Figur, die als Hochstaplerin in der Rolle einer spanischen Tänzerin durch halb Europa zog und einen Skandal nach dem anderen auslöste. Der bayerische König verfiel ihr so, dass er ihr ein Palais schenkte und sie in den Rang einer Gräfin erhob.

War es für die alten Feudalherren gang und gäbe, offen den Kurtisanen zu frönen, schien es nach den Wirren der Französischen Revolution und dem Zeitalter der Aufklärung nur noch wenig opportun, den Neid des Volkes mit einem allzu ausschweifenden Lebenswandel zu erregen. Am männlichen Doppelleben aber änderte dies wenig – bloß fand jetzt im Verborgenen statt, was früher vor aller Augen zelebriert wurde. So gehörte es in Frankreich zu Zeiten von Toulouse-Lautrec für den »Mann von Welt« zum *savoir vivre*, eine Geliebte »aus gewissen Kreisen« stilvoll zu unterhalten – ein Phänomen, das Etablissements wie dem Moulin Rouge zu Weltruf verhalf. Natürlich durfte die Gattin nichts davon erfahren. Salonfein war so ein Lotterleben natürlich nicht. In Männerkreisen jedoch konnte der Lebemann mit seinen Affären (ganz abgesehen vom Lustgewinn, den ihm die Dame verschaffte) dicke Prestigepunkte sammeln.

Das Moulin Rouge mag den Zenit seiner Blütezeit überschritten haben, doch dies als Zeichen dafür zu werten, dass die männliche Vorliebe für »leichte Mädchen« erloschen sei, wäre naiv. Und dies gilt nicht nur für die gallische Nation. Auch diesseits des Rheins wird nach wie vor munter gegen Cash gevögelt. Bloß wird heute weniger damit geprahlt.

Wertete man(n) den Gang zur Prostituierten früher als Zeichen der Potenz (»Dem reicht nicht, was die Gattin zu bieten hat«), stellt man sich den Bordell-Besucher heute, da Frauen sexuell freizügiger und auch ohne Bezahlung zu mancherlei bereit sind, eher als einen vor, der »es nötig hat«. Als einen, der für etwas löhnen muss, was andere gratis kriegen. Darum läuft das Ganze heute eher nach dem Motto: »Ein Gentleman genießt und schweigt.«

Dass so wenig darüber gesprochen wird, heißt aber längst nicht, dass wir es mit einer Randerscheinung zu tun hätten. Immerhin gibt es in Deutschland laut Schätzung von Medicine Worldwide[17] etwa 400.000 berufsmäßige Liebesarbeiterinnen (Gelegenheitsprostituierte nicht mitgerechnet), die einen geschätzten Umsatz von über fünf Milliarden Euro pro Jahr erwirtschaften.

Anders als das Schmuddel-Image der Branche vermuten lässt, ist die Nutte – wie damals bei den alten Griechen – durchaus ein Vergnügen, das sich Männer aus »besseren Kreisen« gönnen. Fast 40 Prozent der Freier haben Abitur oder einen Hochschulabschluss. Es sind nicht nur die Brummi-Fahrer, die sich im Eros-Center an der Autobahnraststätte die Langeweile der Fahrverbots-Sonntage vertreiben; nicht nur die ausländischen Mitbürger, die in den Armen von Prostituierten ihren Kummer über die Trennung von Heimat, Weib und Familie abreagieren. Wie viele Promis aus Politik, Sport, Kunst und Journalismus zu den Kunden zählen, wurde spätestens deutlich, als im Juni 2003 die Staatsanwaltschaft zur Hausdurchsuchung bei Michel Friedman anrückte und nur wenig später den Maler Jörg Immendorff nicht nur mit Kokain, sondern auch mit einigen Mädels im Hotel erwischte.

Dass es sich bei Episoden wie diesen nur um die Spitze eines gigantischen Eisbergs handelt, weiß im Prinzip jede von uns. Kaum eine Frau, die für irgendeinen Mann in puncto Treue ohne weiteres die Hand ins Feuer legen würde. Er muss ja nicht gleich zu den Nutten gehen. Viel kostengünstiger lässt sich ein Doppelleben beim Seitensprung führen – und wenn man sieht, wie manche Typen jedem Rock hinterherschauen, dann weiß man: Die wären zu jeder Schandtat bereit. Die Lust auf Fuck & Go ist ihnen quer über die Stirn geschrieben.

Wenn so ein Kerl dann auch noch in anderer Hinsicht in Sokrates' Fußstapfen tritt, und zwar ein Meister im Reden ist, aber wenige Taten folgen lässt, kann eine Frau schon die Krise kriegen. Das haben wir gern: Draußen den dicken Macker markieren und mit Chauvi-Sprüchen um sich werfen, dass sich jeder emanzipierten Zuhörerin die Nackenhaare aufstellen, und kaum ist er zu Hause, sinkt er ermattet aufs Sofa nieder und erwartet Bedienung. Ob von Mama, der Gemahlin oder der Geliebten ist ihm egal. Hauptsache, das Essen steht pünktlich auf dem Tisch. Und die Damen bringen ihm ein schönes, kühles Bier.

Das alte Griechenland ist überall.
Auch hier und jetzt.
Xanthippe hatte ja so Recht …

Der Taube und die Blinde

Sokrates und Xanthippe mögen längst den Weg alles Irdischen gegangen sein, der Kampf der Geschlechter jedoch, den die beiden Tag für Tag führten, wirkte weiter. Nur weil Mann und Frau letztlich nicht die Finger voneinander lassen konnten, fanden sie doch immer wieder zueinander.

Machen wir einen großen Sprung in der Geschichte. Lassen wir die Hellenen hinter uns und schauen wir uns die Partnerschaftsidylle an, wie sie in der »guten alten Zeit« herrschte. Wie hielten es unsere Großeltern miteinander? War für sie die Ehe ein großes Glück? Manchmal vielleicht. Aber rosig sah bestimmt nicht alles aus. Wer weiß schon um die Kriege, die hinter verschlossenen Türen geführt wurden? Das klassische Wort von der Gardinenpredigt rührt jedenfalls daher, dass manch eine Frau erst diskret die Vorhänge vor dem Alkoven mit dem Ehebett zuzog, bevor sie den Gatten energisch flüsternd ins Gebet nahm.

Nun wurde in Frauenkreisen von jeher viel geredet, und von jeher wurde dabei der Mann für alles und jedes verantwortlich gemacht. Hinter vorgehaltener Hand breitete sich die Kunde von jeder kleinsten männlichen Schandtat wie ein Lauffeuer aus und bekam immer größere Ausmaße, je öfter sie von Frauenmund zu Frauenohr kolportiert wurde. Bald wurde aus einem kleinen Ekel ein großes und aus einem winzigen Fehltritt ein massiver. Ein Übergriff, eine häusliche Untat oder Unterlassungssünde weckte Erinnerungen an ein Dutzend weitere, noch üblere. Bis feststand: Alle Männer sind schmutzende, saufende, untreue und zumindest potenziell gewalttätige Nichtsnutze. Während sie auf der Sonnenseite des Lebens stehen, schuften sich die Frauen den Buckel krumm.

Dagegen hielt die Tatsache, dass der Mann noch nie gern über die Misserfolge und Katastrophen in seinem Leben geredet hat – über die häuslichen schon gar nicht –, die Vorstellung vom keifenden Weib einigermaßen in Schach. Sein Schweigen ließ die Schreckensperson irgendwie abstrakt erscheinen, so als würde sie niemanden persönlich betreffen. Der Haussegen hing immer nur bei den anderen schief. Schließlich hatte er die Hosen an. Wenn er was beschloss, hatte das Weib ja und amen zu sagen. Sich als »Herr des Hauses« bei anderen über die schlechte Behandlung daheim zu beklagen, hätte bedeutet, den eigenen Laden nicht im Griff zu haben. Wer wollte sich schon diese Blöße geben!

Ein schlechtes Gewissen hatten die Kerle meist auch, denn wer ist ohne Fehl und Tadel? Ein weiterer Grund, die Klappe zu halten. Statt zu jammern, gingen die Männer in die innere Emigration – in die Kneipe, zum Fußball, auf den Kegelausflug, ins Bett der Geliebten. Auch eine Art des Abtauchens. So verriet meist nicht viel mehr als ein gelegentliches wissendes Lächeln ihre Gemütshaltung – wenn sie zum Beispiel Sätze hörten wie den von Samuel Taylor Coleridge: »Die glücklichste Ehe, die ich mir persönlich vorstellen kann, wäre die Verbindung zwischen einem tauben Mann und einer blinden Frau.«[18]

Das frustrierte Geschlecht

Jahrtausendelang hielt sich das Geschlechterverhältnis in dieser merkwürdigen Balance. Sie liebten sich. Sie hassten sich. Sie hintergingen sich. Mal litt die eine, mal der andere. Schuld war immer der Mann. Aber der tat, als hätte er ein dickes Fell, und machte tapfer alles mit sich allein ab. Und irgendwie vertrug man sich dann immer wieder. Man hatte sich doch so aneinander gewöhnt.

Es waren Zeiten, in denen die Frösche noch in Scharen am Teichrand saßen und unsereins mit lautem Gequake auf sich aufmerksam machten. Auch wenn nicht unbedingt in jedem ein schillernder Märchenheld steckte – wenigstens tauchten sie nicht wie heutzutage erschrocken ab, sobald eine Frau auf Prinzenjagd des Weges kam. Im Gegenteil! Wenn Evas Tochter nur einigermaßen passabel war, hielten ihr manchmal gleich Dutzende die geschürzten Lippen entgegen. Küss *mich*! Nein, *mich*! Nein, *mich*!

Und was noch faszinierender war: Sie blieben (meistens) nach dem Kuss. Bis dass der Tod uns scheidet …

Dann kam das Jahr 1968. Mit ihm fegte der explosive Geist der Revolution durchs Land, und er machte auch vor den Frauen nicht Halt. Emanzipationsversuche hatte es zwar vorher schon gegeben, doch bis dahin war es ein Häuflein versprengter Einzelkämpferinnen gewesen, die einen aussichtslosen Kampf gegen die männliche Dominanz ausfochten. Auf einmal wurde der Protest zum Massenphänomen. Simone de Beauvoir (durch die erotische Vielseitigkeit ihres Lebensgefährten Sartre selbst ein gebranntes Kind) hatte mit *Das andere Geschlecht* die Bibel für das frustrierte Geschlecht geschrieben; jetzt gingen dessen VertreterINNEN ideologisch gewappnet auf die Barrikaden.

Den offiziellen Beginn der »neuen Frauenbewegung« markiert ein legendärer Tomatenwurf: Auf einer Delegiertenkonferenz des SDS[19] im September 1969 wollte der Vorstand in bewährter Männer-Manier die Rede einer Vertreterin des »Aktionsrates zur Befreiung der Frau« kommentarlos untergehen lassen. Es war doch schon was, wenn man die Weiber reden ließ, man war ja kein Unmensch, aber auch noch über den Käse diskutieren …

Dieses Mal aber weigerten sich die Frauen, die Kröte zu schlucken. Stellvertretend für alle anderen im Saal griff Sigrid Rügers zum Südgemüse, warf es Vorstand Krahl an den Kopf und schimpfte ihn einen Konterrevolutionär und Agenten des Klassenfeindes.[20] Was heute harmlos klingen mag, kam damals als furiose Kampfansage rüber. Konterrevolutionär. Agent des Klassenfeinds. Schlimmere Beschimpfungen hätte sich in der progressiven Studentenschaft keiner ausdenken können! (Von Warmduschern, Schwuchteln, Manta-Fahrern oder Dieter-Bohlen-Tunten sprach in den Sechzigern noch niemand.) Und dann noch von einer Frau in aller Öffentlichkeit so gescholten zu werden … Welch ein Affront!

Im Juni 1971 folgte ein zweiter großer Meilenstein, der die Bewegung so richtig ins Rollen brachte: die *Stern*-Kampagne »Wir haben abgetrieben«. Aus Protest gegen den Paragraphen 218 bezichtigten sich 374 Frauen öffentlich des Schwangerschaftsabbruchs – zu einer Zeit, da es schon Mut erforderte, eine solche »Tat« auch nur der besten Freundin zu gestehen.

Mit ihren kämpferischen Auftritten traf die Frauenbewegung den

Nerv der Zeit. »Emanzen« in lila Latzhosen malten Plakate, zogen in Scharen auf die Straße und schwenkten ihre Fäuste. Gegen das System, das auch. Ihr Hauptfeind aber war der Mann. Der Unterdrücker. Das Macho-Schwein. Die unterschwellige Meinungsmache der Mütter, Großmütter, Urgroßmütter hatte den Boden bereitet, die Vordenkerinnen der »ersten Welle« der Frauenbewegung, die das allgemeine Wahlrecht und den Zugang zu den Universitäten erstritten – Clara Zetkin, Hedwig Dohm oder Anita Augspurg, um nur einige zu nennen –, hatten ihn bestellt. Wie nach dem ersten warmen Frühlingsregen ging die Saat jetzt urplötzlich auf.

Waren viele Frauen bis dahin überzeugt gewesen, nichts an ihrer Situation ändern zu können und sich mit einem Leben unter dem Joch des Mannes abfinden zu müssen, witterten sie jetzt Morgenluft. Man brauchte bloß ins Kino zu gehen um zu sehen, dass die zementierte Geschlechterhierarchie zu bröckeln begann. In dem deutschen Spielfilm *Neun Leben hat die Katze* von Ula Stöckl wagen fünf Frauen tatsächlich den Versuch, sich aus ihren Abhängigkeiten zu befreien und ihre Vision von Freiheit zu verwirklichen. So etwas hatte es noch nie gegeben. Dies war nur der erste einer ganzen Reihe von Frauenfilmen, und die Geschichten, die darin erzählt wurden, verfehlten ihre Wirkung nicht.

Mit einem Mal brüllten die Frauen all ihren Frust heraus, der sich seit Anbeginn der Menschheitsgeschichte in den Mülleimern der weiblichen Seele angesammelt hatte. So weit rissen sie in ihrer Wut in aller Öffentlichkeit den Mund auf, dass keiner mehr weghören und weggucken konnte. Da sah man(n) sie: die Haare auf ihren Zähnen.

»Wir sind Frauen. Wir sind viele. Wir haben die Schnauze voll«, skandierten sie.[21] Schluss mit der Ausbeutung und Benachteiligung durch die patriarchale Gesellschaft! Schluss mit der sexistischen Unterdrückung! Und seine Socken soll er gefälligst selber waschen! Sie hatten das Hausfrauendasein satt und waren angetreten, das zu tun, was die alten Griechen versäumt hatten: endlich die alte Geschlechterordnung über den Haufen zu werfen. Sie zogen auf die Straße, weil sie nicht länger dulden wollten, dass Frauen »immer noch für das Privatleben, für die Familie, erzogen« werden[22].

Damit wäre man(n) ja notfalls irgendwie noch fertig geworden.

Aber was schrien diese Emanzen da noch? Hatte ER richtig gehört? Schwanz ab?! Wie bitte?! Schwanz ab!! Nie wieder wollten sie Sex-Objekt sein. Nie wieder die Beine breit machen für einen dieser widerlichen Kerle. Zur Bekräftigung ihres Schlachtrufs rissen sie sich reihenweise die BHs vom Leib und warfen sie ins lodernde Feuer.

Sich mit einem Mann einzulassen, galt fortan in feministischen Kreisen als Zeichen der Dummheit oder mangelnden Solidarität mit der weiblichen Sache. Besonders radikale Vertreterinnen machten die Heterosexualität gar generell als Wurzel allen Übels aus. Entweder war frau als »Bauch-Lesbe« geboren und neigte von Natur aus dem eigenen Geschlecht zu, oder sie musste eben »Kopf-Lesbe« werden und aus rein intellektuellen Erwägungen dem Feind entsagen. Mit ihrem geschliffenen Mundwerk machten die Emanzen der Xanthippe alle Ehre. Im Kampf gegen den verhassten Unterdrücker war den Fanatikerinnen alles recht. Der Zweck heiligt die Mittel. Immer feste drauf!

Andrea Dworkin vertrat gar die Ansicht, jeder Geschlechtsverkehr sei mit Vergewaltigung gleichzusetzen, und verstieg sich in ihrem Buch *Pornographie – Männer beherrschen Frauen* gar zu der These, das Leiden männlicher KZ-Insassen habe vor allem darin bestanden, keine Frau mehr unterdrücken zu können.[23] Und Alice Schwarzer schreckte nicht davor zurück, auf der Basis ebendieses Machwerks ihre »PorNo«-Kampagne zu stricken.

Alice Schwarzer. Mit ihrem Buch *Der kleine Unterschied und seine großen Folgen* landete sie einen Bestseller, mit dem sie ihr radikales Männerbild in die entlegensten Winkel der Republik katapultierte, bis selbst Lieselotte, Martha und Elfriede im allerletzten Kaff vor der Grenze begriffen, dass jeder, der einen Schwanz zwischen den Beinen hat, ein Ausbeuter, Frauenschläger und Triebtäter ist:

»Frauen werden sich in den Protokollen wieder erkennen und entsetzt, erleichtert und wütend zugleich sein. Entsetzt, weil andere das aussprechen, was sie selbst sich oft nicht eingestehen können und wollen. Erleichtert, weil sie nicht länger allein sind, weil andere Frauen ähnliche Probleme haben. Und wütend, weil ihre Unterdrückung und Ausbeutung Absicht derer ist, die davon profitieren. Und Männer? Viele werden es sich einfach machen, werden sagen, bei ihnen und ihrer Frau (Freundin) sei alles ganz anders. Einige aber werden erschüttert sein über den Preis, den sie für ihren ›kleinen Unterschied‹ zahlen. Am schlimmsten ist es da, wo wir dank des Unterschieds angeblich füreinander geschaffen sind: in der Sexualität. Da spiegeln sich Männergesichter in den Augen identitätsloser und gedemütigter Frauen wie erstarrte Symbole und unmenschliche Fratzen.«[24]

Kanonenfutter für Tausende frustrierter Frauen. »Das Buch lag auf den Küchen- und Nachttischen«, freut sich die Autorin im Rückblick. Es »wirkte direkt in das Leben der Menschen ein, bei Ehestreits saß ich sozusagen auf der Ritze«.[25]

So geschah es, dass das, was als Aktion eines kleinen, aufmüpfigen Weiberhaufens begann, eine breite Masse von Frauen erreichte und in deren Unterbewusstsein eine latente Anti-Mann-Einstellung verankerte. Seither befinden wir uns in ständiger Hab-Acht-Stellung. Unser weiblicher Radar ist ständig aktiv. Unablässig scannen wir unsere Umgebung auf mögliche männliche Übergriffe ab. Und so wie Männer jeden Satz auf verdeckte erotische Anspielungen abklopfen, lauern wir auf jedes Wort, das auch nur im Entferntesten nach Machismus oder Sexismus riechen könnte. Wehe dem, der erwischt wird!

Widerspruch gilt nicht

Man stelle sich vor, ein einziger Mann hätte damals gewagt, auf auch nur annähernd vernichtende Weise über uns Frauen herzuziehen. Es hätte seinen gesellschaftlichen Tod bedeutet!

Die Reaktion der Männer? Natürlich tobten die Stammtische. Aber wirklich ernst zu nehmender Protest? Ein paar zaghafte, intellektuelle Gegenreden. Kaum gehört, kaum erinnert. Wie auch?

Mit solcher Vehemenz wurde das Feindbild in Stein gemeißelt, dass gerade die sensibleren unter den Männern an sich selbst zu zweifeln begannen. Sind wir etwa wirklich so schlimm?! Wie das Karnickel vor der Schlange standen die entthronten Herren der Schöpfung da. Volker Elis Pilgrim brachte es auf den Punkt, als er schrieb: »Es ist das bundesweite ›Hau ab!‹, das den Mann erschüttert.«[26] Der Schock sitzt ihm bis heute in den Knochen.

Die männliche Beißhemmung hatte damals viel mit schlechtem Gewissen zu tun. Manche Argumente der Emanzen leuchteten ja durchaus ein (auch wenn das kaum einer offen zugegeben hätte). Aber was den Männern am schlimmsten zusetzte: Jeder von ihnen wusste um die eigene böse Geilheit. So wurden selbst Atheisten plötzlich von der Botschaft eingeholt, die die Kirchen seit Jahrhunderten predigten: Der Trieb ist sündig! Sex-Gedanken sind unrein! Frauen sind heilig und darum unantastbar! Finger weg! Finger weg!

Die »gute Erziehung« untergrub zudem die männliche Gegenwehr. Du musst die Frau ehren und verteidigen, so war dem »starken Geschlecht« von Kindesbeinen an eingeimpft worden. Hier zeigte sich, dass jeder Mann auch Muttersöhnchen ist. Die Mamas hatten ihnen Manieren beigebracht. Du möchtest auch was sagen? Dann warte schön brav, bis wir ausgeredet haben. Immer schön höflich bleiben. Sich wehren? Aber nein! Du wirst doch kein Mädchen hauen. Die sind doch schwächer als du, da wärst du ja ein Feigling!

Wie hypnotisiert waren die Kerle. Ans Abtauchen dachten sie nicht, dazu waren sie vor Schreck viel zu starr. Sie saßen da wie die Pudel und machten Männchen. Oder fingen an, Norwegerpullover zu stricken. Und immer hatten sie nur den einen Satz im Ohr: Schwanz ab! Schwanz ab! Schwanz ab!

Und die Frauen selbst? Es war nur ein Bruchteil von ihnen, der den öffentlichen Aufstand probte. Die meisten schleppten weiter frustriert, aber brav die Einkaufsnetze und bohnerten ihr Linoleum. Die Hassparolen der Feministinnen gegen die Männer aber kamen sehr wohl in der breiten Masse an. Welche Gattin hätte sich nicht gelegentlich über ihren Angetrauten, welche Mutter über ihren Sohn, welche Tochter über ihren Vater geärgert? Insgeheim freute sich selbst die Biederste, dass den Jungs endlich einmal eine(r) eins überbriet, und viele wünschten sich genau das, was heute oft bittere Wirklichkeit ist: dass sie sich aus ihrem Leben scheren. Insofern hatte Alice Schwarzer sicher Recht, wenn sie behauptete: »Nicht Einzelne versuchen, einer Mehrheit von ›zufriedenen‹ Frauen den Männerhass einzureden, sondern diese Einzelnen gestehen ihn nur ein.«[27]

Nur wenige Frauen kamen auf die Idee, ernsthaft Protest anzumelden. Esther Vilar war die prominenteste unter ihnen. In ihrem

Buch *Der dressierte Mann*[28] drehte sie den Emanzipationsspieß um und stellte ihre Geschlechtsgenossinnen als die eigentlichen Ausbeuterinnen an den Pranger. Die Frau, so behauptete sie, richte den Mann unter Berufung auf ihre angebliche Schwäche zielgerecht dazu ab, sie zu ernähren und ihr ein Leben in Luxus und Faulheit zu ermöglichen.

Eine provokante Streitschrift, die ihr bei der Frauenbewegung den Ruf der Nestbeschmutzerin einbrachte. Als Frauenhasserin, Reaktionärin, Faschistin wurde sie beschimpft. Hasstiraden, tätliche Angriffe, ja Morddrohungen gehörten über Jahre hinweg für Esther Vilar zum Alltag. In der legendären Fernsehdiskussion, die unter dem Titel »Hennen-Hack-Duell«[29] in die Annalen der Geschichte eingehen sollte, zog Alice Schwarzer im Februar 1975 alle Register, um sie mundtot zu machen.

Der Mann ist der Böse, die Frau ist die Gute. Dass das ein für alle Mal klar ist! Widerspruch gilt nicht!

Rufmordkampagne

Lang, lang ist's her, mögen Sie denken. Inzwischen ist doch alles ganz anders geworden! Von den militanten Feministinnen der Siebzigerjahre hört man nicht mehr viel, sie sind längst ins gesetztere Alter gekommen und im Rückblick haben die wilden Zeiten beinahe etwas Rührendes. Dogmatisch sei man schon gewesen, gesteht so manche Frauenbewegte von damals heute ein. Aber wo gehobelt wird, fallen nun mal Späne.

Nur die Schwarzer jettet unermüdlich von Talkshow zu Talkshow. Sich mit der Oberemanze zu zeigen, ist für Politiker(innen) und Promis aller Couleur zu einer Art Aushängeschild für Modernität geworden. Richtig salonfein ist sie heute. Und milder als früher. Sie braucht ihre Botschaft nicht mehr mit der Brechstange ins gesellschaftliche Bewusstsein zu hebeln. Sie ist schon drin. Geschafft!

So ist mit Elfriede Jelinek im Jahr 2004 eine Frau mit dem Literaturnobelpreis ausgezeichnet worden, die in ihren Theaterstücken und Romanen Sex als etwas höchst Widerliches denunziert – für Frauen natürlich. Dass es durchaus auch weibliche Wesen gibt, denen der Geschlechtsverkehr zumindest hin und wieder Spaß bereitet, übersieht sie geflissentlich. Marcel Reich-Ranicki schreibt im *Spiegel* über die vielfach preisgekrönte Autorin: »Elfriede Jelinek … stellt in allen ihren Büchern … das Sexuelle als ein widerliches und abstoßendes Herrschaftsinstrument der Männer dar: Was die Poesie so gern besingt, erweist sich als grausamer Unterwerfungsakt.«[30]

Dabei klang die Österreicherin am Anfang ihrer Karriere noch anders. 1983 schilderte sie in ihrem ersten großen Erfolg, *Die Klavierspielerin*, noch die Beziehungshölle zwischen zwei Frauen: Eine Mutter, die den störenden Mann aus dem Haus getrieben hat, prügelt ihre Tochter in die Pianistenlaufbahn hinein. Der aber bleibt der große Ruhm versagt. Auf der Suche nach einem Ventil für ihren Frust kommt ihr der Klavierschüler Klemmer gerade recht. An ihm lässt sie ihre sadomasochistischen Fantasien aus. Elfriede Jelinek entlarvt ihre Protagonistinnen als machtgeile Voyeure und Pornografinnen und verpasst der feministischen Frau=Opfer-Doktrin eine Breitseite.

Spätestens mit ihrem Roman *Lust* aber schwenkt sie 1989 auf den *Emma*-Kurs ein und wird zur Verfechterin der altlinken Überzeugung, dass Kapitalisten Schweine sind und Männer sowieso – und dass meistens beides zusammenkommt. Über zwanzig Preise hat die Jelinek für ihr Werk erhalten – und jetzt auch noch die wichtigste Auszeichnung, die es weltweit gibt. Jelinek ist keine Randerscheinung.

Angesichts der Meinungsmache, die von solchen Werken ausgeht, wundert es nicht, dass die Männer gesellschaftlich zunehmend ins Aus geraten. Niemand will mehr so recht etwas mit ihnen zu tun haben. »Eine Krankheit namens Mann« titelt der *Spiegel*[31] im Jahr 2003 und wähnt die armen Kerle aufgrund ihrer mangelhaften genetischen Ausstattung am Rande des Untergangs. Das vermeintlich starke Geschlecht sei in Wirklichkeit ein Mangelwesen.

Der Mann. Ein Irrtum der Natur?, fragt der englische Genetikprofessor Steve Jones in seinem gleichnamigen Buch und macht das kränkelnde Y-Chromosom für nahezu alle männlichen Übel, vom Tod durch Alkohol über eine schlechtere Bildung bis hin zum Risikosport, verantwortlich.[32] Dieter Otten, Soziologieprofessor in Osnabrück, wirft den »Herren der Schöpfung« gar Versagen auf ganzer Linie vor und spricht ihnen generell jede moralische Orientierung ab. Und medienwirksam wird am 23. September 2003 in der 3sat-Sendung *Kulturzeit* diskutiert, ob im männlichen Teil der Bevölkerung angesichts der verheerenden Charaktereigenschaften, die da schlummern, tatsächlich »die soziologische Zeitbombe des 21. Jahrhunderts« tickt.

Die Rufmordkampagne trägt Früchte. Die Stimmung ist von »pro Mann« auf »pro Frau« gekippt. In einem Interview mit Rainer Oschmann, das 1998 in der Zeitschrift *Neues Deutschland* erschien, führt die englische Schriftstellerin und Frauenrechtlerin Fay Weldon aus, dass Londoner Frauen kaum noch einen Jungen zur Welt bringen wollen – ihr Babywunsch seien Mädchen.[33] Hierzulande dürfte die Situation nicht viel anders aussehen. Schließlich geben sogar Jungen zu, dass sie lieber Mädchen wären. Im Monatsmagazin *Chrismon* berichtet Frank Keil Anfang 2004 von einem Jungen-Workshop an einer Münchner Realschule.[34] Es geht um das Thema »Sexualität und Männlichkeit«. Die Teilnehmer: 29 Schüler im Alter von vierzehn bis fünfzehn Jahren. Die Pubertät hat sie voll im Griff, sie sind laut, benehmen sich rüpelhaft, scheinen in ihrer eigenen Welt zu leben. Keine leichte Aufgabe, die sich der Seminarleiter Bernd Drägestein da vorgenommen hat.

Die Jungen sollen auf Kärtchen schreiben, was sie interessiert und worüber sie reden wollen. Dort stehen Sätze wie: »Ficken, lecken, blasen – bis die Eier rasen.« Beim Vorlesen lacht sich die halbe Klasse kaputt. Erst als es einem der älteren Jungen reicht und er fragt, ob man denn hier im Kindergarten sei, kehrt Ruhe ein. Nach und nach gelingt es dem Kursleiter, die ersten vernünftigen Worte aus ihnen herauszulocken. Und in einem Punkt sind sich alle einig: Als Junge bist du heutzutage der Loser. Da ist nicht nur der Dauerstress mit Eltern und Lehrern. Mit dem Geschlecht wird offenbar ein Gratisabonnement auf die Rolle des Sündenbocks gleich mitgeliefert.

Was man von den Jungen erwartet, ist eine Art Quadratur des Kreises, sollen sie doch mit jeder Menge weiblichem Einfühlungsvermögen sensibel auf ihre Umwelt eingehen. Genau das aber ist ihnen nicht gegeben. Sie sind nun einmal als Junge und nicht als Mädchen geboren. Die kleinen Kerle sind auf der Suche nach ihrer Männlichkeit. Sollen sie da etwa stillsitzen und die Hände schön artig in den Schoß legen?

In jedem Jungen steckt einer wie Max, Maurice Sendaks Hauptfigur in *Wo die wilden Kerle wohnen,*[35] die nichts als Unfug im Kopf hat. »Ich fress dich auf«, sagt Max zu seiner Mutter, als sie ihn wegen seiner Wildheit schimpft. Da muss er ohne Essen ins Bett. Aus Zorn begibt er sich ins Fantasiereich der wilden Kerle und lässt sich von ihnen zum König küren. Endlich ist keiner da, der ihn zur Mäßigung mahnt. Und gleich ordnet er an: »Jetzt machen wir Krach!«

Nun wachsen in bundesdeutschen Wohnstuben und Klassenzimmern leider keine Bäume, und es ist kein Platz, um sich im Verein mit Monstern fröhlich von Ast zu Ast zu hangeln. Dass die Jungs mit ihrer Wildheit anecken, ist vorprogrammiert. Dass sie dauernd gemaßregelt werden, auch. Gelobt werden die Mädchen – und als leuchtendes Vorbild hingestellt.

In einer überwiegend weiblich dominierten Erziehung erlebt der Mann der Zukunft die Frau als ewig meckernde Instanz. Jedes Mal, wenn er mit hängendem Kopf auf der Strafbank sitzt, wünscht er sich fort nach Kanada, auf eine einsame Insel, ganz weit draußen vor der Küste. Denn im Grunde seines Herzens ist er ein weißer Bär. Noch ist er ein Kind, noch braucht er seine Mama. Aber irgendwann ist es so weit. Dann trollt er sich und ward nicht mehr gesehen.

Die Frauenbewegung hat ihr Ziel erreicht: Die animalische Natur des Mannes ist zweifelsfrei erwiesen. Sogar wissenschaftlich. Wir wussten doch von Anfang an, dass wir Recht hatten. Gut gemacht! Oder nicht?

Kinder der Revolution

»Was kann ich denn dafür, wenn die anderen die Männer in Grund und Boden reden?«, höre ich Sie einwenden, die Sie einsam am Teichrand sitzen und vergeblich nach dem Frosch-Prinzen Ausschau halten. »Was habe ich mit den militanten Emanzen am Hut?!«

Doch sind wir nicht alle Kinder der Revolution? Mag sein, dass es andere waren, die das Geschlechterverhältnis vergiftet haben. Das Samenkorn des Misstrauens aber haben sie in unser aller Herzen gesät. Und die Saat ist aufgegangen. Wir wettern nicht in aller Öffentlichkeit wie die alten Fanatikerinnen. Unsere Angriffe sind sehr viel subtiler. Im Laufe der Zeit haben sich die Waffen verfeinert.

Dies ist die jüngste Erbin der Xanthippe: die Powerfrau. Sie kann alles, weiß alles, darf alles. Keiner kann ihr das Wasser reichen. Ein Mann schon gar nicht. Sie steht über den Dingen und berät alle anderen in schwierigen Lebenslagen. Sie selbst hat natürlich keine Probleme. Und wenn doch, dann löst sie sie selbstverständlich souverän. Einsam? *Sie* doch nicht! Sie ist gern mit sich allein. (Wie es hinter den Kulissen aussieht, braucht ja keiner zu wissen.)

Im Job steht sie ihren Mann. Ihre Ellenbogen? Spitz! Ihre Devise: Bloß von niemandem abhängig sein. Ihre Lieblingssätze: »Weiß ich schon!«, »Mir brauchst du das nicht zu erzählen!«, »Das siehst du falsch!« und: »Komm mir bloß nicht mit dem Käse!«

Ob zur Arbeit oder zum Ausgehen: Sie trägt am liebsten Hosenanzug, möglichst aus dem Designer-Shop. Nadelstreifen kommen nicht schlecht. Unterwäsche? Baumwolle für den Alltag, Seidenspitze fürs Date – man kann ja nie wissen. Lange Haare? Selten. Zu viel Arbeit. Sie hat schließlich keine Zeit zu verlieren. Und die ewige Föhnerei ... wo sie doch so oft zum Sport geht ... Kinnlang ist das höchste der Gefühle. Lieber noch eine freche Kurzhaarfrisur. Auf jeden Fall modisch gestylt.

Illusionen hat sie keine. Dafür immer einen flotten Spruch auf den Lippen. In dieser Hinsicht könnte sie durchaus irgendwann den Machos den Rang ablaufen. Die einzigen zwei Fehler des Mannes? Alles, was er sagt, und alles, was er tut. Hahaha ... Und der Unterschied zwischen Pflaume und Mann? Erstere reift irgendwann ... (Wie? Sie mögen keine Männerwitze? Dann sind Sie sicher tierlieb.)

Auch im Hinblick auf Beziehungen hat die Powerfrau selbstverständlich das Ei des Kolumbus gefunden. Nach all den Selbsterfahrungskursen, die sie besucht, und all den Ratgebern, die sie gelesen hat, weiß sie, worauf es ankommt. Und sie hat immer die richtigen Argumente, um ihren Standpunkt auch zu vertreten. Ihr kann keiner ein X für ein U vormachen. Schon gar kein Mann. Mit romantischem Gesäusel lässt sie sich nicht einlullen.

Ist sie verheiratet, hat sie natürlich einen adretten, gut verdienenden Gatten, ein bis zwei niedliche Kinder, ein gepflegtes Heim und einen ebensolchen Hund. Haushalt und Halbtagsjob schmeißt sie mit links und ohne sich dabei einen der perfekt manikürten Fingernägel abzubrechen. Daheim hört alles auf ihr Kommando. Sonst würde schließlich alles im Chaos versinken. Und spurt der »Hausherr« mal nicht so, wie sie will, zieht sie ihr vom vielen Gebrauch zerfleddertes Exemplar von *Dog-Training*[36] aus dem Regal und krempelt ihn nach Anleitung um, bis er wieder funktioniert.

Ist sie Single, dann entweder aus freiem Entschluss oder weil der Job ihr keine Zeit für Männer lässt. Oder das Golfen. Oder die Freundinnen. Oder irgendwelche anderen aufregenden Hobbys. Klar, sie geht ab und zu mit einem Typ aus. One-Night-Stands? Gehört doch irgendwie dazu. Aber festlegen will sie sich nicht. Sie könnte ja was verpassen. Und der ideale Partner war auch noch nicht dabei. Es gibt einfach keine guten Männer mehr heute. Zu oberflächlich, zu unsensibel, zu wenig kommunikativ, zu dick, zu dünn, zu unsportlich, zu erfolglos, zu wenig Charme und Charisma, zu langes, zu kurzes, zu schütteres Haar …

Wo wir gerade bei den Männern sind. Da muss die Powerfrau mal eines klarstellen: Aufopfern würde sie sich für keinen Kerl mehr. Das hat sie lange genug gemacht. Nach allem, was sie erlebt hat, muss sie jetzt endlich mal an sich denken.

Eine Frau wie ein Halbstarker. Jede Menge Muskeln. So viele, dass sie vor Kraft kaum laufen kann. Unabhängig macht sie das schon. Aber macht sie das auch sympathischer?

Alte Weibchenmuster

Längst haben wir (Powerfrauen) erkannt, dass das mit der Emanzipation so eine Sache ist. Manche Errungenschaften sind ja ganz gut. Nicht nur, dass sich unsere Bildungs- und Berufschancen verbessert haben. Auch dass Männer heute zur Hausarbeit herangezogen werden können, finden wir in Ordnung.

Wenn es nach einem Date heißt »Zu mir oder zu dir?« und Sie noch auf einen Kaffee – oder was auch immer – mit zu ihm gehen, kämen Sie doch nie auf die Idee, anschließend fein säuberlich die Tassen zu spülen. Und wenn sich zwischendurch mal was Längerfristiges ergibt, achten Sie bestimmt peinlich darauf, nicht in alte Weibchenmuster zu verfallen und in seinen Haushalt einzugreifen. Das soll er mal schön alleine machen.

Apropos alte Weibchenmuster. Die gehören alle über Bord geworfen, finden Sie nicht? Wir sind doch konsequent! Wobei … Der Gerechtigkeit halber müssten wir uns dann auch von ihm verabschieden: dem Kavalier der alten Schule. Dem Mann von Welt, der im Restaurant selbstverständlich nach der Rechnung greift und dezent seine Kreditkarte in die Mappe schiebt. Der uns in den Mantel hilft, die Türen für uns aufhält und uns seine Jacke um die Schultern legt, wenn wir frieren. Der Charmeur, der uns auf Händen trägt, uns Rosen schenkt, mit uns in den Mai tanzt und uns den Sternenhimmel erklärt. Und wenn's darauf ankommt, auch schon mal die blütenweißen Manschetten hochkrempelt, um einen platten Reifen an unserem Auto zu wechseln. Der unseren PC von Viren befreit und uns hilft, den Videorekorder zu programmieren. Der Bedienungsanleitungen für uns studiert und uns die paar wesentlichen Dinge daraus verständlich erklärt. Der sich vor uns auf die Knie wirft und uns den Heiratsantrag macht, auf den wir so sehnsüchtig warten wie eine Operettenmaid – ungeachtet aller Emanzipations- und Unabhängigkeitsschwüre, die wir womöglich irgendwann einmal in jugendlichem Überschwang geleistet haben. (Was interessiert uns unser Geschwätz von gestern? Heute ist heute. Und heute träumen wir von der Hochzeit in Weiß.)

Als echte Powerfrau müssten wir Abschied nehmen: von ihm, von unserem TRAUMPRINZEN. Wollen wir das?

Einen Schritt vor und drei zurück

Daniel Dickopf alias Dän, Frontmann der Wise Guys, spricht mit seinem Song *Powerfrau* sicher vielen seiner Geschlechtsgenossen aus dem Herzen. In der Umkehrparodie – er der Hausmann, sie die Karrierefrau – klagt er:

> »… und ich trau ihr nicht. Sie ist ja auch nur ein Mann.
> Sie ist 'ne Powerfrau und das ist ihre Art
> der Rache für fünftausend Jahre Patriarchat …«

Sind die Männer den machtvollen Erbinnen der Xanthippe überhaupt gewachsen? Wie gehen sie mit ihnen um? Ich meine die Männer, unter denen wir unsere Traumprinzen suchen. Die, die zu haben sind. Die Prinzen-Frösche, die wir so gern küssen würden. Je nach Typ sind verschiedene Reaktionen denkbar:

Die einen sind so verschreckt, dass sie bloß die Achseln zucken, es mit Sokrates halten und ihr Vergnügen anderswo suchen. Möglichkeiten zum Abtauchen gibt es viele. Was dem Denker von damals der philosophische Diskurs, ist den Kerlen der Neuzeit die Formel 1, der Fußball, das Motorrad, der PC und vielleicht der gelegentliche Junggesellenabend. Triebabfuhr? Wozu gibt's den Blue Channel? Und Freundin Faust. Und ab und zu in einem netten Klub sich so richtig verwöhnen lassen. Lieber zahlen und genießen als gratis gefressen werden.

Andere können die Finger vom Weib nicht lassen. Aber wenn sie sich nähern, sind sie das Misstrauen in Person. Gehen diese Froschmänner an Land, behalten sie sicherheitshalber den Taucheranzug an. Sich nur keine Blöße geben, sich ja nicht angreifbar machen. Immer cool bleiben. Einen Schritt vor, drei Schritte zurück. Fünf Eisen gleichzeitig im Feuer haben. Sicher ist sicher. Und bevor sie ihm den Laufpass gibt, springt er schnell wieder zurück in den Teich.

Und tschüss, Baby.

War eine schöne Zeit mit dir.

Gluck, gluck ...

Wieder andere haben es bis zum Erbrechen satt, ständig in die Nähe von Triebtätern gerückt zu werden. All die Verdächtigungen, die Nachstellungen und die Demütigungen ... Sie sind wütend und haben Rache geschworen. Im Froschteich abtauchen?! Sie doch nicht! Sie zahlen es den Frauen heim. Allen Frauen. Hat Sie schon mal einer versetzt? Sie erst angemacht und dann tagelang am Telefon schmoren lassen? Sie am langen Arm verhungern lassen? Ihnen billige Ausreden aufgetischt? Sie nach Strich und Faden betrogen? Sie schamlos ausgenutzt? Sie zynisch niedergemacht? Sich auf Ihre Kosten ein schönes Leben gemacht? Ganz schön bitter. Ist irgendwie dumm gelaufen.

Das haben wir nun davon. Nahezu 2.000 Jahre Geschlechterkampf, von Xanthippe über Alice bis zur Powerfrau. Zurück bleibt ein Schlachtfeld mit einsamen, frustrierten Protagonisten. So stehen sich Mann und Frau heute gegenüber: abgekämpft, verletzt, argwöhnisch, aufs Schlimmste gefasst. Doch wenn man sie fragt, sterben sie schier vor Sehnsucht. Wann kommt endlich die eine große Liebe, die sie aus ihrer Misere erlöst?

Viel gekämpft und nichts gewonnen?

Wie Frauen im Zuge der sexuellen Befreiung Angel, Köder und Netz über Bord geworfen haben und sich jetzt wundern, dass sie ohne Männer-Fanggerät dastehen

Venedig im Frühling. Ein Paar schlendert Hand in Hand über den Markusplatz, beide ganz in Weiß gekleidet. (Nein, nein! Nicht im vorigen Jahrhundert. Nicht im Märchen. In diesem Frühling. Ehrlich!) Sofort erspäht ein Rosenverkäufer die beiden und steuert zielstrebig auf sie zu. Sie will abwehren, doch er hat schon das Portemonnaie gezückt, zieht eine der langstieligen Blüten aus dem Strauß und überreicht sie ihr mit einer angedeuteten Verbeugung. Eine rote natürlich. Sie strahlt von einem Ohr zum anderen. Erst zu ihm auf, dann quer über den ganzen Platz.

Ich sitze mit einer Single-Freundin im Café Florian und schlürfe sündhaft teuren Espresso. Goethe ist auch schon mal hier gewesen und das kostet extra.

»Wart's ab, Mädel«, sage ich beim Anblick der Turteltäubchen. »Es dauert nicht lange und du bist wieder auf dem Boden der Tatsachen gelandet.« Und nachdem ich den Typ an ihrer Seite etwas eingehender gemustert habe: »Was sie bloß an dem findet? Wie Richard Gere sieht er ja nicht gerade aus. Ziemlich füllig, der Knabe. Und der alberne Mozartzopf ... Wieder so einer, der glaubt, fehlendes Haarvolumen durch Länge wettmachen zu können. Obwohl ... Sie ist ja auch nicht unbedingt eine Schönheit ...«

»Lass die beiden«, knurrt meine Freundin. »Ich wollt, ich hätte einen und stünde jetzt auch so da vorne.«

Schöne, heile (Vogel)Welt?

Eine Weile sitzen wir schweigend da. Und wie ich meinen Blick über den Platz schweifen lasse, fallen mir auf einmal zwei Tauben auf. Ganz klar. Ein Weibchen und ein Männchen. Er gurrend und mit aufgeplustertem Halsgefieder in eindeutiger Absicht dicht hinter ihr her. Sie mit gesenktem Blick vorneweg, Körner pickend, so als ginge sie das alles nichts an. Seit es Tauben gibt, das ewig gleiche Ritual. Da sitzt jede Federbewegung, jeder Gurrlaut, jedes Köpfchennicken. Weder Männlein noch Weiblein käme je auf die Idee, auch nur das Geringste daran zu ändern. Schöne, heile Welt …

Vogelweibchen sind schon irgendwie zu beneiden. Ist frau bereit, stehen die Bewerber Schlange – flügelschlagend, gefiederspreizend und so eifrig gurrend und zwitschernd, als wollten sie ganz laut »Hier!« schreien. Mauerblümchen gibt es nicht und wenn eine Enten- oder Schwalbendame einen Kerl an Land gezogen hat, bleibt er für immer bei ihr. Schließlich ist das Federvieh von der Natur auf monogam gepolt. Da weiß jeder, was Sache ist. Oder?

Bevor Sie ganz grün vor Neid werden: Die Postkartenidylle von den zwei anmutigen Schwänen, die als Symbol ewiger Liebe einander die elfenbeinfarbenen Hälse in Form eines Herzens zuneigen, ist mehr dem Wunschdenken traditionell orientierter Forscher entsprungen als der Realität. Waren Biologen früher überzeugt, dass bis zu 94 Prozent aller Vogelarten einander ein Leben lang treu sind, weiß die Wissenschaft inzwischen, dass es in der Vogelwelt ebenso tierisch zugeht wie bei uns Menschen.

Die gefiederte Papa-Mama-Familie aus dem Bilderbuch? Ja, die gibt es auch. Aber es wird fremdgegangen, was das Zeug hält, interessanterweise vor allem von den Weibchen. Der flotte Dreier, Gruppensex, die Homo-Ehe, allein erziehende Väter und Mütter – was wir Menschen in der westlichen Hemisphäre erst in den letzten Jahrzehnten an Lebens- und Beziehungsformen ausprobiert haben, ist in der Vogelwelt von jeher Brauch und Sitte. Ein besonderes Erfolgsmodell ist die »saisonale Monogamie«[37]: einen Sommer bleibt man beisammen, dann flattert jede(r) fröhlich seines Weges …

Uralte Programmierung

Keine Angst, ich will Sie hier nicht mit größeren Exkursen in die Tierwelt langweilen. Da Vögel aber ein von kulturellen Einflüssen unbelecktes Leben führen und keinen menschlichen Verkomplizierungszwängen ausgesetzt sind, können wir an ihrem Beispiel das Wirken eines Naturgesetzes erkennen, das auch für den Homo sapiens gilt: Balz und Paarung mögen mit noch so vielen romantischen Vorstellungen verklärt sein, letzten Endes geht es nur um den Erhalt der Spezies. Damit nichts schief läuft, hat die Biologie Mann und Frau klare Aufgaben ins Pflichtenheft geschrieben. Und wenn wir uns die anschauen, erscheint seine Bindungsscheu auf einmal nur natürlich.

Sein Auftrag lautet einzig und allein, seinen Samen unters Weibsvolk zu bringen. Weil Sex eine schweißtreibende Angelegenheit ist, ködert Mutter Natur ihn mit der Lust. Je größer die Damenschar, die er beglücken darf, desto mehr fühlt er sich in seinem Element. Ohne jede Beschränkung kreuz und quer zu vögeln ist sein biologisches Glücksideal – und das erleichtert den Zwang zur Vermehrung ganz erheblich. Lässt er sich von einer krallen und so aus dem Verkehr ziehen, hat er aus Sicht der Natur einen schlechten Job gemacht. Monogamie? Okay. Aber nur, wenn die »Saison« nicht länger währt als bei den Vögeln.

Ihr Auftrag läuft seinem diametral entgegen: Sie muss nicht nur aus der Schar der balzenden Kandidaten den mit den besten Genen auswählen, sondern auch dafür sorgen, dass der Begatter bei ihr bleibt, um ihr bei der Aufzucht des Nachwuchses zu helfen. Ihr biologisches Glücksideal ist, ihn zu halten. Und da ein Menschenbaby nicht wie die Vogelbrut in einem Sommer flügge wird und sie anschließend reif für die Rente ist, heißt »saisonale Monogamie« für sie im Optimalfall: ein Leben lang.

Auf freier Wildbahn wäre sie alleine aufgeschmissen. Sie braucht einen Jäger, der Beute für den Nachwuchs heimbringt, und einen Krieger, der die Kleinfamilie gegen Eindringlinge verteidigt. Damit sie überhaupt eine Chance hat, so jemanden zu finden, hat die Natur dem potenziellen Jäger, Krieger und Begatter den Beschützerinstinkt eingepflanzt und aus der Bedürftigkeit von Frauen und Kindern einen Angelhaken gebogen.

Die klassische Rollenverteilung biologisch legitimiert? Das ist doch ein alter Hut und längst überholt, denken Sie vielleicht. Doch ruhig Blut! Wir reden hier nicht von unserem Selbstverständnis als neuzeitliche Individualwesen, sondern allein von unserer inneren

Programmierung – von jenem Urmuster, das die Grundlage für den Tanz der Geschlechter bildet. Natürlich gibt es zahlreiche weitere Faktoren, die die mal mehr, mal weniger freudvolle Beziehung zwischen Mann und Frau bestimmen. Ganz so einfach ist die Sache schließlich auch wieder nicht. Der Mensch ist nun einmal nicht nur instinktgesteuert, sondern ein denkendes und fühlendes Wesen, und damit kommen all die Dinge ins Spiel, die das Leben kompliziert machen: Machtstreben und Geltungsdrang, Eitelkeit und Stolz, Scham und Schüchternheit, Leidenschaften, Obsessionen und Ängste aller Art …

Missverstehen Sie mich also nicht. Es liegt mir fern, Ihnen die Rückkehr zu alttestamentarischen Verhältnissen als grandioses Friede-Freude-Eierkuchen-Rezept verkaufen zu wollen. Dies ist kein Appell »Back to the roots!«, der besagt: Solange die Frau kuscht und sich klaglos dem Mann unterordnet, ist alles in Ordnung. Auch will ich mich nicht dazu versteigen, sämtliche männlichen Eskapaden unter Verweis darauf zu entschuldigen, dass die armen Kerle einfach nicht anders können. (Sie können einem auch wirklich Leid tun!) Aber um zu begreifen, was genau schief läuft zwischen Mann und Frau, müssen wir zunächst verstehen, nach welchem Prinzip wir rein biologisch »ticken«, denn so ultramodern und selbstbestimmt wir uns auch geben mögen, unser Basis-Programm funkt doch immer wieder in unser Leben hinein.

Gut möglich, dass eine moderne, intelligente Frau anderes (Besseres?) mit ihrem Leben vorhat, als sich ausschließlich um den Erhalt der Spezies zu kümmern. Doch was sind Unabhängigkeit und Karriere, wenn die biologische Uhr zu ticken beginnt? Da fangen viele auf einmal an, in jeden Kinderwagen zu schielen, denn er lockt mächtig, der Ruf der Natur. Selbst die Emanzipierteste kann sich ihm nur schwer entziehen und so interessiert sich manch eine bei der Partnersuche spätestens ab Mitte dreißig weniger für Flirtfaktoren, muskulöse Torsi und knackige Linien als für typische Vaterqualitäten. Zuverlässigkeit, Verantwortungsbewusstsein und Beständigkeit stehen auf einmal ganz oben auf der Prioritätenliste.

Einen Beleg für die Wirksamkeit dieser Programmierung auch im modernen, westlich geprägten Homo sapiens lieferten jüngst Forscher der Londoner Queen-Mary-Universität in einer Studie mit 4.430 Teilnehmern. Sie fanden heraus, dass Männer die wenigsten psychischen Probleme haben, wenn sie nie heiraten und alle paar Jahre die Partnerin wechseln. Frauen dagegen geht es am besten, wenn sie die erste Liebe ihres Lebens heiraten. Zerbricht eine Beziehung, legt sich der Trennungsschmerz bei ihm, sobald eine Nachfolgerin gefunden ist. Bei ihr dagegen gräbt sich der Kummer so dauerhaft ins Herz, dass sie besser dran gewesen wäre, sich gar nicht erst auf den Verflossenen einzulassen: Single-Frauen, die nie Erfahrungen mit gemeinsamem Tisch und Bett gesammelt haben, geht es der Studie zufolge noch immer besser als solchen, die eine oder gar mehrere Trennungen zu verkraften hatten.[38] (Da haben Sie's! Vielleicht sollten Sie die Finger doch ganz von den Männern lassen …)

Dass Männer von Blüte zu Blüte eilen müssen (wollen), läuft unseren weiblichen Interessen zwar langfristig entgegen. Dennoch profitieren wir auch davon, treibt ihre Flatterhaftigkeit die Herren der Schöpfung doch immer wieder zum Balzen auf den Laufsteg und sorgt dafür, dass die Auswahlbühne zur Selektion stets gut bestückt ist. Wenn wir wären wie die Taubenweibchen, brauchten wir nur zugreifen und schon hätten wir Punkt 1 unseres Pflichtprogramms erfüllt: Die Spermien wären uns sicher. Bleibt Punkt 2: Weckung des Beschützerinstinkts und der damit einhergehenden Bindungskräfte. Und damit fangen die Probleme an.

Wir brauchen gar nicht bis in die Zeiten des Neandertalers zurückzugehen, um zu begreifen, wie weit wir uns inzwischen von unserer biologisch einprogrammierten Rolle des schutzbedürftigen Weibs entfernt haben. Es reicht, sich ein paar alte Hollywoodfilme anzusehen, um zu begreifen: So bedürftig wie die Frauen, die da gezeigt werden, sind wir nicht mehr, wollen wir nicht mehr sein. Gut, die Stöckelschuhe sind wieder auf dem Vormarsch, so dass wir auf ebenso unsicheren Beinen durchs Leben staksen wie dereinst Marilyn Monroe oder Doris Day. Aber wir quietschen und kreischen nur noch halb so schön, wenn's irgendwie gefährlich wird. Und das In-Ohnmacht-Fallen haben wir uns auch abgewöhnt. Dafür bleibt uns keine Zeit, denn wir müssen selbst für unseren Unterhalt sorgen. Wir schauen zu keinem Mann mehr auf. Was er kann, können wir auch. Genauso gut? Besser!

Damit wird klar: Nicht er ist es, der im Balz- und Paarungsspiel die Regeln vergessen hat, sondern wir: Wir senden nicht mehr die Signale aus, die die Natur für uns vorgesehen hat. Wir sprechen nicht mehr die alte Sprache. Statt niedlich und hilflos zu sein, zeigen wir uns stark. Wir stacheln die Konkurrenzgefühle im Manne an, statt seinen Beschützerinstinkt zu wecken. Na, wenn das so ist, denkt er, dann kann ich ja gehen. Die braucht mich ja gar nicht! Kann und weiß sowieso alles selbst!

Im Zuge der Emanzipation haben wir aus freiem Entschluss den Angelhaken der weiblichen Hilflosigkeit über Bord geworfen. Mit gutem Grund. Die Weibchenrolle ist nun mal nicht jederfraus Geschmack – und in den meisten Situationen kommen wir ganz gut ohne den Urtyp des männlichen Jägers und Kriegers aus. Nur ist uns mit diesem auch der fantasievolle Romantiker, der zärtliche Liebhaber, der treu sorgende Partner abhanden gekommen. Wir können offenbar nicht alles haben und stecken in einem Dilemma: Einerseits sind wir froh, der Bevormundung durch die dominanten Machos entronnen zu sein. Andererseits grämen wir uns, weil die Fische nur noch so zögerlich anbeißen.

Die Koalition der Willigen

Und dann ist auch noch das Netz zerrissen, mit dem unsere Mütter und Großmütter so manche kostbare Frosch-Beute am Abtauchen hinderten und in den sicheren Hafen der Ehe schleppten …

Seit der Homo sapiens dem Höhlendasein entwachsen ist und kultiviertere Formen des Zusammenlebens bevorzugt, verlässt er sich bei der Partnersuche nicht mehr allein auf das Zusammenspiel von Triebdruck und Beschützerinstinkt. Das weibliche Wissen um die angeborene Scheu des Mannes, auf Dauer angelegte Beziehungen einzugehen, hat die Frauen dazu gebracht, im Laufe der Zeit ein ausgeklügeltes System von Anreizen und Abschreckungsmomenten zu entwickeln, die ihn in die »richtige Richtung« lenken – ein System, das bis in die Generation unserer Eltern hinein die Vorstellungen von Sexualität und Ehe, Treue und Moral maßgeblich prägte.

Kirche und Gesellschaft, Eltern und »die anderen Leute«, vor denen es einen guten Ruf zu bewahren galt, bildeten eine Art Koalition der Willigen im Kampf gegen jegliche Form des losen Sprungverhaltens und bliesen mit der Unvermählten in ein Horn, wenn es darum ging, den Frevel der Promiskuität zu geißeln. Sofern die Braut als standesgemäß akzeptiert wurde, zog selbst die potenzielle Schwiegermutter mit ihr an einem Strang. Auch sie wollte ihren Sohn in festen Händen wissen und so beizeiten ihre Altersversorgung im Kreis der Großfamilie sichern. Zudem ließ sich mit einem »ewigen Junggesellen« kein Staat machen, geriet so einer doch leicht in den Ruch der moralischen Schludrigkeit, emotionalen Unreife oder gar latenten Homosexualität.[39]

Die Unterscheidungen waren klar und eindeutig. Hier der seriöse Bewerber, der (am besten schon nach dem ersten schüchternen Kuss) bereit war, »die Konsequenzen« zu ziehen. Dort der Hallodri, der sich auf Kosten der Frau vergnügen wollte, um sich alsdann aus dem Staub zu machen. Ein Lump war damals schon einer, der es zwar ernst mit seiner Holden meinte, sie aber nicht adäquat ernähren konnte. Die britische Schriftstellerin Jane Austen brachte es Anfang des 19. Jahrhunderts in ihrem Roman *Stolz und Vorurteil*[40] auf den Punkt: »Es ist eine allgemein anerkannte Tatsache, dass ein allein stehender Mann im Besitz eines ansehnlichen Vermögens nichts dringender bedarf als einer Frau.«

Um eine »gute Partie« für die Tochter aufzutun, wurden keine Mühen gescheut. Die Aktivitäten reichten von vorsichtigen Erkundigungen über potenzielle Bewerber bis hin zum Arrangieren von Begegnungsmöglichkeiten. Ob Tanzstunde, Dorffest, Hausball oder Jagdausflug – gesellschaftliche Anlässe gleich welcher Art und in welcher sozialen Schicht waren stets auch Veranstaltungen zur kontrollierten Eheanbahnung. In der Phase der Annäherung wurde eigens eine »Anstandsdame« abgestellt, um dem werdenden Paar Gelegenheit zum Tête-à-Tête zu geben. Vor den Langweilern konnte diese Vorsichtsmaßnahme zwar keine der Heiratswilligen bewahren. Aber »Frauenhelden« mit »unehrenhaften Absichten« wurde so weit es irgend ging das Treiben erschwert.

Um seinen biologischen Auftrag erfüllen zu können, hatte der Mann seine Holde zum Traualtar zu führen und Brief und Siegel darauf zu geben, dass er an ihrer Seite bleibt, bis dass der Tod sie scheide. Und bis zum Vollzug in der Hochzeitsnacht musste er über Monate hinweg beharrlich die Ernsthaftigkeit seiner Absichten unter Beweis stellen. Gelegentliche Blumensträuße (auch für die Schwiegermutter) und andere Aufmerksamkeiten waren nur der Anfang der geforderten Investitionen.

Sex vor der Ehe? Per Gesetz verboten und als »Unzucht« unter Strafe gestellt. Selbst wer einem unverheirateten Pärchen ein Schäferstündchen ermöglichte und sich so zum Helfershelfer des Verwerflichen machte, musste den starken Arm des Gesetzes fürchten. Bis zu fünf Jahre Zuchthaus standen auf »Kuppelei« – ein massives Druckmittel für Eltern, Vermieter, Campingplatzbesitzer und Hoteliers, nur ja kein Auge zuzudrücken.

Ich will nicht behaupten, dass »es« nicht trotzdem passierte. Wenn auch mehr als genug Ehen aus reinen Vernunftgründen geschlossen wurden und manch eine Braut einem ungeliebten Bräutigam nur deswegen das Jawort gab, damit sie dem Elternhaus entrinnen konnte: Den Rausch der Verliebtheit hat es immer gegeben und wird es immer geben. Vielleicht konnte er sich damals sogar noch heftiger Bahn brechen als heute, denn wenn zwei Herzen tatsächlich füreinander entbrannten, fing eine Art Aufgabenteilung an zu greifen: Die pragmatische Seite – das Aushandeln der Mitgift und die Wacht über die Jungfräulichkeit – übernahmen andere. So war sichergestellt, dass die Liebenden keine »Dummheiten« begingen, wenn sie sich der romantischen Seite widmeten.

Wir Frauen von heute versuchen dagegen tapfer, im Alleingang Romantik und Pragmatik unter einen Hut zu bringen. Einerseits behalten wir einen kühlen Kopf, geben uns vernunftbetont, lesen Stapel von Ratgeberbüchern und nehmen potenzielle Bewerber kritischer unter die Lupe, als ein Brautvater es je getan hätte. Andererseits träumen wir von einem romantischen Glück mit beinahe überirdischen Glanzeffekten. So sitzen wir da und warten, dass endlich ein Funke überspringt, den wir mit unserem Hinterfragungseifer schon im Vorfeld eigenhändig ausgelöscht haben.

Romantische Liebe nährt sich aus der Blindheit der Beteiligten. Sie braucht den rosaroten Schleier, der die Realität verschwimmen lässt. Damals glühte er noch, der Funke: Der Akt war so sehr vom Reiz des Geheimnisvollen und Verbotenen umschleiert, dass allein der Gedanke daran das Blut in Wallung brachte und den Atem stocken ließ. Gerade die Schwierigkeit des Vollzugs steigerte den Trieb ins Unermessliche. Kam es zu dem Unsäglichen und die Frau gab seinem Drängen (nie dem ihren!) nach, standen die Chancen nicht schlecht, dass die Angst vor Entdeckung und Schwangerschaft, die Heimlichtuerei und Komplizenschaft die beiden zu einer verschworenen Einheit zusammenschweißte. Wir gegen die Welt. Romeo und Julia. Ich kann nicht leben ohne dich!

Im Prinzip aber war früher der Trauschein der Schlüssel zum Frauenschoß. Sex war der Köder. Für sein Engagement als Versorger und Beschützer wurde dem Bräutigam ein attraktives Paket geschnürt. Darin fanden sich:

- die Trophäe der Jungfräulichkeit (zumindest offiziell)
- das unter dem Stichwort »eheliche Pflichten« gesetzlich verbriefte Recht auf exklusiven Sex, der sonst (fast) nirgendwo zu haben war
- die Aussicht auf einen Thronfolger, der sein Lebenswerk fortführt (»Karriere« machte früher nicht ein Einzelner in ein paar Jahren, sondern eine Dynastie im Laufe von Generationen)
- die lebenslange, kostenlose Rundumversorgung durch eine private Köchin und Haushälterin
- die alleinige Kontrolle über das zur Verfügung stehende Geld
- eine Gattin, die zumindest nach außen hin kuschte
- die Möglichkeit, dem Zugriff der eigenen Mutter zu entkommen
- die Möglichkeit des Rückzugs ins Herrenzimmer und – mit etwas Glück – eine stattliche Mitgift.

Wenn das keine Bindungskräfte weckt!

Wer zweimal mit der Gleichen pennt ...

Wieder sind es die wilden Sechziger, in denen alles anders wird: Das biedere Hausmütterchen der Adenauerzeit, das sich nur unwesentlich von seinen Vorfahrinnen im 19. Jahrhundert unterscheidet, wird zum Auslaufmodell und die moderne Frau der Neuzeit erblickt das Licht der Welt. Ihr Geburtstag ist der 1. Juni 1961. An diesem Tag nämlich bringt die Firma Schering unter dem Namen »Anovlar« das in den USA bereits im Vorjahr patentierte erste orale Verhütungsmittel auf den deutschen Markt. Kaum eine(r) ahnt, wie sehr diese Erfindung den Lebensentwurf der Frau und damit das Geschlechterverhältnis revolutionieren würde.

Anders als in Amerika, wo die Geschichte der Massenaufklärung bereits 1948 mit der Veröffentlichung des Kinsey-Reports begonnen hatte und das Schlagwort von der Bevölkerungsexplosion die Runde machte, geht es in den Schlafzimmern der jungen Bundesrepublik noch zu wie zu Kaiser Wilhelms Zeiten. Werbung für Verhütungsmittel ist verboten. Präservative gibt es nur für Verheiratete. Und was zu tun ist, damit eine Frau nicht schwanger wird, darüber wird allenfalls im Dunkeln gemunkelt.

Doch die Zeit ist reif und die »Antibabypille« – in der DDR »Wunschkindpille« genannt – bleibt nicht lange zu einem Schattendasein unter der Theke verdammt. Noch im selben Jahr 1961 trägt der *Stern* unter der Schlagzeile »Eine Pille regelt die Fruchtbarkeit«[41] die Kunde ins Land. Innerhalb kurzer Zeit ändert sich die Klientel der gynäkologischen Praxen: Die Aussicht, sich aus dem Gebärzwang zu befreien und Schwangerschaften planbar zu machen, ist so verlockend, dass junge gesunde Frauen, um ein Rezept zu bekommen, reihenweise ihre Scham überwinden und vor fremden Ohren bekunden, dass sie »es« (womöglich ohne Trauschein!) tun.

Überhaupt herrscht kräftiger Durchzug in der deutschen Schlafzimmerszene. Der Mief muss raus! Oswald Kolle löst mit seinem Aufklärungsfilm *Dein Mann das unbekannte Wesen* einen öffentlichen Skandal aus. Beate Uhse liefert »Hygieneartikel«, nach denen man sich beim Apotheker oder Drogisten nicht zu fragen traut, im neutralen Postpaket diskret ins Haus und eröffnet mit ihrem »Fachgeschäft für Ehehygiene« den ersten deutschen Sexshop. Die Rolling Stones plärren als *bad boys* der Rockmusik *I can't get no satisfaction* ins Mikrofon. Rainer Langhans, Fritz Teufel, Dieter Kunzelmann und Uschi Obermaier gründen die Kommune 1 und verordnen sich täglichen Partnerwechsel. Provokante Sprüche wie »Wer zweimal mit der Gleichen pennt, gehört schon zum Establishment« machen die Runde.

Das Thema Sex ist plötzlich allgegenwärtig und der Siegeszug der Pille ist unaufhaltsam. Weder die moralischen Bedenkenträger, die sie als Sprungbrett zur Zügellosigkeit verdammen, können ihren Erfolgskurs bremsen noch Papst Paul VI. Als der Oberhirte seinen Schäflein 1968 mit seiner Enzyklika »Humanae Vitae« den Einsatz jeglicher Art von Empfängnisverhütung verbietet, trägt ihm das den Spitznamen »Pillenpaul« ein. Die sexuelle Revolution stoppt er nicht.

Und wieder ist es die Frau, die ein Gesetz der Natur aushebelt. Ihre Freiheit ist ihr das wert. Endlich kann sie Lust erleben, ohne Angst vor den Folgen zu haben. Der Preis für den Akt sinkt: Sie hat es nicht mehr nötig, so hohe Auflagen zu machen. Wenn der Typ am Morgen danach verschwindet? Lass ihn ziehen! Es gibt noch mehr von der Sorte. Bloß nicht als »prüde« gelten! Bloß nicht bieder, altbacken und unmodern sein.

Unbegrenzte Möglichkeiten tun sich auf. Solange nichts schief geht … Die gesetzteren Jahrgänge und mit ihnen die Mehrheit der Gesellschaft allerdings bleiben ihren Konventionen treu und halten an der alten Vorstellung von Liebe, Ehe und Treue fest. Wenn ein Kind kommt, wird geheiratet! Noch steht die Koalition der Willigen, die den Mann bei der Stange hält.

Doch damit die Tochter keine »Schande« über sich bringt, schiebt Mama ihr heimlich ein Rezept zu.

Die ersten Maschen des Netzes reißen …

Freiheit auf Rezept

Der Mann wähnt sich im Paradies, wo er frei von Treueschwüren und Alimenteforderungen in vielen Gärten wildern und seinem biologischen Auftrag ungezügelt nachkommen kann. Zwar sind die Frauen, angestachelt von den Emanzen-Zicken, ziemlich aufmüpfig geworden, aber wenigstens lassen sie ihn gelegentlich seines Amtes walten. Es gibt ja auch keinen Grund mehr, ihn endlos hinzuhalten.

Jungfräulich in die Ehe? Was für ein Quatsch! Sie will nicht schwanger werden? Dann soll sie halt die Pille nehmen. Und wenn doch was passiert? Dann kann man immer noch eine Busreise nach Holland buchen und »es« wegmachen lassen. Wenn's sein muss, beteiligt er sich auch an den Kosten.

Komm schon, Mädel! Zier dich nicht!

Böser, egoistischer, selbstsüchtiger Mann?

Vergessen wir nicht, dass wir Frauen es gewesen sind, die den Spieß umgedreht und das Vor-der-Ehe-nie-Ritual durchbrochen haben. Wir wollten endlich auch mal unseren Spaß haben! Wir wollten selbst mal von Blüte zu Blüte flattern und gucken, wie das ist. Wir wollten der Gängelei und Bevormundung durch Eltern und Gesellschaft entfliehen. Uns ausprobieren und frei sein. Wer mag es uns verdenken?

Es war eine Frau, die den Anstoß zur Entstehung der Pille gab: Die Frauenrechtlerin Margaret Sanger erteilte dem Fertilitätsexperten Gregory Pincus und dem Gynäkologen Abraham Stone 1951 den Auftrag zur Entwicklung eines billigen, in Massen herstellbaren Schwangerschaftsverhütungsmittels, das wie eine Kopfschmerztablette geschluckt werden kann. Es war eine Frau (die Millionenerbin Katharine McCormick), die die Anschubfinanzierung dafür auf den Tisch blätterte.

Diese wohl größte Errungenschaft in der Geschichte der Frau haben wir uns selbst zu verdanken. Wir selbst waren es, die wir uns vom Zwang des Gebärens befreit haben. Heute brauchen wir nur unser Rezept über den Apothekentisch zu schieben.

Seien wir froh darüber.

Und verteufeln wir nicht den Mann, wenn er sich mit uns freut.

Vögeln für die Hackordnung

Die Pille eröffnet der Frau eine völlig neue Lebensphase, die es so noch nie zuvor gegeben hat: die »Sturm-und-Drang-Zeit«, in der sie ihre erste biologische Aufgabe bravourös erfüllt und eine Vielzahl von

Kandidaten auf dem Laken testet. Dem Risiko der ungewollten Schwangerschaft enthoben, kann sie Punkt 2 des Pflichtenhefts – die Sache mit der Bindung und dem Ernährer – bis auf Weiteres verschieben. Im Wirtschaftswunder-Deutschland finanziert Papa eine längere Ausbildung, sind die Jobaussichten günstig, und falls doch einmal Versorgungslücken klaffen, gibt es immer noch Vater Staat …

Wenn das Geschlechterverhältnis je etwas Unbeschwertes, ja Vergnügliches hatte, dann in dieser Ära – und das, obwohl auf den Podien und Straßen der Republik die wildesten Emanzensprüche gedroschen werden. So manche stilvoll im schummrigen Licht von Tropfkerzen auf Chianti-Flaschen geführte Endlosdiskussion zur Neuordnung der Welt endet lambruscotrunken in den Armen eines Ché-Guevara- oder Jimi-Hendrix-Verschnitts. Nicht alle sind grandiose Liebhaber. Beileibe nicht. Aber was soll's? Dann eben weiter zum Nächsten. Wozu sich groß Gedanken machen? Sie braucht (noch) keinen Versorger. Und früher oder später, darauf vertraut sie, wird beim Jede-mit-jedem-Spiel schon der Richtige hängen bleiben.

Tatsächlich geht die Rechnung in vielen Fällen auf. Je absichtsloser frau sich auf dem Balzplatz vergnügt, desto eher stolpert sie in eine feste Beziehung hinein. Je unabhängiger sie ist, je weniger sie von den Typen erwartet, desto größer der Verehrerschwarm. Gerade weil sie ihre Angel nicht bewusst ins Wasser hält, beißen die Fische.

Spätestens nach ein paar wilden Jugendjahren kehrt die Aufgeklärte ins warme Nest der Tradition zurück. Uschi Glas hat es uns allen vorgemacht. In dem Kultstreifen *Zur Sache, Schätzchen* mimt sie die Draufgängerin, lässt sich von Filmpartner Werner Enke erklären (und zeigen), was »fummeln« ist, und schreckt nicht davor zurück, im Polizeirevier die Hüllen fallen zu lassen. Dann wird sie zu der Hausfrau, die sie in den Tiefen ihrer Seele immer gewesen ist, tritt brav vor den Traualtar und kriegt Kinder. Wie so viele andere auch. (Dass ihr Gatte sie am Ende sitzen lässt, ist ein anderes Thema …)

Und was passiert, wenn einer sich am Haken verfängt? Auf einmal wird offenbar, was vorher nur versteckt zum Ausdruck kam: Es geht gar nicht um die Lust, sondern um die Macht. Kommt die Frau beim Sex auf ihre Kosten, macht sie sich abhängig von dem, der sie verwöhnt. Nur wenn sie sich hingibt, hat sie den ganzen Genuss. Kein Problem bei flüchtigen Begegnungen. Im Gegenteil: Beim Flirten und Erobern spürt sie, welchen Zauber sie über ihn breiten kann. Sein Trieb legt ihr die Fäden in die Hand, an denen sie ihn wie eine Marionette zappeln lassen kann. Das allein ist (mindestens) der halbe Genuss.

In festen Beziehungen ist das anders. Da geht es beim Vögeln um die Hackordnung – nicht nur im Bett, sondern in jeder anderen Hinsicht gleich mit. Wer oben liegt, hat das Sagen. Und da hört der Spaß auf! Unterworfen hat sich frau lang genug! Dazu ist sie jetzt nicht mehr bereit! Kaum ist die Welle der ersten Verliebtheit verebbt und die Beziehung in trockenen Tüchern, vergeht ihr die Leidenschaft. Ihm einzugestehen, dass er ihr Lust bereiten kann, käme einer Kapitulation gleich. Denn Lustgewinn ist gleich Machtverlust, und das ist nicht zu tolerieren. Die Emanzen haben es von Anfang an gewusst: Die Penetration ist die Wurzel allen Übels!

Aber letztlich behält frau doch die Oberhand.

Nicht mit mir!

Nicht schon wieder!

Meine Migräne!

Jetzt nicht!

Lass mich in Ruh!

Und die Orgasmen, die sie am Anfang der Beziehung hatte?

Welche Orgasmen?!

Ach ja, die … Die waren alle nur gespielt.

Und er?

Er versteht die Welt nicht mehr und seine Frau schon gar nicht. Nur eines begreift er: William Somerset Maugham hatte Recht, als er schrieb: »Ein Mann heiratet, um ein Zuhause zu haben, aber auch, um nicht immer mit Sex und solcherlei Dingen behelligt zu werden.«[42]

Promiskuität als Risikofaktor

Überhaupt soll es bald ein Ende haben mit all diesen Jung-Frauen, die im Minirock Marke »breiter Gürtel« und ellenlangen Stiefeln mit Plateausohle herumstolzieren und die Kerle anmachen. Nach jeder Revolution kommt die Ernüchterung, auch nach der sexuellen. Irgendwann sind alle Geheimnisse gelüftet und der Reiz des Neuen verfliegt. Wir haben »es« probiert und wissen: Im Prinzip ist es doch immer das Gleiche. Was aber die Stimmung letztlich zum Kippen bringt, ist weder Abstumpfung noch Langeweile. Es kommt härter, als man es je hätte voraussehen können: Der Schlag kommt von außen und trifft die Lebensphilosophie der freien Liebe genau ins Mark.

Es ist ein ausgezehrter junger Mann, der im Jahr 1980 mit seltsamen Symptomen in ein New Yorker Krankenhaus kommt. Brennen im Mund, in der Speise- und Luftröhre, Schmerzen, Gleichgewichtsstörungen, erhöhte Temperatur und merkwürdige violette Flecken auf der Haut. Es bereitet ihm Schwierigkeiten, den Ärzten seine Probleme zu schildern, weil er kaum Luft bekommt.[43] In den Monaten darauf treten ähnliche Fälle auf. Die betroffenen Männer kommen praktisch ausschließlich aus der Schwulenszene. Erst nach ein paar Monaten wird klar, dass jeder es kriegen kann: Aids (Acquired Immune Deficiency Syndrome – zu Deutsch: erworbenes Immunschwächesyndrom). 1983 titelt *Der Spiegel*: »Die Deutschen lieben gefährlich«. Damit ist die Ära des unbeschwerten Vögelns vorbei.

Der Schock sitzt tief und es kommt zu einer radikalen Kehrtwende, die uns in Sachen Beziehungen in mancherlei Hinsicht wieder dahin bringt, wo wir vor der Erfindung der Pille waren. So viel Freiheit hatte gerade uns Frauen ohnehin ein mulmiges Gefühl bereitet. Die in den Familien tradierte und Generationen währende Indoktrination der Kirchen, dass der Akt (außer im Schutz von Ehe und Dunkelheit und zum Zwecke der Zeugung) eine Sünde sei, war an keiner Tochter aus gutem Hause spurlos vorübergegangen. Ein Fünkchen schlechten Gewissens ob ihres schludrigen Lebenswandels plagte selbst die atheistischste Anhängerin der freien Liebe. Luder, Schlampe, Flittchen. Ob das HI-Virus etwa doch von einer höheren Macht geschickt worden war, um der sexuellen Freizügigkeit ein Ende zu bereiten? Wie war das noch mit Sodom und Gomorrha?

Treue heißt das neue alte Zauberwort. Tugendhaftigkeit wird zur Überlebensfrage erhoben, Promiskuität zum Risikofaktor deklariert. Die HIV-Angst ersetzt die Moralkeule und flugs wird der Mann zum Sündenbock gestempelt. Die Frauenbewegung hat gute Vorarbeit geleistet. Nach Argumenten muss nicht lang gesucht werden: Wäre er nicht so triebgesteuert, hätten wir jetzt nicht die Plage am Hals.

Aileen: »Wenn man sich darauf verlassen könnte, dass Männer monogam sind, würde mich das alles kalt lassen. Aber die Kerle können ja die Finger nicht von anderen Weibern lassen. Du kannst doch heutzutage nicht sicher sein, ob dir nicht dein eigener Mann den Tod mit nach Hause bringt.«

Und Elke: »Selbst wenn einer mir einen Aids-Test vorlegt und mir schwarz auf weiß beweist, dass er nichts hat, bin ich misstrauisch. Weiß ich, ob der nicht unmittelbar bevor er zu mir kommt, bei einer anderen war – vielleicht sogar bei einer Nutte? Oder ob er ›bi‹ ist und sich bei seinem schwulen Freund was geholt hat?«

Dass auch wir Frauen das Virus an Männer weitergeben können, kümmert wenig. Emanzipation und sexuelle Befreiung hin oder her: Kaum passt es uns in den Kram, werden wir wieder zum »schwachen Geschlecht« und wehrlosen Opfer. Ist doch klar, wer der Täter ist. Der rücksichtslose Egoist!

Als Ausdruck des Rückwärtsrucks bescheren uns die Achtzigerjahre die wohl hässlichste Mode aller Zeiten: Der Rocksaum rutscht schlagartig übers Knie und weibliche Formen werden mit Unmengen Stoff zugehängt oder umfältelt. Sackartige Röcke, Karottenhosen mit jeder Menge Bundfalten, Schlabberpullis, Unisex-T-Shirts (am besten noch mit Smiley-Aufdruck). Hauptsache weit, unförmig und asexuell. Die Schuhe: immer hübsch flach, damit das Becken beim Gehen nicht schwingt.

Überdimensionale Schulterpolster lassen frau von hinten wie Arnold Schwarzenegger wirken. Da traut kein Mann sich ran. Soll er auch nicht. Denn das durch die Aids-Phobie geschürte Misstrauen gegen die Kerle addiert sich mit dem von den Emanzen propagierten Männerhass zu einer weiblichen Massenhysterie. In den USA wird jegliche männliche Geste oder Wortwahl, die auch nur im Entferntesten Sinne zweideutig gemeint sein könnte, in die Nähe der Vergewaltigung gerückt. Unter dem Stichwort »sexual harrassment« – sexuelle Belästigung – werden überall im Land der unbegrenzten Möglichkeiten regelrechte Säuberungsaktionen veranstaltet. Firmen lassen ihren männlichen Mitarbeitern gar in eigenen Schulungen beibiegen, wie sie den Wüstling in sich zu zähmen und die Augen vor weiblichen Reizen zu verschließen haben.

Mit voller Wucht schwappt die Welle zwar nicht nach Deutschland herüber. Aber spätestens seit den Neunzigerjahren fordern auch wir »politische Korrektheit« ein. Wenn ein Mann sich uns nähert, tut er gut daran, seine Worte auf die Goldwaage zu legen. Der Grat, auf dem er auf uns zuwandelt, ist schmal. Links des Wegs lauern die Fettnäpfchen der Emanzipation, rechts die der Anzüglichkeit.

So sehr haben wir bis in die Gegenwart das Feindbild des machistischen Kotzbrockens und Sittenstrolchs verinnerlicht, dass wir ständig auf Übergriffe lauern. Instinktiv schützen wir uns, reagieren reflexhaft empfindlich. Macht uns einer Komplimente, sind wir völlig verunsichert, denn wir wissen nicht, ob er es ehrlich meint oder sich nicht doch eine sexistische Attacke dahinter verbirgt.

Stellen Sie sich vor:

Ein Ihnen weitgehend unbekannter Mann hält Ihnen nicht nur mit einer Hand die Tür auf, sondern legt Ihnen die andere sanft gegen den Rücken, um Sie hinauszugeleiten. Schütteln Sie ihn bloß entrüstet ab oder braten Sie ihm gleich eins mit dem Regenschirm über? Ein anderer spricht Sie im Café an, ob er sich zu Ihnen setzen darf. Wie argwöhnisch ist Ihr Blick? Und er fragt, ob man sich nicht von irgendwoher kenne. Sie kämen ihm so vertraut vor. Oder ob es bloß daran liege, dass Sie sein Typ seien. Strafen Sie ihn nur mit Verachtung oder gleich mit dem Tod?

Und dann kommt auch noch einer daher, der sagt spaßeshalber »meine Süße« zu Ihnen. Wetten, dass damit der Ofen endgültig aus ist?

Alte Karotten

Die Achtzigerjahre liegen lang zurück. Die Schulterpolster sind in der Altkleidersammlung gelandet und auch ansonsten haben wir wieder ein glücklicheres Händchen fürs Styling entwickelt. Um die Aids-Gefahr zu bannen, hat jede von uns Kondome in der Handtasche und gegen freche Macho-Sprüche immer die passende Antwort parat. Wenn uns einer dumm kommt, hat er gelitten.

Zu kämpfen haben wir Frauen gelernt. Heute sind wir keinem Menschen mehr Rechenschaft schuldig, können wann und wo und mit wem wir wollen. Wenn wir denn einen fänden, der mit uns wollte – nicht nur für eine Nacht. Genau das aber ist die Krux an der Sache. Der größte Wunsch der Frau in der Adenauer-Ära war, den Mann fürs Leben zu finden. Und was ist heute Ihr größter Wunsch? Schon gut. Ich wollte sicherheitshalber nur noch mal nachfragen …

So unbedarft die Mädels damals auch wirkten, um ihren Herzbuben an Land zu ziehen, sie verfügten noch über das nötige Handwerkszeug: einen Angelhaken (die Bedürftigkeit zur Weckung seines Beschützerinstinkts), einen Köder (Sex, den er kaum woanders kriegen konnte) und ein Netz (geflochten von der Koalition der Willigen), in dessen Maschen sich auch unwillige Bewerber früher oder später verfingen.

Und was haben Sie? Das alte Instrumentarium ist dem Befreiungskampf zum Opfer gefallen. Fort damit! Ist nicht schade drum! Da haben Sie heutzutage doch ganz andere, viel kreativere, wirksamere Möglichkeiten.

Haben Sie die?

Welche denn?

Hmmmm …

Gab es nicht noch diese Zusatzlockmittel, mit denen sich ein Mann früher von seinen ernsthaften Absichten überzeugen ließ? Was ist denn aus denen geworden?

Ein Blick auf die Liste genügt um zu sehen, dass ein Mann schon ein arg genügsamer Esel sein müsste, um sich heute noch von den alten Karotten locken zu lassen:

- Die Jungfräulichkeit?
  Viel lieber ist ihm eine Frau mit Erfahrung im Bett.
- Die »ehelichen Pflichten«?
  Abgeschafft. Er muss warten, bis es der Frau in den Kram passt. Oder handfeste Gegenleistungen bieten.
- Exklusivität?
  Was hat er davon? Ein wenig Abwechslung ist ihm lieber.
- Die Aussicht auf einen Thronfolger?
  Eher abschreckend. Zu teuer und zu stressig. Und das endgültige Aus für die letzte kleine Chance auf ein gelegentliches Schäferstündchen mit seiner Frau. Und

Nachwuchs, um die Dynastie fortzuführen? Auch kein Thema mehr. Karriere macht man heutzutage entweder allein oder nie.

- Die Rundumversorgung im Haushalt?
  Gab's das mal???
- Das Geld?
  Darf er zwar gerne mitbringen. Je mehr, desto lieber. Dann wird gerecht geteilt. Was sie verdient, ist ihre Privatsache. Von seinem (sowieso höheren) Einkommen wird alles andere bestritten.
- Eine Gattin, die kuscht?
  Wohl noch nie was von Emanzipation gehört?!
- Der Mutter entkommen?
  Wozu? Wenigstens eine, die ihn versteht, bekocht und verwöhnt …
- Ein Herrenzimmer?
  Er hat Glück, wenn er sich unter der Kellertreppe ein Eckchen für seinen PC einrichten darf.
- Bliebe die Mitgift.
  Na ja, die könnte noch am ehesten ziehen.

Machen wir uns nichts vor! Selbst wenn wir es wollten: Alte Karotten werden nicht mehr frisch. Höchste Zeit, dass wir unsere Beziehungen auf andere Füße stellen als die von Esel und Treiberin. Wir Frauen von heute sind anders, wir haben doch einen ganz anderen Horizont und ganz andere Möglichkeiten! Wir brauchen (wollen!) keine Väter mehr, die einen Mann regelrecht zur Ehe mit uns zwingen, weil er uns »die Ehre genommen« hat! Wir haben es nicht nötig, uns in Haus und Küche unentbehrlich zu machen, um einen Kerl zu ködern!

Glücklicherweise haben sich auch die Männer geändert. Obwohl das Pascha-Leben des Haushaltsvorstands von einst durchaus bequeme Seiten hatte, wollen auch sie nicht mehr in die angeblich so gute alte Zeit zurück. Die Frauen, die sie sich wünschen, sind anders als ihre Mütter. Moderner eben.

Jannick: »Ich gebe offen zu: Ich bin ein dominanter Typ. Aber wie mein Vater meine Mutter behandelt hat, das finde ich total daneben. Ich arbeite an mir und versuche, nicht dieselben Fehler noch einmal zu machen. Immer gelingt mir das nicht, ich bin halt dominant. Aber eine Frau, die wie meine Mutter ist, könnte ich nicht um mich haben. Der Typ, der wie ein Dackel hinter mir herrennt; das Heimchen am Herd und nichts zu melden … Das halte ich nicht aus.

Ich brauche eine Freundin, die nach links geht, wenn sie nach links gehen will, und nicht nach rechts geht, nur weil ich nach rechts gehe. Sie muss einen eigenen Willen haben. Andererseits: In letzter Konsequenz und in gewissen Sachen will ich mich schon durchsetzen …

Vielleicht sollte ich es so sagen: Die ideale Frau für mich, das wäre eine, die einen starken Willen hat, sich in meiner Gegenwart aber traut, schwach zu sein. Die nicht dauernd Recht haben muss, sondern mir in manchen Dingen die Führung überlässt, ohne groß zu diskutieren. Einfach so, weil sie mir vertraut.«

Und Christian: »Was mich fasziniert, ist, wenn eine Frau unabhängig ist. Wenn sie nicht ständig mit irgendwelchen Bedenken daherkommt, sondern sich auch mal was traut, ohne vorher groß zu überlegen; wenn sie mich mit unkonventionellen Ideen überrascht …

Ich muss das Gefühl haben, dass irgendwo in ihr etwas ist, das sich nie wirklich zähmen lässt. Wenn ich das spüre, zieht mich das total in ihren Bann.«

Unabhängigkeit, ein starker Wille, die innere Größe, sich schwach zu zeigen und einem anderen (gelegentlich) die Führung zu überlassen …

Alte Karotten sind das nicht.

Eher eine ganz andere Art von Gemüse.

Exotische Sorten, vielleicht. Nicht unbedingt die gute, deutsche Hausmannskost und für manche(n) sicher noch gewöhnungsbedürftig. Aber sie sind der Preis, den wir uns erstritten haben. Greifen wir ruhig zu! Ihr Genussfaktor ist hoch! Wenn wir unsere neuen Qualitäten erst schätzen lernen, hat sich das Ganze gelohnt. Dann haben wir nicht nur viel gekämpft, sondern auch einiges gewonnen!

Und nicht nur wir.

Die Männer auch.

Stellvertretersex

Wie die mediale Dauerberieselung mit Erotik-Botschaften den Akt aus dem Bett in den Kopf verlagert und dadurch keinesfalls besser gemacht hat

Wenn ein Marsmännchen mit seinem Ufo in einer x-beliebigen deutschen Großstadt landen würde, müsste es glauben, in ein Reich von sexbesessenen Fetischisten geraten zu sein (vorausgesetzt natürlich, es wüsste die erotische Symbolik der Erdenmenschen zu deuten). An jeder Straßenecke würden ihm von riesigen Plakatwänden Frauen entgegenstarren, die in geilen Verrenkungen an überdimensionalen »Magnum«-Penissen lutschen, sich am Sandstrand nackt in inniger Umarmung mit Python-Schlangen aalen oder sich mit lasziv geöffnetem Mund und einer Hand an der üppigen Titte rücklings auf irgendeiner Motorhaube räkeln. Daneben muskulöse Männer, die ihren geölten Leib in aufgemotzten Feinripp-Garnituren zur Schau stellen, sich in unzweideutiger Absicht an den geöffneten Hosenstall greifen oder sich zwischen die gespreizten Schenkel eines von betörenden Düften aufgegeilten Bondgirls pressen.

Doch nicht genug damit. Das grüne Kerlchen könnte an keinem Zeitschriftenkiosk vorbeispazieren, ohne von nackten Riesenbrüsten angesprungen zu werden und sich in fetten Blocklettern über die neuesten erotischen Exzesse der Promis der Nation aufklären zu lassen. In den Fernsehabteilungen der Kaufhäuser würde es mit MTV- oder Viva-Videoclips überflutet, in denen (hast du's nicht gesehen?) Sekundenflashs von Live-Acts aufflackern.

Und würde es sich dann in eine Bar retten, um bei einem kühlen Drink zur Besinnung zu kommen, würde ihn die Bedienung fragen, ob er lieber einen »Sex on the Beach« oder einen »Orgasmus« hätte. Wenn auch nur ein Fünkchen Geilheit in ihm steckt, würde der kleine Alien mit leuchtenden Augen und glühenden Antennen seinen Bericht nach Hause funken: »Sofort alle herkommen, Jungs! Hier gibt es lauter scharfe Weiber!«

So viel zur Außenwirkung. Aber wie sieht es mit der Realität aus?

Lektion am Beckenrand

Begleiten Sie mich noch einmal für einen kurzen Moment nach Italien, denn nirgends, so finde ich, lässt sich das Verhalten des bundesdeutschen Normalmenschen so wunderbar studieren wie an den Stränden und Pools rings ums Mittelmeer. Es ist, als würde das Wohnzimmer ins Freie verlegt. Und endlich können wir das, was uns sonst meist verwehrt bleibt: Mäuschen spielen und live erleben, wie es um das Geschlechterverhältnis wirklich bestellt ist.

Schauplatz: Der Swimming-Pool eines Hotels auf der Insel Ischia. Rings um das Becken mit den wohltuenden und entsprechend stark umlagerten Massagedüsen sind ordentlich in Reih und Glied so etwa zwanzig bequeme Liegen aufgestellt, auf denen ein Querschnitt der deutschen Urlaubsgäste wie auf einer Bühne vor uns aufgebahrt ist.

An der Stirnseite zwei Paare mittleren Alters. Gattin eins trägt eine strenge Brille und liest *Brigitte*: »Fluchtwege der Liebe – Beziehungskiller erkennen und vermeiden« steht auf dem Titelblatt. Wahrscheinlich ist sie bis zum betreffenden Artikel im Heft noch nicht vorgedrungen, denn als ihr Mann mit der *Bild*-Zeitung in der Hand vom Kiosk zurückkommt, keift sie: »Horst, wie kannst du so niveaulos sein!« Der Gescholtene sagt kein Wort, rückt bloß die verspiegelte Sonnenbrille zurecht, so als wolle er sich ihrer Schutzwirkung versichern, und lässt sich ächzend auf seinen Sonnenplatz fallen.

Gattin zwei – eine ziemlich dralle Brünette mit Lockenwicklerfrisur und Bikini (!) – liest die *Freundin*. Überschrift: »Sexspiele – Wie erfolgreich ist er im Bett? Mit Nachhilfe-Tipps«. Riskiert man einen Blick auf den unförmigen, schon im Ruhezustand asthmatisch keuchenden Mann neben ihr, ahnt man, dass auch das nicht mehr helfen kann. Und ob die Dame selbst jene Art von Instruktorin wäre, die die Autorinnen des Artikels im Auge hatten, erscheint zumindest zweifelhaft.

An der Längsseite des Beckens ein Klübchen von fünf Single-Frauen Mitte dreißig. Rein äußerlich stimmt alles: die Frisuren perfekt mit Klämmerchen gesichert, die Sonnenbrillen der letzte Schrei, die Badetücher farblich aufs Sonnenhütchen abgestimmt, die Haut vorschriftsmäßig mit Faktor 25 gesalbt.

Zwei der Grazien reden mit so schrillen Stimmen aufeinander ein, dass man sie selbst unter Wasser noch hört. Thema: Was die gemeinsame Freundin XY dummerweise so und nicht anders gemacht hat. Wie kann sie nur? Ich an ihrer Stelle hätte dieses und jenes … Und ich erst … bla, bla, bla.

Die anderen drei nutzen derweil die Zeit, um sich fortzubilden. Eine informiert sich in der *Wolfsfrau* über die tiefere spirituelle Bedeutung weiblicher Rudelinstinkte, die zweite ist in die neueste Ausgabe von *Elle* vertieft (mit dem Test »Welcher Mann ist der Richtige?«) und die dritte blättert in der *Petra*: »Guter Sex? Na bitte: 8 Experten verraten uns endlich das Geheimnis.«

Auf den übrigen Liegen sind *Stern* und *Bunte* mit ihren Berichten über die königlichen Hochzeiten des Jahres/Jahrhunderts hoch im Kurs. Das ist schon was fürs Herz, wenn Mette-Marit und Haakon, Maxima und Willem, Laetizia und Felipe … Endlich kommt zusammen, was zusammengehört! Endlich werden all die vielen unerfüllten romantischen Rüschen- und Schleppenträume wahr. Ach, wie schön!

Just in diese Idylle hinein stößt eine mit Rüschenmütze behaubte Mittvierzigerin einen spitzen Schrei aus. »Heinz«, ruft sie ihrem Mann zu, der nach längerer Wartezeit eine der Düsen im Becken erobert hat. »Du hast ja die falsche Hose an!« Der tut so, als hätte er nichts gehört. »Heinzzzz!«, kommt es jetzt drohender. »Deine Hose!« Einen Augenblick lang ringt der Ärmste mit sich. Wohl um sich weitere Peinlichkeiten zu ersparen, gibt er auf. »Ich komm ja schon …« Mühsam hievt er sich aus dem Becken.

Und in diesem Augenblick taucht er auf: Adonis persönlich. Italiener. Breites Kreuz und schmale Hüften. Mindestens eins achtzig groß. Erstaunlich für einen Südländer … Waschbrettbauch. Im Wet Look nach hinten gekämmtes, dichtes, welliges, schwarzes Haar. Dreitagebart. Gut geschnittene (und gefüllte) meerblaue Badehose. Mit einem kühnen Kopfsprung taucht er ins glitzernde Nass und gleitet in einem einzigen, gekonnten Unterwasserzug elegant zu der frei gewordenen Düse hin. Was für ein Anblick, wie er den Kopf mit geübtem Schwung nach hinten wirft, um seine Frisur zu glätten. In jedem weiblichen Hirn sollte da sofort der Gedanke an Sex aufpoppen. Oder zumindest irgendein Satz wie: »Den will ich haben!« Schmachtende Blicke, Seufzer, Haargeschüttele … Irgendwelche Lust-Reaktionen müssten doch kommen.

Aber was passiert? Zwei Frauen springen entrüstet auf. Wie kann er nur?! Das Ferkel! Hat weder geduscht noch sich die Füße im Durchschreitebecken gereinigt! Und das nur, um schnell an die Düse zu kommen! So ein Egoist. So ein schmutziger kleiner Egoist! Sie starren den armen Mann an, als hätte er ihnen mitten auf den Wohnzimmerteppich gepinkelt. Und aus Solidarität setzen alle anderen Frauen am Rand auch gleich die Pädagoginnenmiene auf. Ich meine, ich hätte sogar den einen oder anderen erhobenen Zeigefinger gesehen.

Adonis merkt, dass irgendetwas nicht stimmt. Verunsichert schaut er in die Runde. Sieht das Stirnrunzeln, die angewidert herabgezogenen Mundwinkel. Er probiert es mit einem Lächeln. Unwiderstehlich. Ein Grübchen am Kinn! Doch es funktioniert nicht. Wäre ja noch schöner! Die Masche kennen wir! Erst das ganze Becken verdrecken und sich dann mit der Charme-Nummer aus der Affäre ziehen. So lange werfen sie ihm ihre Giftpfeil-Blicke zu, bis er kapiert: Hier hat er nichts zu suchen.

Man merkt förmlich, wie bei ihm innerlich die Klappe fällt. Er senkt die Lider (oh, diese wunderschönen langen Wimpern!), tut so, als ginge ihn die ganze Sache nichts an, lässt sich noch ein wenig die Muskeln durchsprudeln, um nicht durch überstürzte Flucht das Gesicht zu verlieren, hebt dann seinen genialen Leib mit einem gekonnten Klimmzug an Land und verschwindet hinter den Büschen des weitläufigen Geländes. Ohne sich umzuschauen. Einfach so.

Die Frauen sind zufrieden. Wieder eine Schlacht gewonnen! Sogleich stecken sie ihre Nasen wieder in die Zeitschriften. Sie wollen schließlich die ganze Wahrheit über das ultimative Beziehungsglück erfahren … Und darüber, wie sie sich neu verlieben können …

Der ultimative Orgasmus

Könnte die Lücke größer sein, die zwischen der aufregenden Erotikwelt der Medien und dem ernüchternden Alltag klafft? Im Leben des Durchschnittsbürgers läuft herzlich wenig. Sex kommt da eher am Rande vor. Bei Männern, weil sie oft nicht dürfen, wie sie wollen. Bei

Frauen, weil … nun, weil es wohl zu viel anderes gibt, was wichtiger ist – was wichtiger genommen wird. Der Trieb der Frau ist nun einmal weniger ausgeprägt, weil die Biologie ihr rein theoretisch nur alle neun Monate einmal einen Akt abfordert, während er allzeit und immerdar sprungbereit sein muss, auf dass die Spezies gesichert werde.

Dabei müssten Sie als Single im Vergleich zur Normalbevölkerung auf einem erotischen Hotspot leben. Schließlich sind Sie ein ungebundener Mensch und als solcher treiben Sie es häufig und leidenschaftlich. Oder haben Sie etwa noch nie *Sex and the City* gesehen? Sie brauchen sich doch bloß in einem Ihrer üblichen Luxusfummel ins nächste Straßencafé zu setzen und ein bisschen mit den Wimpern zu klimpern. Schon kommt ein gut aussehender, vom Wohlstand geküsster Mr. Big daher, dessen Anblick genügt, um zwischen Ihren Schenkeln die Freudentröpfchen zum Rieseln zu bringen. Nachdem die Frage »Zu mir oder zu dir?« geklärt ist, reißen Sie sich gegenseitig die Kleidung vom Leib und erstürmen jubilierend den Gipfel der Lust – bis zum ultimativen Orgasmus. Heute mit ihm, morgen mit einem anderen.

Wie bitte?! In Ihrem Leben sieht es nicht so aus? Sie haben gar nicht ununterbrochen Lust auf Sex? Geile Gedanken nehmen nicht einen Großteil Ihrer Hirnaktivitäten in Beschlag? Was Sie nicht sagen! Aber keine Angst. Mit dieser Erkenntnis stehen Sie nicht allein da.

Sogar die Sex-and-the-City-Amazone Kim Cattrall (alias Samantha) gibt in ihrem Fachbuch *Satisfaction: The Art of the Female Orgasm*[44] zu, dass es in ihrem eigenen, privaten Single-Dasein ziemlich mau gewesen sei. Ausgerechnet sie, die in der TV-Serie den männermordenden Vamp gibt, der nur mit den Fingern zu schnippen braucht, beschreibt ihre Erfahrungen im wirklichen Leben als absolut frustrierend. Mit einem Schlag geändert habe sich das erst, als sie ihren Mann Mark Levinson kennen und lieben lernte. Mit IHM sei natürlich alles wunderbar und großartig …

Aha! Mit dem Single-Sex ist es also gar nicht so weit her. Aber das Dasein jetzt, mit ihm, dem Mann fürs Leben, das ist der einzige nimmer endende Orgasmus. Sagt Kim Cattrall. Und schon wieder ist sie aus dem Schneider, während wir Normalo-Singles abermals mit dem Gefühl im Regen stehen, es nicht geschafft und irgendetwas falsch gemacht zu haben.

Was hat sie, was wir nicht haben?

Oder macht sie uns auch dieses Mal was vor?

Interessant ist der Sprung zwischen zwei Ebenen, den sie so elegant vollzieht, dass man ihn auf Anhieb kaum bemerkt: Hier der Sex (= mau). Dort die Verliebtheit (= supertoll).

Nehmen wir an, Kim Cattrall wäre eine Frau wie Sie und ich. Dann müsste es ihr so ergehen wie uns Normalsterblichen auch. Ihr Lustpegel müsste mit dem unsrigen vergleichbar sein, was im Klartext heißt: Er wäre ebenso schwankend. Manchmal ja, manchmal nein. Bei Stress weniger, im Urlaub (ohne *Brigitte*, *Freundin* und *Bunte*) mehr. Mit dem einen Mann eher seltener, mit dem anderen nicht oft genug. Als Solo-Frau müsste sie die gleichen Ängste verspüren, die auch wir durchleben: die Angst, sich zu blamieren; die Angst, emotional oder auch physisch verletzt zu werden. Es dürfte ihr nicht minder schwer fallen, sich einem wildfremden (!) Mann hinzugeben und den Sex frei von Hemmungen und Beklemmungen zu genießen.

Wir Frauen sind in Sachen Erotik nämlich normalerweise eher Langstreckenläufer. Sex und Liebe, das gehört für die meisten von uns untrennbar zusammen. Wir brauchen ein bestimmtes Maß an Nähe, um uns fallen zu lassen. Gelegentlich – wenn alle äußeren Umstände darauf hinauslaufen und wir den Kopf verlieren – mag ein One-Night-Stand ganz nett sein. Aber wirklich prädestiniert sind wir dafür nicht.

Zurück zu Kim Cattrall. Eines Tages trifft sie Levinson – und zeitgleich Amors Pfeil. Sie ist verliebt. Klar, dass sie geil ist. Wären wir jetzt alle. Mehrmals täglich? Kein Problem. Doch wie lange? Zwei Monate lang? Drei? Auf jeden Fall nur so lange, bis der Alltag sie einholt. Irgendwann kehrt auch auf den Laken dieser beiden Turteltäubchen garantiert die Routine ein und die Lustkurve macht einen deutlichen Knick nach unten. Das ist in unserem Leben so, und in dem von »Sam« aus *Sex and the City* sicher nicht anders.

Aber wollen wir wetten? In der Öffentlichkeit wird sie garantiert kein Wort darüber verlieren. Sie hat schließlich eine Rolle zu spielen, ein Klischee zu erfüllen. Das Klischee von der modernen Frau als ewig geilem Vamp auf der Suche nach dem ultimativen Orgasmus.

Erotisches Wettrüsten

Wer heutzutage unfreiwillig allein lebt, muss darum zwangsläufig den Eindruck haben, dass etwas Grundlegendes mit ihm nicht stimmt. Während das eigene Liebesleben ohne nennenswerte Vorkommnisse dahindümpelt, treibt das Bäumchen der Erotik in den Medien ständig neue Blüten. Wozu, so mag sich manche(r) fragen, müssen wir es überhaupt noch selber machen, wenn jede(r) in jeder Talkshow lang und breit über Sex in allen Lebenslagen und Positionen diskutiert? Wenn der Akt im Kino von derart attraktiven Stellvertretern in einer Vollendung inszeniert wird, wie wir sie zu Hause nie erreichen können. Keine Pose ist zu verwegen, keine Nummer zu gewagt, um nicht auf Zelluloid gebannt zu werden.

Auch im Fernsehen ist Sex dauernd zu haben – und das nicht nur im Abendprogramm. Zumindest in Andeutungen ist er in jeder nachmittäglichen Familienserie präsent.

Dabei sind öffentlich zur Schau gestellte aggressive Erotikposen längst keine reine Männerdomäne mehr. Was früher nur ein Mick Jagger brachte, können Frauen heute selber. Beyoncé Knowles, die neue Queen des Pop, baut in ihre Bühnenshows – »Ich glaube, Gott ist damit einverstanden«[45] – regelmäßig Stöhn-, Räkel- und Strip-Einlagen ein. Kylie Minogue beugt sich vor ihrem Publikum im knappen Silberdress so weit nach vorne, dass ihr die Zuschauer noch von der letzten Reihe aus bis auf den Nabel schauen können. Und Janet Jackson liefert sich mit Britney Spears, der einstigen Vorzeigejungfrau Amerikas, in aller Öffentlichkeit eine Art erotisches Wettrüsten. Die eine tauscht mit Madonna (die ihre eigene »Erotica«-Phase nach eigenen Aussagen inzwischen hinter sich hat) bei den MTV Awards vor aller Augen einen Zungenkuss aus, hüpft mal im Latexanzug, mal in rosa Unterwäsche und Netzstrümpfen über die Bühne, lässt sich wahlweise ohne Höschen oder ohne BH auf Zeitschriftentiteln ablichten und simuliert im Videoclip zu ihrer Single *Toxic* so schamlos die rituelle Aufnahme in den High-Mile-Club, dass sogar der ansonsten gar nicht zimperliche Sender MTV die Ausstrahlung verweigert.

Janet Jackson, die Rivalin, kontert, indem sie sich in der Halbzeit-Show der American-Football-Finals von Bühnenpartner Justin Timberlake scheinbar unabsichtlich das rechte Körbchen von der knappen Lackleder-Korsage reißen lässt, so dass die komplette Brust herausrutscht. Das gibt satte Punkte im Kampf um das schlüpfrigste Auftreten. Die Journalisten reden von Nipplegate. Und die zeitgleich erscheinende erste Single-Auskopplung ihres neuen Albums *Damita Jo* wird in den Tagen darauf prompt zur meistgespielten Platte im amerikanischen Radio. Der Ansturm aufs Internet, den der Skandal auslöst, ist laut Aussagen eines Lycos-Sprechers nur mit dem des 11. September 2001 zu vergleichen.[46]

Will sie nicht im Abseits stehen, kann sich die moderne Frau von heute bei solch illustren Vorbildern kaum als Biedertante geben. Die Zeitschrift *Woman*[47] erhebt »drunter oder drüber?« zur neuen Grundsatzfrage. Es entspreche, so heißt es bei den Trends unter »Mode als offene Verführung«, durchaus den aktuellen Gepflogenheiten, feine Spitzendessous oder Babydoll-Hemdchen à la Christina Applegate zur Abwechslung einmal »on top« zu tragen. (Falls Sie sich nicht erinnern sollten: Sie spielt die strohdumme Kelly Bundy in *Eine schrecklich nette Familie*.)

Beschränkten sich die Reizmittel für den Mann zu Zeiten des Minnesangs auf eine entblößte Fessel, einen scheuen Blick oder ein fallen gelassenes Taschentuch, muss heute der Hosenbund der Jeans so weit aufs Schambein herabrutschen, dass man beim Bücken den halben String-Tanga inklusive Tattoo herausblitzen sieht. Beim Versuch, wie ein Superstar zu wirken und sich auf diese Weise ein Alpha-Männchen zu angeln, ist so manche Durchschnittsbürgerin bereit, sich in Outfits zu stürzen, die an die Arbeitskleidung des horizontalen Gewerbes gemahnen: bis unters Kinn hochgeschnallte Brüste, Ausschnitte bis zum Nabel, hautenges Leder, Netzoberteile mit null Verschleierungswirkung, Miniröcke in Neongrün, -gelb oder -pink. Dazu Überknie-Stiletto-Stiefel oder halsbrecherische Highheels. Federboas, Folterketten, Hundehalsbänder, Piercings, nicht nur an der Nase ... Angesichts des verruchten Looks mag sich manche Profi-Nutte gelegentlich fragen, was sie eigentlich noch anziehen soll, um am Straßenstrich auf sich aufmerksam zu machen.

Und dann? Was fängt die derart Aufgetakelte mit sich an? Sie kann in der Montur doch nicht zu Hause vor dem Fernseher hocken!

Wenn es dunkel wird in der Stadt, muss sie raus auf die Walz. Sie braucht ein Abenteuer! Wenn ihre Brüste bloß eine Nummer größer, ihre Nase etwas gerader und die Speckrolle am Bauch ein wenig schmaler wäre. Dann, ja dann würde sie sich fühlen wie Samantha in *Sex and the City*. So wie es ist, hofft sie auf schummriges Licht.

Mit ihrer Freundin (nie allein) zieht sie durch die Bars, bestellt Caipirinhas oder Cosmopolitans, und wenn sie's ihre letzten Geldreserven kostet. Sie weiß genau: In dieser Nacht passiert es. Sie spürt förmlich, wie die Funken fliegen. It's now or never!

Über dem Smalltalk mit Irene vertickt die Zeit. Der Aschenbecher füllt sich. Die Erdnüsse werden weniger. Ein schleimiger Spanner macht sich ran. Dann ein paar Nullachtfünfzehn-Typen. Nicht ihr Fall. Von zweien lässt sie sich der Form halber die Telefonnummern geben. (Doch, ganz bestimmt, ich melde mich …)

Keine Frage, sie könnte ihn haben, den One-Night-Stand. Aber die Luft ist irgendwie raus. Kurz nach zwei ruft sie ein Taxi.

Sie ist müde und will nach Haus.

Wandelnde Doppelbotschaft

Was das Outfit anbelangt, mögen wir es natürlich nicht alle so krass. Wir haben ja schließlich Geschmack. Aber ein bisschen sexy darf's schon sein. Egal wie viel Bein, Schultern, Dekolletee oder Bauch wir zeigen, wie dezent oder üppig wir uns schminken, wie zurückhaltend oder mondän wir uns die Haare stylen – wir richten uns so richtig zum Vernaschen her.

Es ist, als wollten wir den Effekt erzielen, den John Irving in seinem Roman *Witwe für ein Jahr*[48] am Beispiel des Maulwurfmanns beschreibt: ein Fell, so weich, so glänzend, so seidenglatt, so samten, so unwiderstehlich, so verführerisch, dass man es einfach anfassen muss. Aber wehe, wenn es einer tut! Denn sosehr wir uns auch nach Berührung sehnen, kaum nähert sich uns einer, flammt unsere Urangst vor dem Vergewaltiger im Manne auf und wir fauchen ihn giftig an. Damit es erst gar nicht so weit kommt, bauen wir vorsorglich einen Wall aus frechen Sprüchen um uns auf. Die Typen sollen nur wissen, dass wir uns im Notfall wehren können.

Für den Mann kommen wir damit als wandelnde Doppelbotschaft daher: Bin ich nicht sexy?! Aber berühren verboten! Wasch mir den Pelz, aber mach mich nicht nass. Riesenklappe, kleines Herz – dreißig Jahre nach der sexuellen Revolution hat der Sex nichts von seiner Bedrohlichkeit verloren. Verständlich, denn es geht dabei eben keineswegs immer nur sanft, romantisch, kuschelig zu. Nicht das Vertraute, Umsorgende, Verhätschelnde, sondern das Unbekannte, Abgründige, Zügellose sorgt für den erotischen Kick. Lust ist nicht berechenbar. Leidenschaft ist riskant.

Nach außen hin tun wir obercool, als ginge es uns um ein Geschäft. Tausche Orgasmus gegen Orgasmus. Machst du's mir gut, mach ich's dir gut. Bin für alles offen, zu allem bereit. Aber fragt man genauer nach, sehen die weiblichen Wünsche ganz anders aus: Harmonisch soll es sein, romantisch, schön. Es geht doch um Liebe!

Das heißt: nur dann, wenn die Stimmung zärtlich ist.

Sprich: wenn wir alles unter Kontrolle haben.

Aus Angst, uns auf ein Abenteuer einzulassen, das uns um den Verstand bringen könnte, bleiben wir lieber auf der Zuschauertribüne und schauen aus sicherer Distanz zu, wie andere es treiben. Und reden uns ein, unter zivilisierten Menschen sei das wilde Raubtier Sex doch längst gezähmt. Eine neue Etikette soll das »erotische Miteinander« an der »Sexfront« regeln: Begriffe wie Abgrenzung, Rücksichtnahme und Einfühlsamkeit sind an die Stelle von Geilheit und Begierde getreten.[49]

Vögeln mit Netz und doppeltem Boden.

Ein (beinahe) hygienischer, netter, überschaubarer Zeitvertreib.

Die harte Nummer?

Demnächst auf RTL.

Stellvertretersex.

Meister im Ausblenden

Manchmal tun mir die vierzehn-, fünfzehnjährigen Jungs in der Schule Leid. Sitzen voll gepumpt mit Sexualhormonen im Klassenzimmer und sollen sich auf englische Vokabeln konzentrieren, während neben, vor und hinter ihnen prallbrüstige Lolitas im bauchfreien Trägerhemdchen und in voller Kriegsbemalung ihre neu erwachte Weiblichkeit zelebrieren. Dass die Burschen überhaupt je etwas anderes als Sechsen nach Hause bringen, grenzt unter den Umständen beinahe an ein Wunder.

Doch es trifft nicht nur die Pubertierenden. Theoretisch müssten alle Männer bei dem unentwegten Bombardement mit Sexbotschaften und erotischen Reizen ständig mit verdrehten Augen und Geifer vor dem Maul herumlaufen. Wie sie angesichts der permanenten Ablenkung einen halbwegs normalen Arbeitsalltag absolvieren und dabei noch einigermaßen produktiv sein können, ist ein Rätsel.

Glücklicherweise hat die Natur die Herren der Schöpfung mit einer Art Überhitzungsschutz ausgestattet, der bei Dauerbelastung die Sicherung fliegen lässt. Den Effekt beschrieb Nik Cohn schon 1969 in seinem Buch *Rock Dreams*[50] im Zusammenhang mit Jim Morrison, dem mit 27 Jahren (wahrscheinlich an einer Überdosis Drogen) verstorbenen Leadsänger der Doors, der einmal als *das* Sexsymbol der Rockszene galt: »Übersättigt von Exzessen, fangen alle an zu gähnen.«

Mit nackter Frauenhaut ist es wie mit Sahnetorte. Je seltener sie aufgetischt wird, desto wässriger wird einem der Mund bei ihrem Anblick; desto mehr erscheint der Genuss der Sünde wert. Wer aber nach der Schlacht am üppig bestückten Kuchenbüfett auch noch die Reste essen soll, greift, wenn überhaupt, dann lustlos zu. Sattheit macht träge. Auch Löwen schlafen mit vollem Bauch.

Seit Sex in unserem Kulturkreis zur Massenware geworden ist, haben sich die Männer aus reinem Überlebensinstinkt zu Meistern im Ausblenden entwickelt. Das Dilemma: Die Flut an Bildern hat ihre Wahrnehmung ausgerechnet in dem Segment getrübt, in dem wir Frauen auf der Suche nach dem King of Hearts traditionell unsere Köder auslegen. Es gab Zeiten, da überschlugen sich gestandene Kerle bei der Aussicht auf ein gestohlenes Viertelstündchen. Unter Einsatz ihres Lebens pflückten sie Edelweißblüten von den höchsten Bergesklippen. Sie kletterten über gefährlich schwankende Leitern zu Kammerfenstern hinauf. Ganze Gedichtbände sind nur aus diesem Grund gefüllt worden und Hemingway soll einmal gesagt haben, dass er mit seinem Œuvre einzig und allein den Zweck verfolgte, sich ins Bett der Frauen zu schreiben.

Doch die Zeiten haben sich geändert. Sex gibt es überall – in immer gewagteren, abstruseren Varianten. Selbst ausgefallene Geschmäcker werden reichlich bedient. Bindungskräfte setzt der Akt darum längst nicht mehr frei.

Es ist nicht so, dass Männer vor lauter Wald die Bäume nicht mehr sehen und gar kein Auge mehr für unsere sorgsam zur Schau gestellten Vorzüge haben. Gucken tun sie schon. Sie springen bloß nicht mehr mit solchem Übereifer darauf an.

Erst Job und Karriere, dann das Abenteuer.

Erst noch mal ins Fitnessstudio.

Aufs Mountainbike.

Ins Internet.

Die Aktienkurse abfragen.

Fußball gucken. Oder Formel 1.

Ein bisschen Spaß, das schon. Aber nicht um jeden Preis.

So redet doch keiner, dem die Gier im Nacken sitzt. So spricht einer, der sich bestenfalls von mundgerecht zubereiteten, appetitlichen Häppchen verführen lässt, wie sie auf Cocktailpartys gereicht werden. Lecker. Leicht verdaulich. Und vor allem: Kostenlos.

Fuck & Go.

Im Bett zum Hannes gemacht

Abstumpfung ist jedoch nur der äußere Grund für die neue Zurückhaltung beim angeblich so geilen Geschlecht. Ein anderer hat mit der physischen Disposition des Mannes zu tun, ist der doch ausgerechnet dort, wo er am überlegensten und unverwundbarsten erscheinen will, am alleranfälligsten. Nicht er selbst hat es in der Hand, ob er im Bett zum Helden wird oder sich zum Hannes macht. Er ist auf Gedeih und Verderb der Gutwilligkeit seines »besten Freundes« ausgeliefert. Wenn der da unten im Ernstfall versagt und sich feig in den Falten des Gemächts verkriecht, steckt er da oben die Prügel für ihn ein. Welch eine Schmach!

Eine Frau kann zur Not auch ohne Lust, Gleitcreme sei Dank. Seit *Harry und Sally* weiß alle Welt, dass wir dabei auch durchaus glaubhaft rüberkommen können. Sie erinnern sich bestimmt an die denkwürdige Szene, in der Meg Ryan beim Essen im Schnellrestaurant vor aller Ohren eine so täuschend echte Stöhn-Nummer hinlegt, dass Filmpartner Billy Crystal Hören und Sehen vergeht und eine sichtlich beeindruckte Dame gesetzteren Alters am Nebentisch sofort dasselbe bestellt.

Wie es hinter der Fassade aussieht, kriegt ja keiner mit. Nur die Frau selbst weiß, dass immer dann, wenn es »ernst« wird, die Flut der medialen Bilder und Botschaften sturzbachartig über sie hereinbricht. Solange sie im Publikum sitzt, fällt es ihr leicht, sich mit Models und Stars zu identifizieren. Doch in dem Augenblick, in dem die Hüllen fallen, wird sie sich schlagartig bewusst, was für ein erbärmliches Mangelwesen sie doch ist. Ihr Körper: eine einzige, riesige Problemzone. Eine Frau, die so aussieht, die kann ein Mann doch gar nicht lieben.

In ihrer Verzweiflung setzt sie auf das große Ablenkungsmanöver: Sie beißt die Zähne zusammen und zeigt gleich in der ersten Nacht, was sie so alles kann. Das ganze Kamasutra dekliniert sie durch. Er soll den Verstand verlieren, damit er den Pickel auf ihrem Po nicht sieht. Und die sackenden Brüste. Die Schwelle ihrer Prüfungsangst kann sie nur im forschen Sprung nach vorn überwinden. Geht sie zu langsam vor, obsiegt der Hasenfuß. Angstschweiß tritt ihr aus allen Poren. Ob sie auch alles richtig macht?! Spürt er den Leistungsdruck im Gemächt, spürt sie ihn überall. Sie braucht den Stempel »gut im Bett«. So wie Meg Ryan oder Kim Cattrall oder ihre Freundinnen. Dann, glaubt sie, wird alles gut.

Wenn bloß dieser blöde Orgasmus nicht wäre!

Wie sehr sie sich auch abstrampelt, es mag und mag ihr nicht kommen. An ihr kann's ja wohl nicht liegen. Sie legt sich schließlich voll ins Zeug. Wenn er bloß ein bisschen mehr so … oder so … oder so … machen würde.

»Wie?«, fragt er. »So?«

»Nein! Nicht so! So …«

Macht er aber nicht. Kann er wohl nicht. Wieder einer, der nichts von G-Punkten versteht.

Aber so macht das Ganze keinen Spaß. Was sie um Himmels willen nicht zugeben darf, weder vor ihm noch vor sich selbst. Drum stöhnt und strahlt sie weiter – und wundert sich in einem kleinen, verborgenen Winkel tief in ihrem Inneren, warum sie sich beim Kino-Sex besser fühlt. Ob es an Robert Redford liegt? Der Mann derweil müht sich redlich. Voll konzentriert beschwört er sein bestes Stück. Mach schon, Junge! Lass mich jetzt bloß nicht im Stich! Für ihn ist der Akt ein mentaler Drahtseilakt, dass es klappt, eine Frage der Psychohygiene: Er muss seine Gedanken im Griff haben, sonst spielt er nicht mit. Ein winziger Abtörn, ein kleines Zweifelchen an der eigenen Standfestigkeit, und schon ist Sense mit der Lust. Er hat eben kein Meg-Ryan-Gen. Selbst bei grandioser schauspielerischer Begabung, eine Erektion vorzutäuschen, das kann er einfach nicht bringen. Die Urangst, im Angesicht des Weibes schlappzumachen, macht ihn zur Mimose. In Bezug auf seine Lendenkraft versteht er keinen Spaß. Der kleinste Spott, die winzigste Bissigkeit, die minimalste Anspielung auf etwaige Unzulänglichkeiten in diesem Bereich kann sein gesamtes Ego-Gebäude in einem Handstreich zum Einsturz bringen. Um das zu verhindern, fährt er Riesengeschütze auf, muss er doch stets befürchten, dass seinem Zauberstab im rauen Wind der Wirklichkeit die Magie abhanden kommt.

Und dann ist Schluss mit lustig …

Das ist schon immer so gewesen, und eigentlich müsste man meinen, der Mann hätte es heute diesbezüglich besser denn je. Hat ihm die Erfindung von Viagra nicht den Leidensdruck von den Lenden genommen? Hat sie. Ganz bestimmt. Aber nur den älteren Herren. Für einen Kerl im besten Mannesalter (Wann endet das? Mit vierzig? Mit fünfzig? Mit sechzig?) kommt allein das Eingeständnis, die kleine blaue Pille nicht nur spaßeshalber als eine Art Partydroge zur Steigerung des Lustgewinns zu goutieren, sondern sie nötig (!!!) zu haben, einer Bankrotterklärung gleich.

Eigentlich brauchte der arme Mann eine Art Viagra fürs Gemüt – etwas, das sein Ego päppelt. Weibliche Bewunderung wäre so ein Dopingmittel. Fühlt er sich überlegen, ist er stark und sein Freund da unten freut sich – zumindest bei »normal« veranlagten Trägern des Y-Chromosoms. Andere mögen es umgekehrt oder in der Extremform. Der Sklave braucht die Domina, der Sado-Mann die Maso-Frau, der Normalo-Mann ein bisschen Überlegenheit. Der Reiz liegt im Gefälle. Sex von Gleich zu Gleich funktioniert nicht gut, denn wie beim Paartanz muss auch hier einer führen.

Wie aber kann sich das auf die dominante Lust-Rolle programmierte männliche Standardexemplar der Spezies Homo sapiens heute noch der Bewunderung einer Frau versichern? Oder bleiben wir bescheidener: Sagen wir der Anerkennung einer Frau? Des Wohlwollens?

Erinnern Sie sich noch an die Geschichte, die Plutarch über Hiero erzählt – jenen griechischen Herrscher, der wegen seines Mundgeruchs verspottet worden war und dessen Frau ihn deshalb nicht darauf hingewiesen hatte, weil sie glaubte, dass alle Männer so riechen? Er musste sich wie die meisten seiner Geschlechtsgenossen keinen Vergleichen stellen. Daran wurde über lange Zeit hinweg nie gerüttelt. Solange eine Braut jungfräulich in die Ehe ging, beschränkten sich ihre erotischen Erfahrungen auf einen einzigen Mann. Wie gut oder schlecht der im Bett war, konnte sie schlichtweg nicht beurteilen. So hatte er keine Kritik zu fürchten. Hauptsache, er brachte ordentlichen (= männlichen) Nachwuchs zustande. Das reichte als Potenzbeweis.

Die Zeiten, da man vom properen Bündel in Mamis Arm auf die Liebhaberqualitäten des Erzeugers schloss, sind vorüber. Der Akt ist zum Selbstzweck geworden. Man hat ihn zu einer Art eigenständiger Kunstrichtung erhoben. Mit der Missionarsstellung kann heute niemand mehr Eindruck schinden. Wer bloß die Fünf-Minuten-Nummer bringt, braucht sich kein zweites Mal sehen zu lassen. Ein Mann muss heutzutage nicht nur können, er muss es auch noch gut können.

Er soll dabei so überwältigend aussehen wie Leonardo DiCaprio und Johnny Depp, soll ebenso fantasievoll, verführerisch und romantisch sein wie Richard Gere, George Clooney, Brad Pitt, Hugh Grant …

Und das ohne Drehbuchschreiber, der ihm den Text vorgibt.

Ohne Regisseur, der seine Gesten optimiert.

Ohne Maskenbildner, der die Fältchen wegschminkt.

Ohne Beleuchter, der ihn ins rechte Licht setzt.

Ohne Cutter, der die unvorteilhaften Szenen eliminiert.

Und vor allem: Ohne Double, das in
brenzligen Situationen für ihn einspringt.

Große Erwartungen lasten auf dem Liebhaber unserer Tage. Ist es da nicht verständlich, wenn er sich dem Druck entzieht, sich seiner voyeuristischen Neigungen erinnert, sich im Zuschauersessel zurücklehnt und es andere für sich tun lässt?

Es bedarf schon eines gesunden Selbstbewusstseins, um sich heutzutage erotisch auf eine Frau einzulassen. Schließlich heißt das für ihn, sich verletzlich zu machen, sich ihrer Kritik preiszugeben – einer Kritik, die aus dem geschliffenen Mundwerk der Powerfrau durchaus vernichtend sein kann. Um wie viel sicherer ist es da, als einzelgängerischer Wolf herumzustreifen und sich mit kurzen Affären zu vergnügen. Am Morgen danach? Da hört er den Ruf der Wildnis und macht sich davon. Bevor sie fragen kann, wie es jetzt weitergeht. Jetzt, wo sie eine Beziehung haben … Denn ist es nicht so, dass mit dem Vollzug des Aktes unweigerlich weibliche Besitzansprüche erwachen? (Das heißt, wenn er sich nicht als absolut lausiger Lover entpuppt hat.)

Sensiblere Typen gehen daher gleich ganz in Deckung. Sie ziehen sich ein Lammfell über und werden zum Softie (sprich: unerotisch und damit für uns unsichtbar). Oder sie entziehen sich auf andere Weise. Möglichkeiten gibt es viele. Die einen spielen die Unnahbaren, die generell nichts mit Frauen am Hut haben. Die anderen lassen sich so verkommen, dass kein weibliches Wesen die Geruchsbarriere überwindet. Wieder andere verharren bis zur Rente unter Mamas Fuchtel oder erhalten pro forma eine längst gekündigte Ehe aufrecht, um sich hinter dem Ring verstecken zu können. Sie ducken sich lieber und machen sich klein, als sich den Hyänen auszuliefern.

Tut mir Leid, bin nicht zu haben.

Pech gehabt.

Vogel Strauß.

Kopf im Sand.

Hast du ihn gesehen?!

Augen zu und durch!

Auf den Balzplätzen der Neuzeit ist eine paradoxe Situation entstanden: Eigentlich würden wir ja so gerne einen Mann kennen lernen – und sogar mit ihm ins Bett gehen. Doch vor lauter Unsicherheit verschanzen wir uns hinter einer hohen unsichtbaren Mauer und blockieren alles, was Sex zum Spaß werden lassen könnte. Auch wenn wir im 21. Jahrhundert leben, eine natürliche Schamgrenze haben wir doch. Und so paradox es klingen mag in unserer ach so aufgeklärten Zeit: Sie ist sogar noch ein Stück höher geworden. Wir müssen nicht nur die Scheu überwinden, uns vor einem Mann zu entblößen. Wir stehen auch splitterfasernackt vor unserem inneren Kritiker da. Und gnadenlos haut der uns in solchen Momenten unsere Schwächen um die Ohren. Cineworld liefert ihm das Vergleichsmaterial. Wer ist da schon so selbstbewusst, ihm die Stirn zu bieten und zu den eigenen Speckröllchen, Krähenfüßen und Cellulite-Schenkeln zu stehen? Nein, nein, er hat schon Recht. Vollkommen sind wir nicht …

Also behalten wir die Klamotten lieber an. Nur soll bloß keiner merken warum. Statt uns von unserer femininen, entspannten und – ich will es einmal ganz altmodisch sagen – liebenswürdigen Seite zu zeigen, statt endlich einmal unsere Abenteuerlust, Spontaneität und Freude am Risiko auszuleben, verfallen wir in eines von zwei Extremen:

Entweder wir verweigern jede Form der Attraktivitätspflege, sagen »Ein Mann muss mich lieben, wie ich bin!« und machen uns in Birkenstock und Jute auf die Suche nach IHM. Kommt tatsächlich einer des Weges, versuchen wir ihn je nach persönlicher Ausrichtung mit Emanzensprüchen (»Na, Kleiner? Darfst du auch schon wählen?«), esoterischen Weisheiten (»Ich muss erst nachspüren, ob mich deine männlichen Energien nicht aus meiner Mitte werfen«) und Psycho-Belehrungen (»Bei einer Partnerschaft kommt es mir vor allem auf Empathie an«) von unseren intellektuell-geistigen Qualitäten zu überzeugen. Dabei flechten wir vorsorglich ein, was wir an einem Mann auf keinen Fall dulden und was wir unbedingt von ihm erwarten.

Seine Reaktion?

Hopp … und plopp!

Oder wir verbarrikadieren uns hinter Schminke, Designer-Klamotten und Zickigkeit. Wir geben die Diva, die Grande Dame. Spielen die Welterfahrene, mit allen Wassern Gewaschene, der keiner mehr was beibringen kann. Cool, arrogant, mondän.

Wir richten uns so her, wie wir glauben, dass ER uns sexy findet. Wir stylen uns zum Hingucker auf. Schließlich wollen wir IHN auf uns aufmerksam machen. Er soll uns im Heer der erotisch Aufgepeppten entdecken. Damit aber kreieren wir just den Typus Weib, der ihn um die Willigkeit seines schwachen Fleisches bangen lässt.

Je forscher und fordernder wir rüberkommen, desto größer seine Angst, uns im Bett (und auf der ganzen Linie) nicht gewachsen zu sein. Vorsichtig nähert er sich. Der Trieb drückt ihn ja. Die Gefahr reizt ihn doch. In die Kiste hüpft er schon sehr gerne. Unverbindlich. Für eine Nacht …

Augen zu und durch.

Und dann der Akt …

Endlich ist es so weit. Wir haben es beide ziemlich eilig, es hinter uns zu bringen. Wir kennen uns kaum. Trotzdem (gerade deshalb?) muss es sein. Ich bin wieder mal auf der Suche nach DEM EINEN, der mich in die höchsten Höhen der Lust befördert. Frau gibt die Hoffnung eben nie auf …

Aber zuerst klären wir die praktischen Details. Kondome habe ich dabei. Von wegen Safer Sex und so. Außerdem: Kein Natursekt. Kein SM. Und anal sowieso nicht. Damit das schon mal klar ist.

Ich mustere ihn gründlich. Ob ich nicht doch einem Perversen aufgesessen bin?! Mit verstohlenen Blicken inspiziere ich seine Wohnung, kann aber nichts Verdächtiges entdecken. (Ich habe ihn natürlich nicht mit zu mir nach Hause genommen. Allein schon, um mir den Fluchtweg zu sichern. Schließlich ist es leichter, selbst abzuhauen als einen Kerl vor die Tür zu setzen.)

Es könnte ordentlicher sein. Mein Blick bleibt an dem überquellenden Papierkorb in seiner PC-Ecke hängen. Die Vorhänge sind auch ewig nicht gewaschen worden. Kann der sich etwa keine Putzfrau leisten? Das Mobiliar: echt nicht mein Stil. Wenn es was würde mit uns, wäre in dem Bereich noch Geschmacksbildung zu betreiben … Ich gehe ins Bad, um zu gucken, ob er auch wirklich allein wohnt. Nicht dass hier auf einmal eine andere Tussi auftaucht. In dem Punkt: grünes Licht. Kein Ladyshave, keine zweite Zahnbürste. Beim Pinkeln merke ich, dass ich jetzt doch nicht die Seidenwäsche anhabe. Dabei hatte ich sie mir extra rausgelegt. So ein Mist! Verwaschene Baumwolle kommt echt nicht gut. Ich zieh das Höschen aus und stopfe es in die Handtasche. Dann lieber unten ohne.

Zurück ins Wohnzimmer. Er steht grinsend am Fenster und wartet. Hat die Hose schon aus. Das Hemd, den Slip noch an. Gut. Die Socken auch. Na ja. Lass dich nicht abtörnen, sag ich mir. Und geh zu ihm rüber. Wir reden jetzt nicht mehr. Es ist alles gesagt, was zu sagen war. Und das war nicht viel. Zum Reden sind wir schließlich nicht hier.

Er fängt an zu knutschen. Zu küssen. Wenigstens hat er vorher Pfefferminz gelutscht. Und seine Technik ist auch nicht schlecht. Sabbert nicht wie manche. Ja, doch … ist ganz okay. Ich lass mich ins Schlafzimmer führen. Er nestelt an meinem Reißverschluss rum. Warum können Männer das Teil nie reibungslos bedienen? Wenn's drauf ankommt, kriegen sie das einfach nicht hin. Währenddessen küsst er weiter. Unkonzentriert. Einen Moment lang liegt seine Zunge wie ein träger Klumpen da. Ich entschließe mich, sie auszuspucken.

»Lass mich das machen!« Zieh mir das Kleid selber aus. Und vorsichtshalber den Bauch ein. Will schließlich nicht wie ein Fass aussehen.

»Du hast ja gar nichts …«

Einen Moment lang starrt er mir wie hypnotisiert aufs Schamhaar. Dann zieht er sich endlich die Socken aus.

Ein paar Sekunden lang scheint die Luft raus zu sein. Wie die Anfänger stehen wir da. Mir ist kalt. Vor allem an den Füßen.

Um wieder Dynamik in die Sache zu bringen, geh ich auf ihn zu und küsse ihn. Ich hasse diese Leerlaufmomente. Lass uns zur Sache kommen, Baby.

Wir sinken rücklings aufs Laken. Im Bett riecht es nach Tier. Der hat noch nicht mal die Wäsche gewechselt …

Mann, nicht so schnell!

Nicht da.

Ein bisschen nach rechts.

Nein, nein, mehr nach links.

Höher, höher.

Ja, ja, nein.

Ein bisschen fester.

Doch nicht so doll!

Sanfter.

Ja. Ja!

Und bloß nicht vergessen: Augen auf, wenn's ihm kommt! In dem Moment, hat Elke gesagt, kannst du sehen, was für ein Mann das ist. Ob Engel oder Brutalo – da zeigt sich sein wahres Gesicht.

Wie?!

Schon vorbei???

Weich gespült und hart gesotten

Wie Frauen sich zielstrebig den Bad Guys an den Hals werfen und dann nicht verstehen, warum sie mit Männern immer die größten Reinfälle erleben

Bärbel und Petra hatten schon fast befürchtet, dass aus ihrem dreiblättrigen Kleeblatt bald ein zweiblättriges würde. Denn wenn eine erst anfing zu reden wie Karin, war sie eindeutig auf dem Absprung. Wozu noch Weiberabende, wenn frau ihr Herzass gefunden hat? Karin war verliebt. Und seither konnte man sie echt vergessen.

Im Prinzip hatte das Ganze schon damit angefangen, dass sie das Internet für sich entdeckte. Ein regelrechter Junkie war sie geworden. Kaum noch aus der Bude rauszulocken. Als sie dann auch noch diesen Typ kennen lernte, war es total aus mit ihr. Wenn man sie überhaupt je zu Gesicht bekam, brauchte sie bloß den Mund aufzumachen und eine Flutwelle von Lobeshymnen brach aus ihr hervor. Pierre dies, Pierre das, Pierre hinten, Pierre vorne. (Allein der affige Name war eine Qual.)

Und was sie vor noch gar nicht langer Zeit zum Thema Männer gesagt hatte, galt auf einmal nicht mehr. Was interessierte sie ihr dummes Geschwätz von gestern?

Die Kerle wollen sich nicht binden? Es gibt keine echten Männer mehr? Alles Quatsch! Du musst nur den Richtigen finden. Alles andere ist eine Frage des weiblichen Charmes. So tönte sie. Tönte. Wohlgemerkt. Denn inzwischen ist Karin wieder Single. Wie es dazu kam? Lassen wir sie selbst erzählen.

www.partnerträumewerdenwahr.de

Karin: »Wie viel Zeit ich auf den Partner-Sites und Flirtkanälen im Internet verbracht habe? Schwer zu sagen. Monate. Jede freie Minute …

Es dauerte erst eine Weile, bis ich mich an den Stil gewöhnt hatte, der da herrscht. Das Chatten ging mir viel zu schnell, und ich empfand es als ein fürchterliches Durcheinander. Bis ich einen Eintrag gelesen hatte und mir die passende Antwort dazu eingefallen war, waren die anderen schon längst beim nächsten Thema. Mir wurde echt schwindelig bei dem Tempo.

Aber irgendwann hatte ich den Bogen raus, und dann hat es mich so richtig gepackt. Das Chatten wurde für mich zum Lebensinhalt. Endlich hatte ich etwas, das mir abends und an den Wochenenden die Langeweile vertrieb. Es machte mir gar nichts mehr aus, dass ich allein lebte. Wenn ich nach Hause kam, brauchte ich bloß den Computer einzuschalten und zu gucken, wer gerade online war. Es gab da so eine feste Clique, und einer von denen war todsicher im Netz. Wenn ich wollte, hatte ich also immer einen Ansprechpartner. Ich war für alle die ›Queen‹ und hatte endlich das Gefühl, irgendwo dazuzugehören; endlich hatte ich Gesellschaft.

Mein eigentliches Ziel war aber immer noch, über das Internet einen Mann aufzutun. Was heißt ›einen‹ Mann? DEN Mann! Ich wollte nicht allein bleiben auf die Dauer. So oft hatte ich von Leuten gehört, bei denen es geklappt hatte. Warum nicht auch bei mir?

Und eines Tages war er dann auf einmal da. Nickname: *›Frenchman‹*. Er war neu im Chat und stellte sich genauso doof an, wie ich es am Anfang getan hatte. Wusste offenbar nicht, dass es manchmal etwas dauert, bis der eingetippte Text erscheint. In seiner Verzweiflung gab er ihn mehrfach neu ein. Und so poppte es dann gleich fünfmal hintereinander auf:

›Ich bin Frenchman und neu hier.‹

›Ich bin Frenchman und neu hier‹ …

›Hätte ich nie gedacht‹, frotzelte ich. ›So clever wie du dich anstellst …‹

›Vergib mir, oh Queen. Noch bin ich dumm. Aber ich lerne schnell – vor allem unter weiblicher Führung.‹

›Wohl einer vom Fußvolk?‹

›Nein, ein Prinz aus fernen Landen.‹

So ging das hin und her. Wir hatten sofort einen guten Draht. Er und ich – wir waren eine Klasse für uns. Es machte höllischen Spaß, auf Flüstern zu gehen und hintenrum heiß mit ihm zu flirten, vorne im Chat aber ganz cool zu tun, als ob nichts wäre. Es war, als würden wir uns schon seit Jahren kennen. Da war eine ganz große Vertrautheit.

Innerhalb kürzester Frist tauschten wir unsere Mailadressen aus. Von da an bekam ich mehrmals täglich Post von ihm. Wenn ich einmal ein paar Stunden nichts von ihm hörte, machte ich mir schon richtig Gedanken.

Was er schrieb, entsprach genau meinen Wünschen. Er habe lang genug experimentiert und wolle jetzt endlich wissen, wo sein Zuhause sei. Bei mir hätte er das Gefühl, endlich angekommen zu sein. Traumhaft, oder?

Als er mir dann auch noch sein Foto schickte, war ich völlig hin und weg. Er hatte so sanfte Augen und lachte so spitzbübisch. Wenn ich heute daran denke …

Auch in materieller Hinsicht war er offenbar ein Volltreffer, denn mal ehrlich: Welche Frau will schon einen Typ, der ihr auf Dauer auf der Tasche liegt? Konzertlogistiker war er. Komischer Beruf, finden Sie nicht? Was es nicht alles für Jobs gibt … Aber man lernt ja nie aus. Und wenigstens hörte sich das nach einem ordentlichen Verdienst an.

Auf jeden Fall, so erzählte er, sei er viel unterwegs, organisiere Auftritte in Sankt Petersburg, in Prag, in London und Paris. Überhaupt war er das, was man gemeinhin als ›Kosmopolit‹ bezeichnen würde. Russische Mutter, französischer Vater, in Genf geboren, in Paris aufgewachsen. Darum auch der Name: Im richtigen Leben hieß ›Frenchman‹ Pierre.

Als wir uns nach sechs Wochen zum ersten Mal trafen, pochte mir das Herz bis zum Hals. Ein total komisches Gefühl: Einerseits hatten wir uns noch nie gesehen, andererseits war durch die vielen Mails total viel Nähe entstanden – so als würden wir uns seit ewigen Zeiten kennen. Ich musste mich zurückhalten, ihm nicht sofort um den Hals zu fallen. Und er sah wirklich Klasse aus.

Wow!

Bingo!

You name it, he's got it.

Auch wenn ich mir vorgenommen hatte, dieses eine Mal alles

richtig zu machen und vor allem nicht gleich am ersten Abend mit ihm in die Kiste zu steigen, lief doch alles darauf hinaus. Schließlich hatten wir uns ganze Nächte zusammen vor dem PC um die Ohren geschlagen, hatten uns über intimste Details ausgetauscht. Wir wussten doch so viel voneinander! (Glaubte ich zumindest.) War es da nicht natürlich, diese eine letzte Barriere zu überwinden, die uns noch trennte? (Außerdem war ich schlicht und ergreifend geil auf ihn.)

So viel Glück kann doch gar nicht sein, denken Sie jetzt bestimmt und sind schon darauf gefasst, dass er sich wenigstens im Bett als Niete entpuppte. Aber Sie liegen falsch. Auch wenn es Sie jetzt enttäuscht, ich war es nicht. Im Gegenteil! Ich schwebte auf Wolken. Verliebtheitshormone rauschten durch meine Adern. So großartig hatte ich mich schon lange nicht mehr gefühlt.

›Am Freitag bin ich wieder bei dir‹, versprach er zum Abschied. Und er hielt Wort. Zwischen seinen Konzertreisen schneite er von da an so etwa alle ein bis zwei Wochen bei mir herein – auch schon mal unangemeldet. Wenn er so urplötzlich bei mir vor der Tür stand, durchkreuzte er natürlich schon meine Pläne. Meine Freundinnen waren total sauer auf mich, wenn ich sie wieder einmal kurzfristig versetzte.

Aber was sollte ich machen? Ich freute mich doch jedes Mal, wenn er kam. Nie hätte ich ihn wegschicken können. Ich ging dazu über, mich terminlich nicht mehr festzulegen, um flexibel zu sein. Am liebsten war mir, ganz zu Hause zu bleiben, denn ich hätte mich tierisch geärgert, wenn ich ihn verpasst hätte. So saß ich die meiste Zeit mutterseelenallein daheim.

Wenn er dann auftauchte, empfing ich ihn mit großem Bahnhof – bot ihm alles, was ich zu bieten hatte. Vom Candlelight-Dinner mit Schampus und Kaviar bis zur Satinbettwäsche – für ihn war mir echt nichts zu schade. Auch erotisch verwehrte ich ihm keinen Wunsch.

Fünf Monate ging das so. Wir … nein: Ich fing an, von einer gemeinsamen Zukunft zu träumen. Wir hatten vor, nach der Konzertsaison für zwei Wochen zusammen in Urlaub zu fahren, um zu testen, ob wir es auch längere Zeit unter einem Dach miteinander aushalten würden – was ich natürlich keine Sekunde lang bezweifelte. Ich sah mich schon an seiner Seite durch die Weltgeschichte reisen. Ich würde ihn auf all seinen Konzerttouren begleiten, würde Russisch lernen, mein Französisch aufpolieren, ihn bei seiner Arbeit unterstützen, mit ihm hinter der Bühne stehen …

Dann kam Sabine, eine alte Schulfreundin, übers Wochenende zu Besuch – Single-Frau und auf Partnersuche. Als sie von meinem Glückstreffer erfuhr, war sie begeistert. Im Internet gefunden? Wirklich?! Das wollte sie gleich auch mal probieren! Am besten sofort. Da könne ich ihr gleich zeigen, wie das geht, denn sie selbst habe ja keine Ahnung von Computern.

Seit ich Pierre kennen gelernt hatte, hatte ich nur noch E-Mails geschrieben. Ansonsten war ich nicht mehr im Netz gewesen. Wozu auch? Ich hatte ja meinen Traummann gefunden. Aber jetzt mit Sabine war das natürlich etwas anderes. Ich entschloss mich, nicht gleich zu Anfang in den Chatroom mit ihr zu gehen. Sie ist eher ein betulicher Typ und das Durcheinander hätte sie total abgeschreckt. So blätterten wir uns erst mal durch die Profile der diversen Männer-Galerien und amüsierten uns über die Fotos.

Guck mal, der hat aber ein komisches Kinn. Als ob er einen knöchernen Spitzbart hätte …

Und der da hat was Unheimliches im Blick.

Halt mal. Geh mal zurück. Ich finde, der könnte interessant sein. Du etwa nicht?

Oder nein, doch nicht. Klick mal weiter.

Und dann hätte mich beinahe der Schlag getroffen: Da war er – ›mein‹ Pierre. Dreist und frech lachte mir sein Foto entgegen. Nur hieß er jetzt Konstantin. Beruf: Galerist. Gewünscht: feste Beziehung. Der Sack!

Darwinistische Auslese

Wer je einen Weiberabend erlebt hat (und welche Frau hätte das nicht), weiß, dass Geschichten wie die von Karin Legende sind. Und Sie selbst? Wie oft ist es Ihnen so ergangen? Wie oft haben Sie gedacht: Das ist er! Und dann war es doch wieder nichts, weil Sie wieder einmal einer gelinkt hat. Reingefallen. Ätsch!

Das Ganze scheint System zu haben: Kaum sieht ein Mann gut

aus, ist intelligent, erfolgreich und charmant, zieht er alle Register. Zuerst mimt er den Verlässlichen mit Tiefgang und Seele, so dass wir Vertrauen schöpfen und ihn an uns heranlassen. Dann spielt er den stürmischen Eroberer – und treibt seinen Spaß mit uns.

Und dann sind da die anderen – die, von denen wir an jedem Finger zehn haben könnten, wenn wir sie bloß haben wollten. Jene, die uns mit einem derart treuen Hundeblick fixieren, dass wir fast schon ein schlechtes Gewissen haben, weil wir uns ihnen verweigern. Aber wir können sie nicht erhören. Beim besten Willen nicht. Denn in ihrer Gegenwart überkommt uns ein merkwürdig schales Gefühl von edler Langeweile.

Es ist ein Dilemma! Den, den wir wollen – den gut aussehenden, verantwortungsbewussten, netten Jungen von nebenan, der bereit ist, sich unsterblich in uns zu verlieben, uns auf Händen zu tragen und uns die starke Schulter zum Anlehnen zu bieten –, den gibt es einfach nicht. Das Modell, das sich für die Rolle des treu sorgenden Ehemanns eignen würde, scheint eine aussterbende Spezies zu sein. Seine Gene sind mehr und mehr verloren gegangen. Sie konnten sich im darwinistischen Ausleseprozess nicht durchsetzen. Sich das Leben durch die Dauerbeziehung mit einer modernen – sprich: hochgradig anspruchsvollen – Frau zu verkomplizieren, bloß um ab und zu ein bisschen Gesellschaft zu haben und zu kuscheln, ist offenbar weder aus evolutionärer noch aus lebenspraktischer (männlicher) Sicht eine logisch sinnvolle Wahl.

Die paar noch lebenden (und nicht schon längst vergebenen) Exemplare dieser Art haben wir mit unserer zähen Abwehrhaltung, unserem unverbesserlichen Kontrollbedürfnis und unserer angeborenen Neigung zu endlosen Beziehungsdiskussionen so verschreckt, dass sie ausgewandert sind – zum Beispiel auf eine kleine, einsame Insel vor der kanadischen Küste, wo sie sich als weiße Bären dem Lachsfang widmen und die Ruhe genießen.

Und was ist mit den Männern, die trotz allem hier geblieben sind? Der Klimawandel im Geschlechterverhältnis, den wir mit unserem weiblichen Befreiungs- und Selbstbehauptungstrip ausgelöst haben, hat sie in eine von zwei extremen Richtungen getrieben:

Die Frauen-Abgreifer …

Die selbstbewussteren, dominant Veranlagten unter ihnen haben sich im Lager der Frauen-Abgreifer versammelt. Hier tummeln sich Typen wie Pierre/Konstantin und seinesgleichen. Sie sehen unserem Wunschkandidaten zwar täuschend ähnlich, nur ist dies die Sorte Frosch, die einer Frau nicht auf die Hand, sondern direkt in den Schoß springt. Und danach ab zurück in den Teich!

Obwohl wir es hier mit dem Prototyp des Machos zu tun haben, an dessen Feindbild wir uns seit Jahrzehnten in unseren Frauenzirkeln abarbeiten, gehen wir nicht auf Distanz. Im Gegenteil: Je dreister und unverschämter er ist, desto unwiderstehlicher finden wir ihn. Dabei wissen wir längst, dass solche Jungs nicht mehr als die Fata Morgana unseres Traumprinzen sind: Wir sehen sie; wir riechen ihre starken Gene. Ahhhh!, denken wir. Endlich! Doch kaum kommen wir näher, macht es plopp! und die Illusion zerplatzt.

Trotzdem scheinen wir, wenn es um solche Bad Guys geht, nicht lernfähig zu sein. Kommt so einer daher und schenkt uns auch nur ein Fünkchen Aufmerksamkeit, kann es passieren, dass selbst das emanzipierteste, schlagfertigste Weib unter uns zur willfährigen Dienerin wird. Mit schräg gestelltem Kopf und leicht geöffnetem Mund schauen wir plötzlich mit ergebenem Blick zu unserem »Herrn und Gebieter« auf und lesen ihm jeden Wunsch von den Augen ab.

Im Machtpoker zwischen Mann und Frau steht dieser Typus ganz auf der Gewinnerseite, denn wir lassen uns das Zepter völlig aus der Hand nehmen. Er braucht bloß mit dem Finger zu schnippen, schon springen wir, als hätten wir uns einer eigenartigen Gehirnwäsche unterzogen: Endlich einer, der uns sagt, wo es langgeht! Unser Faible für Winnertypen und starke Kerle legt unseren Denkapparat völlig lahm. So liefern wir uns aus. Wider besseres Wissen.

Dass sich so ein Mann nicht binden will, ist uns im Prinzip klar. Warum auch? Er hat das »gewisse Etwas« und kann Frauen haben, so viele er will. Wozu sich da an eine einzige ketten? Aber insgeheim hoffen wir doch auf ein Wunder. Wenn er erst merkt, wie verständnisvoll, geduldig, treu und fürsorglich wir sind und wie gut wir kochen können, werden wir ihn bekehren. Dann wird er bei uns die goldene

Ausnahme machen und bleiben. Uns wird er nicht wie alle anderen nach ein paar Tagen/Wochen/Monaten abservieren. Oder?

Ob er selbst dabei emotional auf seine Kosten kommt, steht auf einem anderen Blatt. Vorerst interessiert ihn das wenig. Ein ebenso eiserner wie vielseitig orientierter Womanizer wie Mick Jagger oder George Clooney sorgt sich nicht um sein Seelenheil. Der will seinen Spaß mit möglichst vielen (insofern wird er seinem biologischen Auftrag absolut gerecht). Wer die jeweils aktuelle Frau an seiner Seite ist, ist nebensächlich. Hauptsache, sie macht was her, rein äußerlich. Denn wenn ein blondes Busenwunder neben ihm herstöckelt, schindet das Eindruck bei der Konkurrenz. Wer wird angesichts all der Möglichkeiten auf dem Markt der Eitelkeiten schon an die Zukunft denken? Wenn Mr. Charming irgendwann einmal in die Jahre kommt (was natürlich nie passieren wird), kann er sich immer noch »was zum Ausruhen« suchen. Aber jetzt?! Jetzt lockt der Reiz des Neuen.

Noch eines spricht aus seiner Sicht gegen eine Bindung: Ließe er sich auf eine Frau ein, wäre es mit der Freiheit vorbei. Seine Abhängigkeit wäre besiegelt, die unangefochtene Machtposition wäre dahin. Denn kaum hat sie den Ring am Finger, kriegt sie Oberwasser. Dann kehren sich die Verhältnisse schlagartig um und sie sagt ihm, was er zu tun und vor allem zu lassen hat. Wer will das schon? Wo sie doch so hübsch nach seiner Pfeife tanzt …

In diesem Lager gibt es einerseits die Dreamboys mit den starken Schultern, an denen wir uns so gern anlehnen würden, wenn sie uns denn die Gnade erwiesen, uns zu erhören: die Typen, die uns erst um den Finger wickeln und dann im Restaurant versetzen; die uns tagelang am Telefon schmoren lassen; die auftauchen, wann es ihnen passt; die uns ihre Pläne diktieren – und die wir dennoch anhimmeln wie die Schulmädchen.

Andererseits sind hier noch zwei Sondermodelle zu finden:

Da ist zum einen der Künstler, der an einem einzigartigen Projekt arbeitet, mit dem er kurz vor dem ganz großen Durchbruch stünde, wenn sich nicht alle Welt gegen ihn verschworen hätte. Angesichts der Widrigkeiten und Hindernisse, die sich ihm in den Weg stellen, säuft und raucht er mehr, als ihm gut tut. Er bedarf unserer Hingabe ebenso wie unserer ideellen und vor allem materiellen Unterstützung im Namen der Kunst und der Menschlichkeit. Obwohl der Künstler eher zart besaitet als hart gesotten erscheint, ist er ein Frauen-Abgreifer erster Güte, übt er doch mit seinem Appell an das weibliche Helfersyndrom eine geradezu hypnotische Anziehungskraft aus. Und das Erstaunliche: Sein Bindungswille ist riesengroß! Er würde lieber heute als morgen bei uns einziehen! Zumal ihm der Vermieter gerade gekündigt hat. Und ob wir ihm vorübergehend mit 1.000 Euro aushelfen könnten? Am nächsten Ersten kriegen wir sie garantiert zurück. Eigentlich wäre der Typ gar nicht erwähnenswert, würde er nicht …

Dann ist da noch der Manager, der einen Job zu vergeben hat. Suche Frau zur Betreuung der häuslichen Basisstation, Hemdendienst inbegriffen. Voraussetzungen: jung und blond. Überdurchschnittliche Bezahlung. Kleidergeld. Bei entsprechenden Leistungen Firmenwagen der gehobenen Klasse. Und sie hat doch Verständnis dafür, wenn er abends bis zehn im Büro ist. Bindungswille: groß, solange die Stelle frei ist (was angesichts unserer weiblichen Vorliebe für finanziell attraktive Angebote nicht lange der Fall sein dürfte). Nach vollzogener Bindung ist er dann unter der Kategorie »weltgewandter Mann mit Tagesfreizeit für gelegentliche diskrete Treffs« in der Zeitung anzutreffen. Oder auf Beutezug in den Single-Bars …

Und was haben wir von einer Affäre mit einem Frauen-Abgreifer?

Die Bestätigung, im Dunstkreis eines vermeintlichen Alpha-Männchens bestehen zu können. Welch wohltuender Balsam auf unsere arme, gequälte Seele, die durch den grausamen Vergleich mit den Hollywood-Schönheiten doch ziemlich angeschlagen ist.

Die Gewissheit, ein Heer von Konkurrentinnen ausgestochen zu haben. Oh, wie gut das tut, wenn wir – und sei's für noch so kurze Zeit – einmal selbst auf dem Siegertreppchen stehen und von oben auf das Fußvolk der Verliererinnen herabschauen können!

Den Exklusivanspruch auf Liebeskummer, sobald der Spuk vorüber ist. Und wieder sehen wir uns in unserem Urteil bestätigt, dass alle Männer Schweine sind. Könnten wir unserem Unterbewusstsein einen noch deutlicheren Auftrag geben, alle weiteren Beziehungen zu sabotieren und unser Herz wieder für einen entflammen zu lassen, mit dem es garantiert nicht gut gehen kann?

… und die Underdogs

Die unsichereren, sensibleren Typen, die sich weniger zum Modell Frauen-Abgreifer eignen, sind im Sammelbecken der Weichgespülten gelandet, denn sie haben – oft schon von Kindesbeinen an – vor der Frau zu kuschen gelernt und dabei geradezu devote Neigungen entwickelt. Sie sind allzeit freundlich, wohl erzogen und von vorauseilendem Gehorsam, leben aber mit vierzig immer noch gern bei Mami (oder liefern zumindest ihre Schmutzwäsche regelmäßig bei ihr ab).

Die Männer aus diesem Lager sind lieb und nett und würden alles für uns tun, uns verwöhnen, uns versorgen, uns verehren, ja vergöttern. Geradezu untertänig werfen sie sich uns zu Füßen und tun alles, um geliebt zu werden. Wenn man sie fragt, können sie nicht begreifen, warum sie immer noch allein sind. Was machen sie bloß falsch? Sie meinen es doch so gut und haben so viel zu bieten. Wie können Frauen bloß immer den Kerlen nachlaufen, die übel mit ihnen umspringen? Haben wir etwa masochistische Neigungen?

Stimmt das? Haben wir die? Warum greifen wir nicht zu? Wenn wir spüren, wie ausgehungert so ein Typ ist, wie er sich nach Nähe verzehrt und wie dringend er eine Frau braucht, übernehmen wir den Part der Unnahbaren und lassen ihn am ausgestreckten Arm verhungern. So einer hat keine Macht über uns. Im Gegenteil – hier diktieren wir die Bedingungen und erleben etwas, das uns im Normalfall nur in den seltensten Fällen widerfährt. So ist es, wenn man das Sagen hat! So lebt es sich als Boss! Was für ein großartiges Gefühl. Nach all den Schlappen, die wir erlebt haben, selbst ein bisschen Katz und Maus zu spielen, ist doch zur Abwechslung mal ein lustiger Zeitvertreib. Männerquälen als Freizeitsport.

Anmachen und herumknutschen ja. Aber bloß um unseren Marktwert zu testen. Weiterungen ausgeschlossen – er macht uns ja nicht wirklich an.

Den kann ich haben.

Und den.

Und den.

Und wieder eine Kerbe mehr in meinem Ego-Holz.

Dies ist unsere Rache für das, was uns die Frauen-Abgreifer angetan haben! Und Rache ist ja so süß! Wir genießen es, diese Ja-Sager leiden zu sehen. Mitleid? Doch nicht mit einem Mann! Die weichgespülten Underdogs müssen für all das büßen, was uns ihre hartgesottenen Geschlechtsgenossen angetan haben. Je kleiner wir sie machen, desto größer kommen wir heraus.

Wenn so ein Unterling einigermaßen passabel aussieht und uns nicht allzu sehr auf die Nerven geht, halten wir ihn uns gerne warm. Frau kann ja nie wissen, wann sie einmal einen Lückenbüßer braucht. Oder einen Sklaven. Dann haben wir wenigstens einen, der auf unser Kommando hört. Je bedürftiger der Ärmste wirkt, desto weniger wollen wir ihn haben. Und desto kräftiger trampeln wir auf ihm herum. Gibt es etwas Schöneres als das Gefühl, der Männerwelt grenzenlos überlegen zu sein? Als den Kerlen einmal zu zeigen, woher der Wind weht? Ihnen, die uns in der Welt da draußen mit ihrem breiten Rücken so oft die Sicht verstellen; die uns im Job mit jovialer Gönnerhaftigkeit die Brosamen zuwerfen, die von ihrem Schreibtisch fallen; die mehr Geld für gleiche Arbeit kriegen; die nie ein Klo putzen müssen und immer eine finden, die ihnen einen Knopf annäht? Ein Prügelknabe kommt uns gerade recht. Da jubelt das Ego!

Hau drauf, Mädel.

Immer feste drauf!

Aber haben wir uns schon einmal gefragt, ob sich manch einer nicht – bewusst oder unbewusst – in diese Demutshaltung begibt, weil er weiß, dass er sich damit für uns als ernst zu nehmender Partner-Kandidat von vornherein disqualifiziert? Die Rolle des Underdogs mag zwar weder angenehm sein noch nach außen hin einen besonders rühmlichen Eindruck erwecken. Aber sie ist die allerbeste Tarnkappe für einen, der die moderne Powerfrau als allzu aggressiv, ungeduldig, anspruchsvoll und fordernd empfindet und sich daher für ihren stets aktiven Männersuchradar unsichtbar machen will.

Im Märchen wedelt der Prinz auch nicht mit seiner Krone, um auf sich aufmerksam zu machen. Er verschleiert nach außen hin seine wahre Identität, denn nur so kann er herausfinden, ob die Liebe der

Königstochter nur seinem Status oder doch seiner Person gilt. Er trägt eine glibberige Froschhaut, so dass sie ihn nicht auf Anhieb erkennt, ja sich sogar vor ihm ekelt. Wie wird sie reagieren? Kann sie sich und damit die Klischeevorstellung überwinden, dass nur da Prinz drinsteckt, wo außen Prinz draufsteht? Küsst sie mich oder schmeißt sie mich an die Wand? Das ist sein Test.

Draußen, im realen Leben, setzt er ein unterwürfiges Lächeln auf. Und wenn er nicht gestorben ist, kann er schwarz werden, bevor eine Frau seine wahre Natur erkennt.

Was hat er davon?

Er kann in aller Ruhe seine CD-Sammlung pflegen.

Treffsicher in die Katastrophe

Unter den Männern aus diesen beiden Lagern, den Abgreifern und den Underdogs, versuchen nun die Solo-Frauen von heute, ihren Partner fürs Leben zu rekrutieren – Solo-Frauen wie Karin, Bärbel, Petra. Sie gehen ins Internet, schreiben und beantworten Kontaktanzeigen oder begeben sich direkt auf die »Piste« und grasen die einschlägigen Single-Treffs, Szene-Bars, Ü-30- und Fisch-sucht-Fahrrad-Partys ab.

Warum sie ausgerechnet dort suchen?

Weil es doch heutzutage kaum noch andere Möglichkeiten gibt, jemanden kennen zu lernen.

Und was ist mit den traditionellen Jagdrevieren? Mit dem Baumarkt, dem PC-Kurs, dem Museumscafé, der Kunstgalerie, dem Supermarkt, der Tankstelle, der Automobilmesse, dem Fußballstadion, der Kantine, dem Golfplatz, der Tennisbar, dem Oldtimerklub, der Drachenfliegerschule, dem Presseball, der Karnevalssitzung, der Skigymnastikgruppe, dem Kegelklub, dem Sportverein, der Volkshochschule, der Wandergruppe, dem Parteitag, der Bilderauktion, dem Pferderennplatz, dem Kirchenchor, dem Jazzorchester, der Antiglobalisierungsdemo, der Gewerkschaftssitzung, dem Taubenzüchterkongress, der Bootsmesse, dem Betriebsausflug?

Laufen da nicht auch jede Menge freie Männchen herum?

Ja, schon.

Ist aber irgendwie umständlich. Bis man da mal jemanden gefunden hat! Frau hat schließlich noch anderes zu tun. Sie will nicht ewig auf den Mann fürs Leben warten. Da muss man schon ein bisschen zielgerichteter vorgehen. Optimal erscheint in dieser Hinsicht der neueste Schrei in Sachen organisierter Partnervermittlung, der – wie könnte es anders sein – über den Großen Teich zu uns herüberschwappte: Speed-Dating. Flirten im Minutentakt. Quadratisch. Praktisch. Gut?

Wie auch immer wir zu solchen Veranstaltungen stehen mögen, es lohnt sich, sich die Sache einmal näher anzuschauen, denn nirgends sehen wir in derart verdichteter Form, nach welchem Schema die meisten von uns bei der Partnerwahl vorgehen. Ob beim Fließband-Flirten oder auf offenem Gelände – das Prinzip ist so gut wie immer das gleiche.

Hier ist Bärbels Bericht:

»Es war nicht meine Idee, zu der Veranstaltung zu gehen. Petra hatte die Anzeige in der Zeitung entdeckt. Nein, echt. Ich hatte keine Lust auf so was. Aber dann haben mich die anderen doch überredet, mit ihnen hinzugehen und es mal auszuprobieren. Kann ja weiter nichts passieren, meinten sie. Deine Anonymität bleibt gewahrt und so setzt du schlimmstenfalls die 25 Euro Startgeld in den Sand. Für Annoncen haben wir da alle schon mehr ausgegeben. Und wer weiß, vielleicht begegnet eine von uns ja wirklich ihrem Idealmann …

Also Speed-Dating. Treffpunkt: ein Café in der Innenstadt. Insgesamt sind 36 Singles gekommen – außer Petra und Karin kenne ich niemanden. Die Konkurrenz? Die meisten eher klassisch gekleidet. Gut, dass ich auch nicht in Jeans erschienen bin. Hab mich im letzten Moment noch mal umentschieden. Ein paar sind ganz hübsch. Die meisten sind so wie wir nicht allein gekommen, sondern haben eine Freundin als Begleitschutz mitgebracht.

Erst mal gibt es Sekt, wohl um die Zunge zu lockern. Schließlich soll viel geredet werden an diesem Abend. Dann setzt die Veranstalterin ihr Fernseh-Moderatorinnen-Lächeln auf und erklärt die Spielregeln. Jede von uns kriegt einen Tisch zugewiesen, an dem sie der Reihe nach die Kandidaten empfängt. Die Männer wechseln nach dem Rotationsprinzip die Plätze und klappern auf diese Weise jede Einzelne von uns ab.

Partnerwechsel ist, sobald die Klingel ertönt. Alle sieben Minuten ist es so weit. Vollkommen ausreichend, meint die Dame. Es sei nämlich wissenschaftlich erwiesen, dass man nach der knapp bemessenen Frist genau wisse, ob die gegenseitigen Sympathien für einen gemeinsamen Kaffee, eine gemeinsame Nacht oder ein gemeinsames Leben reichen. Sich mehr Zeit zu nehmen, würde die Trefferquote nicht erhöhen und sei darum reine Zeitverschwendung. Schließlich wollten wir doch alle möglichst schnell zum Ziel kommen.

Während sie redet, schweift mein Blick in den männlichen Angebotsbereich hinüber. Und schon fange ich an auszusortieren. Eigentlich könnte ich gleich wieder gehen. Fertig. Das war's. Von denen will ich garantiert keinen. Die sehen doch aus wie von Mami zurechtgescheitelt. Bei dem Gedanken, das Defilee all dieser Typen über mich ergehen lassen zu müssen, verfinstert sich schlagartig meine Laune.

Wir kriegen einen Stimmzettel in die Hand gedrückt, auf dem wir unsere geheime Wahl treffen können. Für jeden Kandidaten ein nummeriertes Feld mit zwei Kreisen zum Ankreuzen: »Ja, will ich wiedersehen« oder »Nein, will ich nicht wiedersehen«. Nur wenn beide »ja« zueinander sagen, so wird uns versichert, werden am nächsten Tag die Telefonnummern weitergegeben.

Meine Kreuzchen stehen jetzt schon alle auf ›nein‹.

Dann geht es los.

Mann eins: Martin. Anzug und Krawatte. Gääähn!

›Hallo‹, sage ich.

›Bist du zum ersten Mal hier?‹, fragt er.

›Natürlich!‹ Was denkt der sich? Sehe ich etwa aus, als hätte ich es nötig, dauernd irgendwelche Single-Veranstaltungen abzuklappern?!

›Und was machst du so im Leben?‹

›Ich gehe einer geregelten Tätigkeit nach, wenn du das meinst.‹ Noch sechseinhalb Minuten.

›Und du?‹, frage ich der Höflichkeit halber zurück.

›Ich bin bei der Stadt. Im Bauamt.‹

›Aha. Und was hast du sonst noch Aufregendes zu berichten?‹

Ich fange an, mich an der Tischdekoration zu vergreifen. Schokoherzen in rosarotem Stanniolpapier.

›Ich bin Single.‹

›Was du nicht sagst.‹

Zäh schleppt sich unsere ›Konversation‹ voran. Ich stelle banale Fragen, er gibt banale Antworten. Mein Ton wird immer gereizter. Was soll das Ganze eigentlich?

Dann endlich kommt das erlösende Klingeling.

Auf einmal wird es laut im Saal. Alle reden plötzlich durcheinander. Eine Pause wäre jetzt schön, doch es gibt keine Gnade. Schon sitzt Mann zwei vor mir: Bernd. Ganz gut gebaut. Aber: Schnurrbartträger. Und Hektiker. Rutscht unruhig auf seinem Stuhl hin und her. Außerdem erinnert er mich irgendwie an Petras Ex und der war mehr als idiotisch.

Als er dann auch noch sagt, ich brauchte nicht nervös zu sein, er würde mich nicht beißen, bin ich kurz davor auszurasten.

›Na, hör mal‹, wehre ich entrüstet ab. ›Ich bin doch nicht nervös!‹

›Aber ich merke doch, wie aufgeregt du bist.‹

Ich schnappe nach Luft. Tief durchatmen, sage ich mir. Die Zeit ist ja gleich um. Dann siehst du den Typen nie wieder. Überlege mir, ob ich ihn mit ein paar gemeinen Fragen zu seinen sexuellen Vorlieben quälen soll, will aber nicht riskieren, dass er einen Herzinfarkt kriegt. Lieber ein unverfänglicheres Thema wählen. Wie wär's mit Haustieren? Und siehe da, er hat einen schwarzen Kater. Ich auch. Auf einmal wird er locker und fängt an, Stubentiger-Anekdoten zu erzählen. Er bringt mich zum Schmunzeln. Einmal muss ich sogar laut lachen. Trotzdem: Klingeling, Kreuzchen bei ›nein‹ und tschüss.

Weiter geht's. Kandidat drei, vier, fünf … Ich komme mir vor wie am Fließband. Immer kommt das gleiche Nullachtfünfzehn-Durchschnitts-Standard-Produkt vorbei. Und immer die gleichen Fragen. Job? Sternzeichen? Hobbys? Kinder? Ich habe Durst. Weiß nicht mehr, wem ich was erzählt habe. Ist sowieso egal, denn für den Nächsten ist immer alles neu.

Dann kommt Sven. Mann Nummer sieben. Den muss ich beim Scannen des Angebots echt übersehen haben. Endlich mal einer, der

Geschmack hat. Bestnoten im Optik-Check. Markenklamotten. Am Handgelenk eine Mondphasenuhr von A. Lange (!). Kohle hat er also auch. Und wunderschöne blaue Augen. Zum Dahinschmelzen.

›Hi‹, sagt er.

›Hi‹, gebe ich zurück. Versuche selbstsicher zu wirken, obwohl ich es auf einmal nicht mehr bin.

›Und was treibt dich zu so einer Veranstaltung?‹, will er wissen.

›Gute Frage … Bin mit zwei Freundinnen hier …‹

›Aber die kannst du doch loswerden, oder? Ich meine: Wir zwei könnten doch nachher was zusammen unternehmen, wenn der Spuk hier vorbei ist?‹

›Klar. Warum nicht?‹ Eigentlich hatten Karin, Petra und ich ja vor, den Abend bei mir zu Hause gemütlich ausklingen zu lassen. Die beiden wollten bei mir übernachten, haben schon ihre Sachen bei mir in der Wohnung deponiert. Aber egal. Das hier geht vor.

Ich höre nicht, wie es klingelt. Fertige ungeduldig Nummer acht und neun ab. Kaum ertönt die Glocke, hechte ich zu Petra und Karin hinüber, um sie auszuladen. Begeistert sind sie nicht. Aber neugierig schon. Wer? Sven? Der! Echt?!

Unruhig schaue ich mich um. Ob er wirklich noch einmal auftaucht? Oder hat er sich klammheimlich verdünnisiert? Aber nein. Da drüben steht er. Er lächelt mich an …

Ich habe tatsächlich den Abend mit ihm verbracht. Und eigentlich dürfte ich es niemandem erzählen: Als er mich nach Hause brachte, nahm ich ihn »auf einen Kaffee« mit zu mir hoch. Natürlich landeten wir im Bett. Als ich am nächsten Morgen aufwachte, war er schon gegangen. Keine Nachricht, keine Spur von ihm …

Wo ist das Problem?, beruhigte ich mich. Du kriegst seine Nummer sowieso von der Dating-Agentur. Doch als ich dort anrief, bedauerte man sehr. Leider sei nichts für mich dabei. Sven hatte ›nein‹ angekreuzt. Für einmal Sex hatte die Sympathie gereicht. Für einmal Kaffeetrinken nicht.

Neun Kandidaten standen zur Wahl. Und ich habe wieder einmal zielgerecht in die Scheiße gegriffen.

Den Code geknackt

Hätte Ihnen genauso passieren können, oder? Pleiten wie diese haben System. Schauen wir uns den Bericht doch noch einmal genauer an:

Noch bevor Bärbel richtig zu erzählen beginnt, entschuldigt sie sich schon dafür, dass sie überhaupt zu einer Single-Veranstaltung geht. Typisch, nicht wahr? Klar, sie lebt allein und wünscht sich nichts sehnlicher als einen Mann zum Verlieben. Auch weiß sie sich in bester Gesellschaft: Tausende anderer Alleinlebender verlassen sich inzwischen bei ihrer Suche nach dem großen Glück auf die modernen Formen des organisierten Datings. Begrifflich ist das Ganze mittlerweile ebenfalls so entstaubt, dass das Bekenntnis zur Teilnahme alles andere als ehrenrührig erscheint. Heiratsannoncen heißen jetzt Kontaktanzeigen, der Ball der einsamen Herzen ist zur Ü-30-Party geworden und die gute alte Heiratsvermittlung findet sich als Internet-Dating oder Partnerbörse im World Wide Web wieder. Es gibt »flirt events« und »guided tours« durch Szene-Bars, Blind Dates und »Schnuppergolfen – for singles only«. So klingen doch keine Angebote für schwer Vermittelbare!

Aber die Marketingstrategen der Kuppel-Agenturen mögen sich noch so viel Mühe geben und noch so wohlklingende Namen erfinden, der unfreiwillig allein Lebende selbst setzt den Begriff insgeheim mit Versager gleich. Solo sein heißt, keine Partnerschaft auf die Reihe zu kriegen; heißt, einen Korb nach dem anderen zu kassieren; heißt, abgelehnt zu werden; heißt, anders, nein: schlechter zu sein als die anderen.

Singles sind wie Touristen: Sie möchten nicht mit dem Sammelbegriff in Verbindung gebracht werden. Auch wenn er selbst mit Fotoapparat und Sonnenhut, Khaki-Shorts und Leisetretern ausgerüstet ist – der deutsche Urlauber, der auf sich hält, versichert, dass er ganz anders reist. Ihn zieht es nur in jene Gegenden, die noch nicht »touristisch überlaufen« sind. Dazuzugehören ist irgendwie peinlich. Erkannt zu werden, erst recht.

Also gut. Bärbel geht zum Speed-Dating. Aber es soll bloß keiner glauben, dass sie es nötig hätte! Sie macht es einzig und allein um der

Unterhaltung willen, sie wird da sowieso niemanden treffen, der infrage käme.

Wobei … Wenn's doch klappen würde …

Allein bei dem Gedanken krampft sich ihr Magen wie vor einer Prüfung zusammen. Lieber nicht darüber nachdenken. (Irgendwie erinnert Bärbel an eine Siebtklässlerin, die fürchtet, eine schlechten Note für die Mathearbeit zu bekommen. Um sich emotional zu wappnen, zuckt sie vorsorglich die Achseln und verkündet: »Ich krieg sowieso eine Sechs!«) Ihren Widerwillen und ihre Unsicherheit kaschiert sie hinter einem geschäftsmäßigen Outfit und betont lockeren Auftreten. Damit es nicht zum Super-GAU der Erniedrigung kommt und sie allein auf dem Bänkchen sitzen bleibt, nimmt sie ihre Freundinnen mit. Und aus Angst vor Verletzungen fährt sie schon mal vorsichtshalber alle Stacheln aus. Optimale Voraussetzungen, um einen Menschen kennen zu lernen, finden Sie nicht?

Derart gepanzert begibt sie sich an den Ort des Geschehens. Noch während die Spielregeln erklärt werden, prüft sie das »Angebot« und weiß, was sie schon vorher wusste. Keiner dabei! (Nichts wie weg hier!) Sieben Minuten braucht der Mensch für den spontanen Sympathie-Check? Warum so lange? Ob einer für sie infrage kommt, sieht sie auf den ersten Blick und aus zehn Metern Entfernung!

Und dann das Defilee der Kandidaten. Mit großen Hoffnungen angetreten und doch schon vor der Prüfung durchgefallen. Was nützt es ihnen, den Anzug aus dem Schrank geholt, ihr bestes Hemd gebügelt und ihre Schuhe auf Hochglanz poliert zu haben? Sie haben keine Chance.

Weil Bärbel wie jeder andere Mensch »fremdelt«, wenn sie sich mit einem Unbekannten unterhalten soll.

Weil Bärbel sowieso keinen Bock auf das Ganze hat.

Weil Bärbel (sich) viel zu schade für diesen Singlebörsentourismus ist.

Weil Bärbel etwas Besseres verdient hat, als sich mit dem »Nullachtfünfzehn-Durchschnitts-Standard-Produkt« abzugeben.

Weil Bärbel eine Prinzessin ist.

Toll, welche Macht sie hat! Es liegt an ihr, den Daumen zu heben oder zu senken. Sie senkt ihn gern, denn wer kann ihr schon das Wasser reichen? Wie sich die Typen dabei fühlen? Ist doch egal! Es fragt ja schließlich auch niemand, wie es ihr dabei geht.

Sicher – nicht jeder Mann, der uns an einem solchen oder ähnlichen Abend begegnet, ist der Superknüller, der uns spontan vom Hocker reißt. Es mögen Langweiler darunter sein, Großkotze, Besserwisser, Vollidioten ... Aber sind wirklich alle unmöglich? Haben sie wirklich alle eine solche Behandlung verdient?

Dass Martin genau wie Bärbel den ganzen Tag hin und her überlegt hat, was er anziehen soll, interessiert sie nicht. Sie hat keinen blassen Schimmer davon, dass er zwar im Bauamt hockt, aber spannende Interessen hat. (Martin ist Sporttaucher, Fotograf, Musikliebhaber und Hobbykoch.) Sein einziger Fehler: Er bringt in der Gegenwart einer fremden – zumal ihn kritisch beäugenden – Frau einfach nicht das Maul auf.

Und Bernd? Der schwarze Kater mag, genau wie Bärbel? Fällt durch, weil er nervös ist, und das kann Bärbel (bei anderen) nicht ausstehen. Bernd ist immer nervös in solchen Situationen. Die Veranstalter mögen vom Flirten reden, das klingt so schön prickelnd. Für ihn fühlt sich das Ganze an wie ein Bewerbungsgespräch. Ein mulmiges Gefühl. Nach einem solchen Abend ist er klatschnass geschwitzt und völlig erledigt. Er gehört eben nicht zu jener Sorte Mensch, die in Prüfungssituationen zur Höchstform auflaufen. Und damit steht er nicht allein da.

»Kein Durchschnittstyp« lautet die Forderung in jeder zweiten Kontaktanzeige. Klar. Wer gibt sich schon gern mit dem Mittelmaß zufrieden? (Obwohl ich mich schon manchmal frage, woher wir Frauen die Überzeugung nehmen, solche Highflyer zu sein, dass uns kein »normaler« Mann ebenbürtig scheint.) Nun seien Sie mal auf Teufel komm raus »kein Durchschnittstyp«. Da ist jeder um Originalität bemüht. Krampfhaft bemüht. Und wirkt entsprechend hölzern.

Und dann kommt so ein Blender daher. Sein Vorteil: Er kennt den Code, der Frauenherzen knackt. Er erfüllt exakt das Klischee, das wir in unseren Köpfen haben, und präsentiert uns haargenau die Attribute, auf die wir anspringen: modisches Äußeres, Statussymbol am Handgelenk, charmanter Blick und forsches Auftreten. Er erzählt nichts über sich, dreht den Spieß einfach um und verlangt in der ersten Minute, dass wir uns über alle Spielregeln hinwegsetzen und unsere Pläne komplett über den Haufen werfen. Was ist unsere Reaktion? Wir sind begeistert, vergessen all unsere Prinzipien und glauben sofort an die eine, wahre, große, lebenslange Liebe.Jaaaaaa!

Gib's mir!

Fahr mit mir nach Haus!

Komm in mein Bett!

Wie naiv sind wir eigentlich?

Perfekte Außenwirkung

Wie war das noch mit der darwinistischen Auslese? Wer als Mann auf der Piste überleben und bei den typischen Kuppel-Events und -Partys vor uns Frauen bestehen will, muss in die Rolle des charmanten Eroberers schlüpfen. So schnell sind wir mit unseren Vorverurteilungen bei der Hand, dass nur der zum Zuge kommt, dem es gelingt, uns zu überrumpeln, noch bevor unser Hirn zu rattern und zu sieben beginnt. Wenn wir ihn sehen, müssen wir auf der Stelle wie vom Donner gerührt sein. Der Blitz muss einschlagen!

Zack!!!

Der und kein anderer!

(Wir nennen das »Liebe auf den ersten Blick«.)

Wer als Mann dagegen ehrlich ist und seine Unsicherheit und Anspannung erkennen lässt, hat keine Chance. Wer nicht aussieht wie aus dem Journal: dito. Wem nicht sofort der absolut geistreiche, witzige, lockere Spruch von den Lippen fließt, auch. Den buttern wir unter, den machen wir fertig, den bürsten wir ab.

Wir Frauen sind schon merkwürdige Wesen. Den paar wenigen Männern, bei denen wir garantiert unter ferner liefen rangieren, machen wir es geradezu unglaublich leicht. So sehr sind wir erpicht darauf, das vermeintliche Prachtexemplar an Land zu ziehen, dass wir all unsere Prinzipien über Bord werfen. Und unseren Verstand gleich hinterher. Wie gebannt lauschen wir auf jedes seiner Worte und tun brav, was man(n) uns sagt. Wir machen sagenhafte Konzessionen, ohne dass wir es überhaupt bemerken. Denn wir brauchen ihn einfach, den Supermann. Wenn wir IHN an Land ziehen könnten, wären wir endlich wer – dann wären wir endlich der Normalität, der Alltäglichkeit, der Mittelmäßigkeit unseres Lebens enthoben. Wie war das noch mit dem Prinzen im Märchen? Er legt seiner Braut sein Reich zu Füßen. Genau darauf spekulieren wir. Wenn ER es täte, wären wir endlich die Queen – vor den Augen der Welt wie vor uns selbst.

Dass ich »wir« und nicht »Sie« schreibe, hat einen guten Grund: Ich kann mich hier (leider!) nicht ausnehmen. Vor kurzem ist mir beim Durchforsten einer Schachtel mit alten Erinnerungsfotos ein Bild in die Hände gefallen, das mir einen echten Schock versetzte. Es zeigt mich neben genau so einem Kerl. Vor ein paar Jahren hätte ich für ihn mein letztes Hemd gegeben. Er in Platz-da-jetzt-komm-ich-Pose. Und ich? Ich schaue mit großen Kulleraugen zu ihm auf. Ergeben, unterwürfig, demutsvoll. Absolut dämlich. Der Typ beutete mich (zum Glück nicht erotisch, sondern »nur« arbeitsmäßig und emotional) schamlos aus und ließ mich dann fallen wie eine heiße Kartoffel.

Sie haben eine ähnliche Geschichte zu erzählen? Sehen Sie. Also bleiben wir beim »Wir«. Wenn wir gefügig sind, so hoffen wir, können wir ihn für uns gewinnen. Dann muss er doch merken, was er an uns hat. Dann muss er doch bei uns bleiben. Andererseits machen wir es all den anderen Männern, die wir (vielleicht) haben könnten, unendlich schwer. Wir geben uns keinerlei Mühe, sie überhaupt zur Kenntnis zu nehmen, und stellen so hohe Hürden auf, dass sie nicht einmal auf normale Kontaktdistanz an uns herankommen. Versucht einer dennoch, uns Avancen zu machen, bügeln wir ihn rücksichtslos ab. Verpiss dich!

Mit so einem Mann an der Seite lässt sich kein Staat machen. Da färbt kein Glamour auf uns ab. Er ist ein kleines Licht, so wie wir auch, und keine Sonne, deren Glanz auf uns abstrahlt. Wenn wir neben ihm leuchten wollten, müssten wir selber strahlen. Und das … das trauen wir uns schlichtweg nicht zu. So machen wir weiter wie bisher: nach oben buckeln, nach unten treten. Und treten können wir gut.

Vergessen sind all die vielen Situationen, in denen unser eigenes Selbstbewusstsein locker in einen Fingerhut gepasst hätte. Vergessen, wie weh es tut, zurückgewiesen zu werden. Vergessen auch, dass wir eigentlich großen Wert auf Eigenschaften wie Verantwortungsbewusstsein, Vertrauenswürdigkeit, Treue, Respekt und Sensibilität legen wollten.

Sie wünschen sich den Mann mit der perfekten Außenwirkung? Können Sie kriegen! Wir hätten da den Frauenhelden, den Womanizer, den Schürzenjäger, den Casanova, den Don Juan, den Herzensbrecher und den Playboy. Suchen Sie sich einen aus. Aber erwarten Sie nicht, dass er Sie zum Traualtar führt und sich zum perfekten Gatten mausert; dass er ein Kind mit Ihnen zeugt <u>und</u> danach den Superdaddy spielt; dass er eines Tages leicht ergraut als braver Schluffen neben Ihnen auf dem Sofa sitzt und Lindenstraße mit Ihnen guckt.

Das Programm hat er nicht drauf.

Das ist ihm im darwinistischen Ausleseprozess abhanden gekommen.

Und was haben wir verloren?

Gut ist nicht gut genug

Wie Frauen sich aus Angst vor Männern hinter einer Mauer von Ansprüchen verschanzen und sich dann beschweren, dass es keine echten Prinzen mehr gibt

Sonntagmorgen. Zeit, um in aller Ruhe die Wochenendbeilage der Zeitung zu studieren. Wie üblich bleibe ich erst mal bei den Kontaktanzeigen hängen. Unter »Sie sucht ihn« sucht eine Frau, die weiß, was sie will:

»Ich bin so leicht glücklich zu machen. Brauche bloß einen reichen, kultivierten, gut aussehenden Mann mit dem gewissen Etwas und breiten Schultern zum Anlehnen, der mich auf Händen trägt und mich so nimmt, wie ich bin. Wer zaubert das Strahlen wieder in meine Augen?«

Während ich mich wundere, wie viele Ölmagnaten im Dressman-Look wohl auf diese Annonce antworten werden, blättere ich weiter. Wie anders klingt da die Geschichte von Christa. »Nur ein Mann kann sie retten«, lautet die Überschrift (ich lese wohlgemerkt nicht *Bild der Frau*). Im Untertitel erfahre ich: Seit 14 Jahren ist sie allein und sehnt sich nach einer Beziehung. Sie würde beinahe jeden nehmen …

Jeden? Fast jeden

Nach außen hin, meint Christa, würde man ihr ihre Verzweiflung kaum anmerken, zumindest nicht auf den ersten Blick. Sie ist gepflegt und hat eine gute Figur, färbt sich das Haar und verlässt das Haus nie ohne Make-up. Doch verzweifelt ist sie. Als 56-Jährige fürchtet sie, in ein paar Jahren als Frau verschwunden zu sein – ohne Chance, je einen Mann abzukriegen. Der Gedanke, für immer allein zu bleiben, ist ihr unerträglich.

Sogar eine mittelmäßige Ehe würde sie dem Alleinsein vorziehen. Und sie weiß, wovon sie redet, denn sie war schon verheiratet. Es war wahrlich nicht die große Liebe. Ihr Mann war alles andere als ein Adonis, wurde irgendwann dick und zog sich eine grüne Polyacryl-Strickjacke an. Trotzdem fand er eine andere und ließ sie sitzen. Sie trauert noch immer um ihn.

Zuerst hockte sie zu Hause und hoffte, er käme doch noch zurück. Schließlich gab sie auf. Um die Leere zu füllen, schloss sie sich einer Selbsthilfegruppe an, aber eigentlich liegen ihr die Leute dort nicht. Alles Loser, findet sie. Und viel zu alt: »Wenn man nicht aufpasst, sitzt man mitten unter Senioren.«

Auf der Suche nach einem neuen Mann fürs Leben gibt Christa Annoncen auf, und manchmal trifft sie sich mit jemandem. Nach Hause aber nimmt sie keinen mit, damit die Nachbarn nicht reden. Das will sie auf keinen Fall. Nur einmal, vor sechs Jahren, machte sie eine Ausnahme. Der Mann hieß Klaus. Wenn sie von ihm erzählt, gerät sie noch immer ins Schwärmen. Dabei war er rein äußerlich nicht unbedingt ihr Typ, nur ein paar Zentimeter größer als sie. Aber er hatte Ausstrahlung und gute Manieren, konnte zuhören wie kaum einer vorher. Nie hatte sie jemand so aufmerksam behandelt.

Zu ihrer ersten Verabredung holte er sie in einem schwarzen BMW ab. (Da hatten die Nachbarn was zu gucken!) Sie machten einen Ausflug ins Grüne, er lud sie zum Essen ein. Als der Kellner mit der Rechnung kam und er just in diesem Augenblick bemerkte, dass er sein Portemonnaie vergessen hatte, stutzte sie kurz. Dann zahlte sie. Der Rest des Abends: auf Wolke sieben. Er sagte Christa, wie schön sie sei. Und dass er auf dem besten Wege sei, sich in sie zu verlieben.

Wie sehr sie es genoss, im dicken Auto bei ihrer Mutter und ihrer Schwester (die sonst immer die Nase vorn hat) vorzufahren und ihre Eroberung zu präsentieren. So einen Mann hätten sie ihr nicht zugetraut. Christa feiert den Tag noch heute als ihren größten Sieg.

Um Klaus zu binden, kaufte sie sich teure Wäsche. Auch wenn er manchmal tage- oder gar wochenlang abtauchte, beschwerte sie sich nie. Sie las ihm jeden Wunsch von den Augen ab. Und als er dann von Heirat sprach und davon, gemeinsam ein Haus zu bauen, machte sie ihr ganzes Erspartes locker.

Das Geld ist weg.

Die Erinnerung bleibt.

Klaus war ein guter Liebhaber. Er fuhr einen schwarzen BMW. Und wenn er zurückkäme, würde sie ihn nicht wegschicken. Auch heute nicht.

Christa ist einsam. Ihre Situation kotzt sie an. An ihren Freundinnen lässt sie kein gutes Haar. Was sie an ihnen so verabscheut? Dass sie genauso einsam sind wie sie selbst. Sie trifft sich mit ihnen nur, »weil Langeweile erträglicher als Einsamkeit ist«. Wenn sie einen Mann hätte, hätte sie Besseres zu tun, als sich die Probleme anderer Frauen anzuhören.

Manchmal spürt sie unvermittelt Wut in sich aufsteigen, hat größte Lust, auf offener Straße wildfremde Passanten anzuschreien. Zu Hause setzt ihr die Stille so sehr zu, dass sie in Lethargie verfällt. Sie kann sich zu nichts aufraffen, hat aufgehört, ihre Wohnung aufzuräumen. Überall türmen sich Zeitungsberge, Tüten voller Kleiderbügel, alte Blumentöpfe für den Garten … Sie hat keinen Mann zum Festhalten und so hält sie sich an Krimskrams fest.

Und dann der Anruf: ein Mann aus der Selbsthilfegruppe. Er will sie ins Musical einladen. Hat die Karten bei einem Gewinnspiel im Radio gewonnen. Sie sagt zu, aber ohne sich etwas von dem Abend zu versprechen. Der Kerl ist arbeitslos wie sie selbst. Ein Verlierer ohne Perspektive. Das ist doch kein Mann! Hätte er die Tickets nicht gratis bekommen, hätte er sie sich nie leisten können.

Christa wartet auf einen wie Klaus. Einer, zu dem sie aufschauen kann. Einer, der sie vor dem Müll in ihrer Wohnung rettet.

Ein Held.

Ein Ritter.

Einer mit einem BMW.

Es müsste gar kein schwarzer sein.

Ein silberner täte es auch …

Eine Frau macht keine Kompromisse

Christa, der Inbegriff der genügsamen Frau? Immerhin eine, die sich bereitwillig mit einem faden, fülligen Gatten im Bauernfrack arrangiert hätte, wenn er denn geblieben wäre. Eine, die sich nicht zu schade ist, einem Abzocker wie Klaus erst die Füße zu küssen und ihm dann auch noch jahrelang nachzuweinen. Eine, die von sich sagt, dass sie jeden nehmen würde, um ihrer Einsamkeit zu entkommen.

Fast jeden.

Zumindest so einen wie Klaus. Genau genommen muss Christas Kandidat nämlich schon gewissen Profilanforderungen genügen, um bei ihr landen zu können:

- Er muss Ausstrahlung haben.
- Er muss sich zu benehmen wissen.
- Er muss ein Meister im Zuhören sein.
- Er muss sie mit ausgesuchter Aufmerksamkeit behandeln.
- Er muss ein guter Liebhaber sein.
- Er muss positiv sein.
- Sie muss zu ihm aufschauen können.
- Er muss eine stattliche Erscheinung sein.

Sie muss Staat machen können mit ihm. Nachbarn, Mutter und Schwester soll bei seinem Anblick der Mund offen stehen bleiben. Wenn die generelle Außenwirkung stimmt, nimmt sie sogar gewisse optische Mängel in Kauf. Über mangelnde Körpergröße zum Beispiel sieht sie da großzügig hinweg. Auch weiß Christa genau, was sie nicht will: einen Kerl wie den aus der Selbsthilfegruppe. So gut wie jeder wäre ihr recht, aber so tief will sie nun auch wieder nicht sinken. Sein Manko? Ist er ihr schrecklich unsympathisch oder abgrundtief hässlich? Riecht er aus dem Mund oder langweilt er sie zu Tode? Nein. Er hat zurzeit keinen Job. Und ist damit ein Loser, für immer. Das macht sich gar nicht gut in Christas Dunstkreis.

Was sie sich wünscht, ist etwas anderes: Sie will einen Mann, dessen glänzende Erscheinung den trüb gewordenen Reflektor ihres Selbstbewusstseins aufpoliert. Ein Low-Budget-Typ käme da niemals infrage. Man stelle sich nur vor: Christa (selbst arbeitslos, finanziell und emotional ausgeplündert, depressiv, lethargisch, unfähig ihren eigenen Alltag zu regeln) vor aller Augen Arm in Arm mit einem Loser … So tief könnte Christa gar nicht sinken!

Ein kleines Experiment

Die Geschichte von Christa mag krass sein. Nicht jede Single-Frau versackt in einem derart tiefen Tal der Trostlosigkeit; nicht jede lässt sich nach Heiratsschwindlermanier einseifen und ausbeuten. Nicht jede wird (zum Glück!) so hart vom Schicksal gebeutelt.

Und trotzdem …

Wir haben doch alle unsere Leichen im Keller. Wir haben alle unsere Enttäuschungen hinter uns. Und wir haben alle gewisse Ansprüche. Wir sind prinzipientreu und konsequent und eisern – wenn es um den Traummann geht. »Gott, schick mir einen Mann. Aber bitte keinen rothaarigen«, habe ich einmal auf einem Zettel gelesen, der an die Bittwand einer Wallfahrtskirche geheftet war. Ohne Einschränkungen geht's wohl bei keiner Frau. Lauthals singen wir mit, wenn uns aus dem Radio Shania Twains Song entgegenträllert: *That don't impress me much!* Weltraumwissenschaftler? Brad Pitt persönlich? Na, wennschon!

»So you got the looks
but have you got the touch?«

Irgendwas fehlt immer.

Und wie sieht es bei Ihnen aus? Wie muss ein Mann sein, was muss er zu bieten haben, um Ihnen zu imponieren? Oder gehören Sie etwa zu jenen Frauen, bei denen keiner einen Blumentopf gewinnen kann – zu den Frauen, die sich in einen himmelhohen Turm aus lauter Ansprüchen eingemauert haben, damit nur ja keiner an sie herankommt? Wäre immerhin eine Möglichkeit, denn es wäre schon ein ziemlich mulmiges Gefühl, wenn ER auf einmal vor Ihnen stünde und uneingeschränkt ja zu Ihnen sagen würde. Aber keine Angst: Bevor es so weit kommt, muss jeder Bewerber den Rost passieren, der Sie vor der Außenwelt schützt. Fällt er hindurch, können Sie Entwarnung geben. Den Hebel für den Rüttelmechanismus haben Sie selbst in der Hand.

Sie können also ruhigen Herzens das folgende Experiment machen. Es dauert nur ein paar Minuten:

Lassen Sie alle Männer im paarungsfähigen Alter, die Ihnen spontan einfallen, Revue passieren – egal, ob jung oder alt, arm oder reich, eng befreundet oder vage bekannt. Einzige Bedingung: Die Jungs müssen nicht nur auf dem Markt verfügbar, sondern auch für Sie persönlich erreichbar sein. (Brad Pitt, ade!) Reihen Sie einen neben dem anderen vor Ihrem geistigen Auge auf. Nicht so zögerlich. Wir sind noch in der Nominierungsphase; noch ist alles ganz unverbindlich. Erst beim zweiten Schritt wird's ernst: Stellen Sie sich vor, Sie könnten sich spontan einen von ihnen aussuchen und mit nach Hause nehmen. Ja, mehr noch: Der Standesbeamte stünde schon bereit, die weiße Hochzeitslimousine auch. Ein Sponsor hätte sogar einen Gutschein für eine zweiwöchige Honeymoon-Reise in den Topf geworfen, *all inclusive*, versteht sich.

Okay. Es kann losgehen.

Wahl getroffen?

Ich weiß, ich weiß. Ist ganz schön gemein, dieses »für Sie persönlich erreichbar«. Da scheiden nicht nur Hollywoodgrößen à la George Clooney aus. Auch manch anderer, sehr viel realerer Mann bleibt außen vor: Entweder er liebt eine andere; oder Sie sind nicht sein Typ; oder er wohnt in Kiel und Sie in München; oder, oder, oder ...

Und die anderen?

Nun, ja ...

Da ist Peter. Etwas zu füllig; hat außerdem Haare auf den Handrücken.

Jimmy: Engländer; niedlicher Akzent; eigentlich ganz charmant; aber sorry, ich stehe nicht auf Hunde. Und er hat so ein zotteliges Riesenvieh.

Maximilian: Ein Milchgesicht; hat keinen Geschmack bei der Kleiderwahl.

Jürgen: Der Oberhektiker; hat dauernd das Handy am Ohr und hört nie richtig zu.

Bernd: Eigentlich ganz nett; redet aber zu viel und hat nicht ganz unter Kontrolle, wohin dabei die Spucketröpfchen fliegen.

Paul: Total unterhaltsam, kann supergut zuhören; ist aber nur 1,65 groß und wiegt 95 Kilo!

Michael: Das Aussehen stimmt (abgesehen von dem abgebrochenen Eckchen am rechten Schneidezahn, das er dringend reparieren lassen sollte); wahrscheinlich verdient er auch nicht schlecht; aber er hat so einen Touch von Besserwisserei.

Also lieber nicht!

Rütteln Sie ruhig weiter am Rost. Es werden noch eine Menge Aspiranten hindurchfallen. Es ist ja auch viel sicherer so.

Das ultimative Modell

Außerdem haben Sie doch Zeit ... Vorbei ist die Ära, da eine Frau bis Anfang zwanzig unter der Haube sein musste, um nicht als spätes Mädchen gehandelt zu werden. Kaum war früher das heiratsfähige Alter erreicht, machten die Eltern Druck, um nicht auf der Tochter »sitzen zu bleiben« (sprich: sie finanziell durchschleppen zu müssen).

Seit wir keinen Ernährer mehr brauchen, sondern ganz gut allein für uns sorgen können, sind solche Zwänge entfallen. Jetzt können wir das Männer-Angebot in aller Ruhe sichten. Wir können vergleichen und dank lockerer Moralvorstellungen sogar die einzelnen Bewerber im Praxisversuch testen. Das erweitert den Horizont und mehrt den Erfahrungsschatz.

Eigentlich eine großartige Sache. Andererseits: Wer die Wahl hat, hat die Qual. Es ist wie beim Schuhekaufen. Wenn wir vor den Regalen stehen, wissen wir nicht, für welches Paar wir uns entscheiden sollen. Manche sind ja ganz nett, aber so hundertprozentig will uns keines gefallen. Wir sind auf der Suche nach dem ultimativen Modell für jede Gelegenheit, sportlich, aber nicht unelegant. Lässig, aber nicht schlampig. Edel, aber nicht spießig. Spitz und hochhackig, aber bequem. Die Farbe? Sollte zu allem passen, aber doch irgendwie ausgefallen sein. Und das Ganze nicht zu teuer. Wir sind ja kein Krösus. Zudem ist da noch die Angst: Wenn ich mich für ein Paar entscheide, ist das Geld weg. Was wäre, wenn ich im nächsten Laden ein noch umwerfenderes Modell fände? Genauso ist das mit den Kerlen. Lassen wir uns auf einen ein, sind wir besetzt. Und das könnten wir schon morgen bereuen.

An Männern herrscht kein Mangel – aber Männer fürs Leben (für den Lebensabschnitt)? Wir wüssten schon, was uns gefiele. Unser Auge ist geschult. Wenn er eines Tages vor uns stünde, würden wir ihn mit Sicherheit erkennen, den EINEN, WAHREN, GROSSEN. So tönen wir zumindest. In Wirklichkeit aber trägt Übung hier ausnahmsweise nicht zur Erleichterung der Sache bei. Je älter und erfahrener wir werden, desto kritischer werden wir auch. Und desto schwieriger wird das Unterfangen. Schließlich fallen uns mit jeder Beziehung, die zu Ende geht, mehr Dinge ein, die wir nie wieder erleben wollen:

Bloß keinen Fußballfan, denn der hängt während der Bundesliga-Saison jedes Wochenende vor dem Fernseher oder im Stadion rum (und kommt womöglich grölend mit einer Bierfahne nach Hause).

Keinen Mountainbiker, es sei denn, wir sind darauf aus, uns todesmutig über holprige Pfade mit halsbrecherischem Gefälle in den Abgrund zu stürzen (oder wahlweise die Freizeit allein zu verbringen).

Keinen Bastler, denn der läuft nach Feierabend (das heißt: immer, wenn wir mit ihm zusammen sind) in öl-/farb-/leimverschmierten Klamotten herum.

Keinen Sammler, denn der breitet in der ganzen Wohnung seinen (mehr oder weniger wertvollen) Schrott aus und verwandelt womöglich das Wohnzimmer in eine Märklin-Eisenbahnlandschaft.

Keinen frisch Getrennten, denn der hat zu viele Altlasten auf dem Buckel.

Und einen Verheirateten sowieso nicht, denn wer spielt schon gern die zweite Geige …

Woran es auch liegen mag – ob an Details oder Grundsatzfragen, an Äußerlichkeiten oder mangelnden inneren Werten – wir können keinen Mann so lassen, wie er ist. Immer finden wir irgendein Haar in der Suppe. Irgendetwas gibt es garantiert auszusetzen.

Bei all den vielen Einwänden, die ich in diesem Zusammenhang von Frauen gehört habe, frage ich mich manchmal, ob es wirklich die Männer sind, die sich nicht binden wollen. Lassen wir die Kerle etwa gar nicht erst nah genug an uns heran, um es herausfinden zu können?

Was wäre denn, wenn es wahr würde und wir unseren Traumprinzen fänden? Er bliebe genau so lange der Traumprinz, bis die rosarote Wolke sieben im grellen Licht der Wirklichkeit verdunstet ist. Und was wäre nach der Landung auf dem Boden der Tatsachen? Wo doch die Suche nach dem großen Glück bis dahin DIE Triebfeder unseres Lebens gewesen ist? Auf einmal wäre die Sehnsucht gestillt. Das

Glück wäre gefunden. Wir müssten Abschied nehmen von unseren Idealen – und endlich in der Realität ankommen.

Womit sollten wir dann unsere Tagträume füllen, wenn wir uns trotz Traummann einmal mies fühlen? Etwa mit einem neuen Prinzen? Ob unsere Fantasie das hergäbe? Eine zweite, ebenso fabelhafte Märchengestalt, die sich in unserem Geist formiert, während Nummer eins im grauen Alltag nach und nach verblasst? Dann könnten wir zwar weiterträumen, aber nicht mehr mit der gleichen Naivität wie zuvor. Wer einmal die schleichende Verflüchtigung einer Illusion erlebt hat, weiß, dass auch die nächste irgendwann auf ähnliche Weise vergeht.

Und dafür sollte man die oft beklagten, aber wunderbar eingefahrenen Gleise verlassen und im eigenen Leben Platz für Zweisamkeit schaffen? All die Unwägbarkeiten einer Partnerschaft in Kauf nehmen?

Verständlich, dass bei dieser Aussicht manch eine Suchende lieber am Rande stehen bleibt. Da braucht man sich wenigstens nicht zu entscheiden. Da läuft alles weiter wie gehabt. Sie tut zwar so, als würde sie mitspielen, sie hält Ausschau, testet, überlegt, verzehrt sich, verwirft ... Ja, zur Tarnung ist sie sogar besonders eifrig dabei. Aber wenn sie am Zug ist, dann passt sie.

Nein, danke.

Nicht jetzt.

Vielleicht später.

Ich will mir meine Träume noch bewahren.

Es sei denn, da käme einer daher, der mich vom Fleck weg nimmt, so wie ich bin. Der mich überrumpelt, so dass ich keine Zeit zum Nachdenken habe. Dann ginge ich vielleicht mit – weil er für mich entschieden hat.

Das Aschenputtel-Syndrom

Das Leben ist oft so trist, grau, öde und eintönig. Alle hacken auf uns herum. Keiner weiß unsere Arbeit so richtig zu würdigen. Die Routine im Job geht uns auf den Geist. Zu Hause hängt uns die Fron des Kochens, Putzens, Waschens, Bügelns zum Halse raus. Beim Anblick unseres Gehaltszettels kriegen wir die Krise, weil netto kaum was übrig bleibt. Und dann müssen wir die paar armseligen Kröten auch noch für Miete, Autoversicherung, Waschpulver, Mülltüten und Klopapier ausgeben, statt uns davon was Hübsches zu leisten.

Ist es ein Wunder, wenn wir uns ab und zu wie Aschenputtel fühlen? Wir, die vom Leben vernachlässigt nichts als Pflichten, aber keine Freuden kennen. Wer wollte es uns da verdenken, von einer guten Fee zu träumen, die uns mit einem gekonnten Streich ihres Zauberstabs das perfekte Outfit an den Leib hext und uns eine Luxuskarosse vor die Türe stellt, mit der wir standesgemäß bei Hofe vorfahren, wo er uns bereits entgegenblickt. Der Prinz wird Augen machen! Alltag, ade! Es lebe die Fantasie!

Ob im Märchen oder im Roman, im Musical oder in *Bunte*, *Gala* & Co., in der Fernsehschnulze oder dem Kinofilm – überall werden wir mit romantischen Bildern vom großen Glück bombardiert. Wir saugen sie auf wie ein Schwamm.

»Du hast nur das Beste verdient«, bläuen uns die Frauenzeitschriften ein. »Das Leben ist Glanz und Gloria.«

»Verkauf dich nicht unter Wert«, raten die Ratgeber.

»Du bist unwiderstehlich«, flötet die Werbung (vorausgesetzt, du nimmst das richtige Parfum).

In unserem Hirn kumulieren sich all diese Traumbilder zu einer einzigen großen Vision vom Super-Ich. So möchte ich gerne sein! Und irgendwann ist die Gehirnwäsche perfekt und wir wechseln das Lager. Auf einmal sitzen wir im Kino nicht mehr tatenlos auf der Zuschauerbank, sondern sind mittendrin im Leinwandgeschehen.

Wir sind es plötzlich, die in *Pretty Woman* statt Julia Roberts im schwarzen Abendkleid an der Bar sitzen, den Rücken zum Raum gewandt; und wenn wir uns umdrehen, ist Richard Gere ganz sprachlos vor Entzücken.

Wir schauen aus den Augen von Meryl Streep, wenn sie in *Jenseits von Afrika* in der milden Abendsonne den Kopf zurückneigt, um sich von Robert Redford die Haare waschen zu lassen.

Wir stecken in Juliette Binoches Körper, wenn sie sich in *Chocolat* in den Armen von Johnny Depp zu den Klängen der Zigeunergitarre wiegt.

Der große Star?
Nicht Meg Ryan.
Nicht Diane Keaton.
Nicht Michelle Pfeiffer.
Nicht Julia Roberts.
Wir!

Und draußen auf der Straße spricht uns dann ausgerechnet so ein Normalo an. Was bildet der sich eigentlich ein?! Wie kommt der überhaupt dazu?! Weiß der nicht, wen er da vor sich hat?

Verpiss dich, Junge.
Ich bin die Göttin.
Schaff du erst mal selbst den Sprung in den Olymp.

Zu Hause angekommen erschrecken wir über die fremde Frau, die uns aus dem Spiegel entgegenschaut. Was ist bloß mit unserer Frisur passiert? Woher kommen auf einmal die Runzeln an der Stirn? Was macht der Speck auf den Hüften? Heulend verkriechen wir uns ins Bett, unzufrieden mit der Außenhaut, in die wir da geraten sind. Warum sind wir nur so hässlich? Gleich am nächsten Morgen, geloben wir uns, soll alles besser werden. Wozu auf die Fee warten? Selbst ist die Frau! Noch vor dem Frühstück machen wir einen Termin bei der Faltensprechstunde (»Botox, Unterspritzung oder ein komplettes Lifting?«). Rennen in der Mittagspause zum Friseur. Ein ganz neuer Look für schlappe 120 Euro. (Das muss einfach sein …) Kaufen der überkandidelten Tussi im Marken-Shop einen sündhaft teuren Fummel ab. Und abends, auf dem Nachhauseweg, nehmen wir noch schnell aus dem Supermarkt die Zutaten für die Magic Soup mit nach Hause. Drei Kilo in fünf Tagen. Wir kriegen das schon hin! Das wäre doch gelacht!

Super! Gut gemacht! Zur Belohnung eine Tafel Schokolade. Und endlich Sofa-Zeit. Das Fernsehen bietet die nächste Romanze. Diesmal ist es ein Oldie. Diesmal sind wir Marilyn Monroe. Wir steigen auf einen Atlantikdampfer, verlieben uns in einen wunderbaren, stinkreichen Mann und singen aus voller Kehle: »Diamonds are a girl's best friend.«

Millionen von Frauen träumen mit uns den Aschenputtel-Traum. Armes Mädchen heiratet gut aussehenden Millionär. Je ungewisser die Zeiten, desto größer unsere Neigung, in schönen Illusionen von einem besseren Leben zu schwelgen. Und so verzeihen wir dem Kino jedes Klischee, Hauptsache, es bedient unsere romantischen Gefühle. Irgendwann, so schwören wir uns, wird es in unserem Leben eine ebenso perfekte Inszenierung geben. Wir haben das Finale des Films schon genau im Kopf: Hochzeit in Weiß. Wir natürlich in der Hauptrolle. Das Brautkleid, die Blumenmädchen, die Hochzeitskutsche (oder der Rolls-Royce), der festliche Empfang im Schlossgarten, natürlich bei strahlendem Wetter, alle unsere Freunde sind da, die Verwandtschaft ebenso, richtig in Schale haben sie sich geworfen, Kellner in Livree reichen Champagner und Finger-Food …

Das Drehbuch steht. Bleibt bloß noch die Frage, wer in unserem Film aller Filme die männliche Hauptrolle spielen soll. Wo alles perfekt ist, muss auch er perfekt sein. Gut ist nicht gut genug. Wie sähe denn das aus, wenn der Bräutigam zu klein, zu groß, zu füllig oder zu schmächtig wäre?

Die Erotik des Geldes

Genau genommen hat beim Casting nur der eine Chance, der besser/wichtiger/reicher ist als wir selbst. Schließlich sind wir Aschenputtel – und zu Höherem berufen. Da ist es seine Aufgabe, uns aus den Niederungen der Existenz emporzuheben. Dienstbote heiratet Dienstboten? Das ist nicht der Stoff, aus dem die Träume sind!

Je banaler, trostloser, einsamer unser Alltag, desto dringlicher wird unser Wunsch nach Erlösung. Und bei aller Träumerei – in einem Punkt sind wir durchaus realistisch: Wenn kein Wunder geschieht, werden wir mit dem, was uns unser Job einbringt, kaum jemals wirklich große Sprünge machen können. (Es sei denn, wir gehören zu dem verschwindend geringen Prozentsatz jener Frauen, die es zur Spitzenstellung mit stolzem Gehalt geschafft haben. Auf einem Posten, der nicht von Männern besetzt ist.) Wir kommen durch, mit dem, was wir verdienen. Wir haben eine Wohnung, ein Auto, einen durchschnittlich gefüllten Kleiderschrank, in den sich mit Glück vielleicht sogar ein Paar Gucci-Schuhe aus dem Secondhandladen verirrt hat. Für echten Luxus aber reicht es kaum. Fernreisen, teure

Möbel, edle Klamotten, noble Restaurants ... alles, was das Leben schön und erstrebenswert macht, können wir uns abschminken.

Es gibt im Prinzip nur zwei Chancen, der Misere zu entkommen: Lottogewinn oder kluge Heirat. Wenn wir einen Mann mit Vermögen an Land ziehen, haben wir berechtigte Hoffnung, irgendwann unsere mickrige Etagenwohnung gegen ein Häuschen – was heißt Häuschen? – gegen eine Villa im Grünen einzutauschen. Stimmt sein Einkommen, können wir H & M den Rücken kehren und uns endlich die Klamotten leisten, die uns wirklich stehen. Umso besser, wenn er noch dazu Rang und Namen hat, denn dann sind wir auf einmal wer.

Eine Strategie aus Großmutters Zeiten? Eine Frau von heute macht so was nicht? Wo steht das geschrieben? Hören Sie sich doch mal im Kreis Ihrer Freundinnen und Bekannten um. Wie viele unter ihnen glauben allen Ernstes an die große Liebe mit einem armen Schlucker? »Finanzielle Unabhängigkeit« (sprich: ein überdurchschnittliches Einkommen) steht nicht umsonst bei so vielen Kontaktanzeigen ganz oben auf der Wunschliste. Geld macht erotisch. Armut ist armselig.

Filme wie *Notting Hill*, in dem sich eine weltberühmte Schauspielerin in einen mittellosen Buchhändler verliebt, wirken irgendwie befremdlich. Dass Julia Roberts und Hugh Grant sich am Ende kriegen, ist ja nichts Neues. Aber die Story prallt an uns ab. Wir identifizieren uns nicht mit ihr. Bei aller Emanzipation: Das Märchen von Aschenputtel funktioniert nur in einer Richtung. Umgekehrt wirkt das Ganze unglaubwürdig und hohl. Welchen Grund sollte eine tolle Frau wie Julia Roberts haben, sich derart unter Wert zu verkaufen?

Wir wollen einen Mann, zu dem wir aufschauen können. Dazu muss er größer sein als wir selbst. Auch finanziell.

Perspektivenwechsel

Just an dieser Stelle kommt so ein Kandidat ins Bild. Auch er ist bis Oberkante Unterkiefer voll gefüttert mit Liebes-, Sex- und Werbebotschaften. Doch es sind weniger die romantischen Bilder vom trauten Glück, die sich in seinen Gehirnwindungen angereichert haben. Er spricht eher auf Potenzstimulierendes an: knackige Brüste, straffe

Leiber, aufgeworfene Lippen, schmachtende Blicke, welliges Blondinenhaar, Strapse, Lack und Leder. Die Mädels: ein einziges Versprechen.

Du kannst mich haben.

Ich bin dein.

Ruf mich an!

Und wenn er ehrlich ist: Sein Geschmack ist auch nicht ganz von dieser Welt. Britney Spears würde ihm schon besser gefallen als die Trude von nebenan. Oder die Hanne, die Maike, die Inge. Wenn er sie sieht, wie sie – Mitte vierzig, aufwändig gestylt und doch Normalfrau geblieben – zum Date erscheint, fällt er rückwärts um. Das soll seine Traumfrau sein?! Mit den Speckröllchen in der Taille? Den prallen Oberschenkeln? Dem strohigen Haar? Den Mini-Brüsten?

Er hat eine (wesentlich jüngere) Ausgabe von Sophia Loren erwartet. Oder von Raquel Welch. Und jetzt haben sie ihm eine solche Vertreterin geschickt?! Da muss irgendwas schief gelaufen sein ...

Männer sind bei der Partnerwahl sehr viel stärker auf äußere Reize fixiert als Frauen. Schon wir legen größten Wert darauf, dass ein Kandidat gut aussieht, aber wir ziehen immerhin noch andere Kriterien mit in Betracht. Ob sich jedoch ein Mann zu einer Frau hingezogen fühlt, entscheidet sich daran, ob sie für ihn »Appeal« hat. Sprich: ob sie ihm seinen ganz persönlichen erotischen Traum erfüllen kann.

Jeder hat da so seine Vorlieben und mit der Flut der Bilder sind die Wünsche spezifischer geworden. Der eine steht auf sonnengebräunte Haut, der andere mag es eher blass. Der eine möchte in üppigen Brüsten versinken, der andere liebt es androgyn. Der eine bevorzugt die Rubensschönheit, der andere die grazile Gazelle. Der eine fährt auf Naomi Campbell ab, der andere kriegt beim Claudia-Schiffer-Typ weiche Knie.

Natürlich muss auch Sympathie da sein, ein gewisses Maß an geistiger Übereinstimmung, gemeinsame Interessen ... Aber das kommt später. Wenn die Frau nicht körperlich stimulierend wirkt und er nicht »anspringt«, lohnt es sich für ihn kaum, nach Antworten auf solche Detailfragen zu suchen.

Er ist ein Jäger. Er will seinen Spaß haben. Und während wir auch heute – im 21. Jahrhundert und aller Emanzipation zum Trotz – noch immer von Brautschleiern und lebenslanger Romantik, von finanzieller Sicherheit und einer Schulter zum Anlehnen träumen (ach ja, ein bisschen Sex wäre auch ganz nett), hat er den genialen, alles übertreffenden Akt mit der perfekten Frau im Sinn. Hunderte, Tausende Male hat er ihn sich ausgemalt, alles an ihm ist voller gespannter Erwartung. Eines Tages ist es so weit. Garantiert!

Dennoch bleibt der Mann im Grunde seines Herzens Realist. Träume sind eines, sein Trieb fordert etwas anderes. Der Not gehorchend, wäre er sogar bereit, sich mit der zweiten Garde zu begnügen. Wenn ihm die dann aber auch noch mit zickigen Starallüren begegnet, wenn sie unpünktlich ist, ihn versetzt oder erst in drei Wochen einen Termin für ihn frei hat, kann er das überhaupt nicht nachvollziehen.

Nur so ein Beispiel

Nehmen wir Matthias. Er ist neununddreißig, 1,85 groß, durchtrainiert und durchaus »tageslichttauglich«, wie man so schön sagt. Er hat einen guten Job und ist von Haus aus nicht unvermögend, ist belesen, liebt gute Musik, plaudert niveauvoll, ist geistreich. Ein Mann, wie eine Frau ihn sich nur wünschen kann. Eigentlich müsste es doch klappen. Tut es aber nicht. Matthias ist frustriert. Gelegentlich zweifelt er auch an sich selbst. Was macht er bloß falsch? Trotzdem gibt er die Hoffnung nicht auf. Und dann passiert ihm das:

»Am Samstag vor zwei Wochen bin ich mal wieder in den Klub gefahren. War echt gut drauf, zumal ich den Abend vorher mit Loni verbracht hatte. Das ist so eine Freundin, halb platonisch. Wir verstehen uns echt gut, manchmal gehen wir auch zusammen ins Bett. Wirklich bestimmt sind wir zwar nicht füreinander, dazu sind wir viel zu verschieden. Außerdem ist sie fast zehn Jahre älter als ich. Aber so ein Abend mit ihr, darauf freue ich mich jedes Mal. Wir haben zusammen gekocht, viel erzählt. Und nachher war sie willig. Ich war also nicht ›notgeil‹, um es mal ganz drastisch zu formulieren.

Und wie es so ist: Wenn es dir gut geht, dann bleibst du nie lange allein. Es dauerte keine fünf Minuten, da stand Claudia bei mir. Erst schwirrte da noch so eine Freundin von ihr rum, aber die verzog sich irgendwann zu so einem Typ auf die andere Seite der Bar und wir waren allein.

Also Claudia. Hundertprozentig mein Fall war sie nicht. Ich würde sie auch nicht als im klassischen Sinne schön bezeichnen. Ganz gut hergerichtet, das schon. Und sie gab nicht bloß ein paar oberflächliche Sätze von sich, sondern erzählte mir einiges an Persönlichem. Sie hatte einen fünfjährigen Sohn, war also allein erziehend. Für mich kein Manko, im Gegenteil: Wenn eine Frau noch kein Kind hat, fängt bei ihr ab einem bestimmten Alter die biologische Uhr zu ticken an. Wenn du da selbst kein Kind in die Welt setzen willst, hast du ein Problem. Echt besser, wenn eine schon Mutter ist. Da steht das Thema nicht mehr so im Vordergrund.

Aber wie das bei Alleinerziehenden oft ist: Mit den Finanzen hatte Claudia echt zu knapsen. Sie wohnte irgendwo in der Pampa, weil die Mieten da billiger sind. Dreimal in der Woche arbeitete sie halbtags im Kaufhof – einfacher Weg zur Arbeit so etwa 50 Kilometer. Bei den Benzinpreisen dürfte da von ihrem Verkäuferinnengehalt nicht viel übrig geblieben sein.

Nachdem wir eine Weile geredet hatten, verschlug es uns auf die Tanzfläche und irgendwie kamen wir uns nahe. Auf einmal ging echt die Post ab und wir fingen ganz heiß zu knutschen an. Sie ging total mit. Und ich dachte: Wenn das mit Claudia nichts wird, dann versteh ich die Welt nicht mehr.

Als ich sie um ihre Telefonnummer bat, erzählte sie mir so eine Geschichte, von wegen neues Handy und sie wüsste die Nummer nicht auswendig. Ich solle ihr meine geben. Sie würde mich anrufen. Sie versprach es mir. Großes Ehrenwort.

Eine ganze Woche wartete ich. Nichts. Am Samstag darauf ging ich wieder in den Klub, und da sah ich sie – Hand in Hand mit einem anderen. Das klingt jetzt vielleicht lächerlich, aber für mich brach in dem Moment eine Welt zusammen. Es ist nicht das erste Mal, dass ich eine Abfuhr bekam. Aber diese Art …

Wer ist sie denn eigentlich? Eine nicht gerade überwältigend gut aussehende Frau von knapp vierzig Jahren, noch dazu mit Kind, Einkommen praktisch null, von großer Bildung auch keine Spur. Nein, echt, die steht im Kaufhaus hinter der Theke. Und ich? Hab studiert, wohne im eigenen Haus, kriege jeden Monat ordentlich Geld aufs Konto, sehe bestimmt nicht schlechter aus als sie …

An dem Abend habe ich überlegt, warum ich mir das überhaupt antue. Habe ich es nötig, mich von so einer Zicke im Regen stehen zu lassen?

Sollen die Weiber ihre Allüren doch ausleben, mit wem sie wollen. Aber bitte nicht mit mir!«

Es gibt keine guten Männer mehr, klagen wir und jede von uns kann spontan eine ganze Latte von Dingen herbeten, die sie an den Vertretern des anderen Geschlechts stören, die ihr fehlen, die sie gern anders hätte. Wer weiß, was genau Claudia an Matthias auszusetzen hatte. Vielleicht war er ihr zu bereitwillig, zu interessiert? Wir werden es nie herausfinden, aber irgendeinen Mangel muss sie wohl empfunden haben. Zum Herumknutschen hat es gereicht, aber nicht, um sich auf einen Kaffee zu verabreden – oder auch nur, um ihm abzusagen.

Matthias ist einer dieser Männer, wie wir sie im letzten Kapitel beschrieben haben. Er ist lieb, nett, zuvorkommend und bindungswillig – vielleicht ist das sein einziger Fehler. Womöglich ist Claudia deshalb nicht fair. Sagt nicht: »Tut mir Leid, ich weiß auch nicht, was in mich gefahren ist. Ich bin zu weit gegangen.«

Oder auch: »Es gibt da einen anderen …«

Wozu sich an die Grundformen der Höflichkeit halten? Er würde sie vielleicht gut finden, wenn sie es täte. Dann hätte sie ihn womöglich am Hals; würde ihn näher kennen lernen und herausfinden, was er für Qualitäten hat. Wie fürsorglich er sein kann. Wie zärtlich. Wie liebevoll. Sie könnte sich an ihn gewöhnen, sich gar in ihn verlieben.

Wir zwei …

Du und ich …

Wollen wir es wagen?

Was wäre, wenn ER dann ja zu ihr sagt?

Würde sie flüchten wie Julia Roberts in *Die Braut, die sich nicht traut*? Würde sie ihn vor dem Altar stehen lassen aus Angst, ihr Leben nur noch nach ihm ausrichten zu müssen und keine Luft mehr zum Atmen zu haben? Wir wissen doch, wie dominant die Männer sind. Die drücken jede Frau an die Wand – es sei denn, sie bliebe stehen im Raum und würde ihm Paroli bieten. Respektvoll. Als Partnerin.

Und das soll funktionieren? Ist das nicht viel zu anstrengend, viel zu riskant? Da bleibt Claudia eher auf Distanz. Gibt sich zickig, zeigt Allüren. Behandelt ihn als Underdog und riegelt den Zugang zu ihrem Herzen mit überhöhten Ansprüchen ab. Matthias passt ihr nicht. Thomas, Bernd und Thorsten auch nicht. Sind alle viel zu öde. Im Grunde kann es ihr keiner recht machen. Ja, soll es ihr überhaupt einer recht machen?

So sind wir Frauen: Hin- und hergerissen zwischen Minderwertigkeitsgefühlen und Größenwahn kuschen wir vor den Männern, die es verstehen, uns Sand in die Augen zu streuen, und treten alle anderen – solange sie sich treten lassen. Nur: Zugeben wollen wir das nicht. Wir bleiben lieber weiter Single, als uns unter Wert zu verkaufen. Und schuld an unserer Misere sind natürlich immer die anderen. Was können wir dafür, wenn keiner unseren Erwartungen entspricht? Wir sind perfekt. Es liegt nicht an uns, sondern am Angebot. Und das wird zunehmend schlechter.

Matthias jedenfalls hat es satt. Er wird wieder in den Klub gehen, das schon, er ist schließlich Stammgast dort. Er wird Mädels aufreißen, wird mit ihnen tanzen, mit ihnen herumknutschen. Und ins Bett geht er auch mit ihnen, das nimmt er gerne mit. Doch er traut keiner Frau mehr über den Weg, denn er ist ein gebranntes Kind. Am Morgen danach wird er abtauchen. Lieber allein im stillen Kämmerlein ein bisschen gute Musik hören als sich freiwillig ans Messer liefern.

»I'm a lonely wolf«, sagt er und grinst.

Wieder einer mehr, der sich nicht binden will.

Das Pferd von hinten aufgezäumt

Wie verletzend unsere typisch weibliche Art der kritischen Begutachtung ist, darauf verschwenden wir kaum einen Gedanken. Wir schnuppern an Männern wie an parfümierten Taschentüchern. Und wenn uns der Duft missfällt, werfen wir sie achtlos fort. Der Zweck heiligt die Mittel, sagen wir. Schließlich geht es um unser Glück. Wir suchen ja nicht irgendeinen Mann, sondern DEN MANN FÜRS LEBEN. Das ist kein Spaß, sondern bitterer Ernst. Keine würde sich mit irgend so einer Null zufrieden geben. Man muss schon die Spreu vom Weizen trennen.

Aber kann es nicht sein, dass wir das Pferd von hinten aufzäumen? Statt möglichst offen und unvoreingenommen zu agieren, um in aller Ruhe aus einer maximalen Schar von Bewerbern eine Vorauswahl zu treffen, die wir näher kennen lernen möchten; statt uns dieser handverlesenen Truppe behutsam und vor allem freundschaftlich zu nähern (wir wollen ja keinen verscheuchen), um nach einiger Zeit vielleicht darunter das eine Prachtexemplar zu erkennen, das unser Herz berührt, gehen wir nach dem Alles-oder-nichts-Prinzip vor. Wir setzen unsere kompromisslose Anspruchsbrille auf, werfen einen kurzen Blick in den Saal, stellen fest, dass das Optimale wieder nicht dabei ist, mähen vor Frust alles nieder und ziehen von dannen. Unseren Freundinnen jammern wir tags darauf was von »ungeeignetem Männer-Material« vor.

Dabei ergeht es uns fast so, als würden wir im Internet unsere Suchabfrage allzu spezifisch gestalten. Das System mag noch so viele Einträge enthalten, wenn wir zu viele Aspekte ausschließen, kann es nicht fündig werden. »Es wurde kein mit Ihrer Suchanfrage übereinstimmender Kandidat gefunden«, lautet dann die Google-Botschaft am Bildschirm.

Was tun?

Probieren Sie unterschiedliche Varianten aus.

Geben Sie allgemeinere Kriterien ein.

Versuchen Sie es mit weniger Stichwörtern.

Filtern Sie nicht von vornherein zu viel heraus.

Begegnet eine Frau auf Partnersuche einem Mann, steckt sie ihn innerhalb der ersten zwei Minuten in eine von zwei Schubladen: »unmöglich« (99,9 Prozent) oder »unwiderstehlich« (0,1 Prozent). Der Maßstab, an dem sie ihn misst, ist nicht, ob sie mal mit ihm essen gehen, sondern ob sie ihr Leben mit ihm verbringen könnte. Entweder – oder! Zwischentöne gibt es nicht. Auch keine Zeit zum Kennenlernen. Frau hat schließlich Männerkenntnis!

Auf die Frage, ob es nicht unrealistisch sei, nach einer idealen Lichtgestalt zu suchen, und ob nicht eine gewisse Kompromissfähigkeit eher zum Ziel führen würde, antwortet Birgit mit fast wehmütiger Stimme: »Ich weiß. Den Traummann, den ich mir vorstelle, den gibt es nicht. Der müsste erst noch gebacken werden.« Nur um sogleich hinzuzufügen: »Aber soll ich mich etwa mit einem Totaltrottel einlassen, nur um nicht allein zu sein?«

Traummann oder Totaltrottel. Dazwischen scheint es nichts zu geben. Aber wie das Leben so spielt: Auf alles oder nichts zu setzen, führt nicht nur beim Roulette in den Ruin. Wer immer aufs Ganze geht, wird in den allermeisten Fällen verlieren. Das Aschenputtel, das es unter dem Prinzen nicht macht, wird ewig im Hinterhof hocken bleiben und Erbsen schälen. Die Tauben leisten ihr Gesellschaft.

Und wenn sie nicht gestorben ist, dann grämt sie sich noch heute …

Immer feste drauf!

Wie Frauen immer wieder bewusst in die Opferrolle schlüpfen, um Männer ins Unrecht zu setzen und dadurch willfähriger zu machen

14. April 1912, kurz vor Mitternacht. Nach viertägiger Atlantiküberquerung passiert die Titanic auf ihrer Jungfernfahrt das Gebiet südlich der Neufundlandbänke. Vom Außendeck aus ist die gedämpfte Musik aus dem großen Salon und das Stampfen der Maschinen zu hören. Den wenigen Passagieren, die sich ins Freie gewagt haben, pfeift ein kalter Fahrtwind um die Ohren. Eine stern- und mondlose Nacht, dichte Nebelbänke verstellen die Sicht. Da taucht er urplötzlich auf, steht wie eine Wand mitten im Meer – jener Eisberg, der dem schwimmenden Palast zum Verhängnis werden soll, ein riesiges, grauweißes Ungetüm.

Die Katastrophe passiert. Es kommt zur Kollision.

Zuerst will keiner so recht wahrhaben, wie ernst die Lage ist, schließlich gilt die Titanic dank ihrer revolutionären Bauweise als unsinkbar. Doch der Eisberg ist so gigantisch, dass selbst ein Ozeanriese wie sie im Vergleich dazu wie ein Spielzeug wirkt. Der Rumpf wird so weit aufgerissen, dass die modernste Schottenkonstruktion nichts nützt. Das Schiff hat keine Chance.

Irgendwann schrillen die Alarmglocken und es erschallt das Kommando, das auf jedem Schiff in solch verzweifelter Lage erteilt wird: »Alle Mann in die Boote!«

Jetzt beginnt die eigentliche Tragödie. Auf dem Luxusliner fehlt es an nichts, was dem Wohlbefinden der Gäste dient. Eines aber ist nicht in ausreichendem Maße vorhanden: Rettungsboote. Darum kommt sogleich die Einschränkung: »Frauen und Kinder zuerst!«

So war es zu Zeiten der Titanic, und so ist es auch heute noch. Gleichberechtigung hin oder her – wenn es Spitz auf Knopf steht und darum geht, wessen Leben es zu schützen gilt, stehen die Männer unweigerlich in der zweiten Reihe. Natürlich sieht auch sie niemand gern sterben, aber wenn schon jemand dran glauben muss, scheint ihr Tod noch am ehesten akzeptabel zu sein …

Gelernt, den Schnabel aufzureißen

Um gegenüber der Gesellschaft ihre Ziele und Bedürfnisse durchzusetzen, stand der Frau in früheren Zeiten kein sonderlich großes Instrumentarium zur Verfügung. Sie war dem Manne untertan und hatte im Heim und am Herd ihren Dienst zu versehen. Niemand nahm sie wirklich ernst. Meldete sie trotzdem einmal öffentlichen Protest an, erntete sie nicht mehr als ein mildes Lächeln. Sich in der von Männern dominierten Welt Gehör verschaffen zu wollen, war in etwa so, als würde frau versuchen, dem berühmten Ochsen ins Horn zu kneifen: Reaktion null.

Da ihr andere Möglichkeiten versperrt waren, blieb ihr nur eines übrig: sich mit der Aura der Hilflosigkeit zu umgeben und auf diese Weise den Mann vor den Karren zu spannen. Motto:

Ich bin schwach, du bist stark.

Ich bin das Opfer, du bist der Held.

Jetzt tu du für mich, was ich dir sage.

Unausgesprochen wurde durch diese Haltung eine Art Nichtangriffspakt geschlossen, würde doch eine Frau, die angeblich kein Wässerchen trüben kann, ihre Glaubwürdigkeit verlieren, wenn sie ihren Beschützer attackiert. Der Erfolg war ihr umso sicherer, je zerbrechlicher und argloser sie auf den Mann wirkte, unter dessen Fittiche sie sich begab. Blickte sie mit großen, staunenden Augen zu ihm auf, lief er zur Höchstform auf.

Das Spiel funktionierte hervorragend, hatte aber aus weiblicher Sicht einen entscheidenden Nachteil. Ein Mann machte sich nämlich immer nur so lange für die Interessen seiner Frau stark, wie diese den seinen nicht entgegenliefen. Mit anderen Worten: Er konnte sie nach Belieben ausbremsen und damit bequem seine angestammten Bastionen halten, ohne sie groß verteidigen zu müssen. Als einzige Waffe gegen seine Blockadetaktik blieb ihr die Nervenzermürbung durch hartnäckiges Genöle und Gejammere, eine Strategie, die sich im häuslichen Rahmen als durchaus wirksam erwies. Am Ende erfüllte er ihr meist jeden Wunsch, nur um seine Ruhe zu haben.

Draußen jedoch, in der rauen Welt außerhalb der eigenen vier Wände, war diese Strategie nicht praktikabel. Den Frauen waren durch den besagten Nichtangriffspakt die Hände gebunden. Schließlich konnten sie die Souveränität ihres Beschützers nicht in aller Öffentlichkeit durch aufmüpfiges Verhalten infrage stellen. So blieb ihnen – offiziell – nur die Rolle des hilflosen Opfers.

Inzwischen hat das »zarte Geschlecht« sein verniedlichendes Tarnmäntelchen abgeworfen und sich gegen alle Widerstände frei gestrampelt. Heute sind wir emanzipiert und brauchen keinen Mann mehr, der unsere Interessen vertritt. Mag sein, dass sich die eine oder andere fest Liierte noch von Fall zu Fall hinter dem Rücken ihrer »besseren Hälfte« versteckt. Aber gerade Sie als Single-Frau stellen (ob freiwillig oder notgedrungen) im tagtäglichen Leben permanent unter Beweis, dass Sie für sich allein einstehen können.

Wenn eine von uns heute ihre Stimme erhebt, lacht keiner mehr, dafür sorgen wir schon. Um den Kerlen Respekt einzubläuen, zeigen wir ihnen bei jeder Gelegenheit, dass mit uns nicht gut Kirschen essen ist. Lange genug haben wir uns mit den Brosamen begnügt, die da fielen von des Herrn Tisch. Statt das kleine ebenso anschmiegsame wie wehrlose Weibchen zu spielen, haben wir gelernt zuzugreifen und uns zu nehmen, was uns zusteht. Wir haben begriffen: Der Vogel im Nest, der den Schnabel am weitesten aufreißt, erwischt das größte Stück vom Wurm. So reißen auch wir ihn auf, unseren Schnabel. Sperrangelweit.

Eine gut ausgebaute Lobby hilft uns dabei, unsere Ansprüche und Rechte gegenüber dem Mann und der Gesellschaft durchzusetzen. Es gibt Frauenbeauftragte, Frauenquoten, Frauenförderung, Frauenkongresse, Frauenforen, Frauennetzwerke, Frauenbadezeiten, Frauenparkplätze … Wo immer es etwas zu verteilen gibt, schreien wir: »Hier!« Und mit gut trainierten Ellenbogen erstreiten wir uns immer neue Privilegien – überzeugt, dass sie uns zustehen.

Berechnende Hilflosigkeit

Wie wir zu dieser Überzeugung kommen? Unsere Mütter, Großmütter und Urgroßmütter haben die Rolle der Bedürftigen mit solcher Bravour gespielt, dass sie nicht nur die Männer, sondern auch uns Töchter von ihrer Authentizität überzeugt haben. Darum empfinden auch wir Frauen von heute jede noch so kleine Belastung oder Widrigkeit, mit der uns der Alltag konfrontiert, eigentlich als Zumutung. Dass wir keinen ausreichend großen Parkplatz direkt vor der Haustür finden. Dass sich der Müll nicht von allein herunterträgt. Dass wir die Wasserkästen, den Koffer, die Einkaufstüten schleppen müssen. Dass auf der Arbeit keiner merkt, wie toll wir dieses oder jenes Problem gelöst haben ... Ja, sieht denn niemand, was wir Großartiges leisten? Weiß keiner, wie wir leiden, was wir alles auf uns nehmen, wie wir hier im Schweiße unseres Angesichtes schuften?

Unterschwellig tun wir uns ständig Leid. Denn so stark wir auch nach außen hin sein mögen, im tiefsten Inneren halten wir uns noch immer für zu schwach, um die Unbill des Alltags auszuhalten. Wir Frauen zerreißen uns in einem Spagat: Wir reagieren geradezu allergisch, wenn man wieder einmal versucht, uns aus irgendeiner Männerdomäne fern zu halten. Sogar die Möglichkeit des aktiven Dienstes bei der Bundeswehr haben wir uns erstritten. Wer uns aufhalten will, den rempeln wir aus dem Weg. Sobald es aber mühsam, anstrengend, ekelig oder brenzlig wird (oder wir eine dicke, fette Spinne in der Badewanne entdecken), fallen wir in die uralte Rolle des hilflosen Rehleins zurück – und grämen uns fürchterlich, wenn uns nicht sofort ein Retter zur Seite springt.

Einerseits fordern wir permanent unsere Freiheit ein. Andererseits haben wir ständig das Gefühl, Anspruch auf einen vom Mann für uns bereitgestellten Schonraum zu haben. Und wenn uns dann der raue Wind der Wirklichkeit entgegenpfeift, laufen wir als wandelnder Vorwurf herum. Quer über unsere Stirn geschrieben steht die Frage: Wo ist der Held, der uns beschützt? Wo ist der Sklave, der für uns schuftet? Wo der Claqueur, der uns Beifall zollt?

Während Frauen, die in einer festen Beziehung leben, ihren Ehegatten im Ernstfall vorschicken können, muss die »Solo-Kämpferin«

alles allein machen. Entsprechend intensiver hadert sie mit ihrem Schicksal. Sie ist doch auch eine Prinzessin. Jede Frau ist das. Ihr allerdings fehlt der dienstbare Untertan.

Berechnende Hilflosigkeit gehört zu den urweiblichen Überlebensstrategien. Die Opferrolle ist so fest in uns verankert, dass wir uns nur schwer von ihr lösen können. Warum auch? Es ist doch mit handfesten Vorteilen verbunden, sich von der Gesellschaft als schutzbedürftige Minderheit päppeln zu lassen. Es gibt nur ein Problem: Zwar wollen wir weiterhin von den Männern in Watte gepackt und auf Händen getragen werden, wirken aber nicht mehr so, als ob wir es nötig hätten. Wir sind (oft) weder nett noch niedlich, sondern fahren unsere Krallen aus. Von der Wehrlosigkeit eines Opfers oder der Anmut und Grazie einer Prinzessin ist da nicht mehr viel zu spüren. Dafür schlägt die herrische Ader in uns durch. Lara Croft statt scheues Reh, heißt heute die Devise.

Viel zu lange sind wir vernachlässigt worden, meinen wir. Viel zu lange haben es sich die Kerle auf unsere Kosten gut gehen lassen und sich dem *dolce far niente* hingegeben. Höchste Zeit, das zu ändern! Es bereitet uns ein geradezu diebisches Vergnügen, sie herumzukommandieren, zu gängeln und zu maßregeln. Wie eine kritische Arbeitgeberin prüfen wir mit allzeit wachsamem Adlerauge, ob sie uns auch gebührend huldigen und uns den nötigen Respekt entgegenbringen. Weil wir ganz genau hinschauen, finden wir immer etwas, das wir ihnen um die Ohren hauen können. Wehe, es tritt uns einer in irgendeiner Weise zu nahe oder kommt auch nur ansatzweise seiner Verantwortung dem weiblichen Geschlecht gegenüber nicht nach!

Unser Naturell entscheidet, auf welche Weise wir unsere Entrüstung zum Ausdruck bringen. Die einen meckern, schimpfen, melden Protest an, belehren und weisen zurecht. Den anderen ist das zu platt; sie wählen subtilere Formen, die nicht minder vernichtend sind. Eine hochgezogene Augenbraue, eine verkniffene Oberlippe, ein verächtliches Schulterzucken – mehr braucht es nicht. Wie kannst du nur!

Der weibliche Widerwille, den früher der eine oder andere Ehegatte hinter verschlossenen Türen von seiner Angetrauten zu spüren bekam, hat die Ebene des Privaten und Individuellen verlassen und ist zu einer Art Massenphänomen geworden. Es trifft nicht nur die, die es womöglich verdient haben. Männer werden ungeachtet der Person reihenweise über einen Kamm geschoren und gemeinschaftlich in den Sack gehauen.

Ein Kerl?

Zu jeder Schandtat fähig!

Dieses Schwein!

Auch wenn uns einer nichts angetan hat und nie etwas antun würde, weil er zu jenem Typus Mensch gehört, der niemandem auch nur ein Haar krümmen könnte – allein weil er ein Mann ist, steht er unter Generalverdacht und wird prophylaktisch abgeurteilt.

Sehr effektiv, aber strategisch unklug. Mit diesem Verhalten kündigen wir jeden Tag aufs Neue den Nichtangriffspakt auf, mit dem wir uns früher die Gunst des »starken Geschlechts« sicherten. Wir werfen den Männern den Fehdehandschuh hin, und dann wundern wir uns, wenn sie verärgert sind und streiken. Für die Art Frau, zu der wir uns gemausert haben, wollen sie nicht den Ritter (geschweige denn den Dienstleister oder gar den Bräutigam) spielen. Wir sind ihnen zu dominant, zu fordernd, zu undankbar.

Und was haben wir davon?

Peter bringt es auf den Punkt: »Warum sollte ich einer Frau heute noch die Hand reichen, um ihr über ein holpriges Wegstück zu helfen? Ich muss doch Angst haben, dass sie mir reinbeißt.«

Bernhard zieht für sich den Schluss: »Ich habe das Gefühl, dass Frauen sehr genau wissen, wie sie das Maximum für sich rausschlagen können. Hat ihr Auto einen Platten, spielen sie das naive Weib, damit du ihnen den Reifen wechselst. Und drei Minuten später bauen sie sich dann vor dir auf und machen dich aus irgendeinem an den Haaren herbeigezogenen Grund völlig nieder, damit du nur ja nicht glaubst, du hättest was gut bei ihnen.

Du durchschaust ihr Spiel, es ärgert dich – aber wehe, wenn du es zur Sprache bringst. Weibliche Verhaltensweisen zu kritisieren, das gehört sich einfach nicht. Wer das macht, disqualifiziert sich selbst.

Frauen muss man schonen, wo sie es doch überall auf der Welt so schwer haben. Als der Afghanistan-Konflikt hochkochte und in den Medien lang und breit über die gnadenlosen Unterdrückermethoden der Taliban berichtet wurde, wurdest du doch schon fast mit denen in einen Topf geworfen, bloß weil du auch ein Mann bist. Aber egal, wie ungerecht Frauen sind oder wie sehr sie pauschalisieren – in der Gesellschaft wird es immer so hingestellt, als seien sie völlig im Recht.

Bei mir entsteht da schon manchmal der Eindruck, als Mann ein Mensch zweiter Klasse zu sein.«

Verwunderlich ist es nicht, dass sich die Gegenseite diskriminiert fühlt. Aber Männer sind doch Helden. Warum kämpfen sie nicht? Warum tauchen sie einfach ab?

Relativ früh kastriert

In den letzten Jahrzehnten ist es in unserer Gesellschaft zur Normalität geworden, Mädchen von klein auf zu fördern. In Kindergärten werden »Girls Days« veranstaltet, in Schulen »Mädchen-AGs« gegründet. Auf städtischen Spielplätzen gibt es »Freiräume« und in Jugendzentren »Ermutigungs-Nachmittage« – alles speziell für Mädchen. Fördermaßnahmen für Jungen? Fehlanzeige. Sie sind halt Männer, und genau wie die großen sind auch die kleinen ganz auf sich gestellt.

Vor ein paar Wochen war ich zu einem Vortrag bei einem Regionaltreffen von Zonta eingeladen, einer Frauenorganisation, die sich ähnlich wie der Lions Club der Unterstützung diverser Institutionen und Projekte annimmt, die von den Mitgliedern als förderungswürdig erachtet werden. Diesmal stand zur Diskussion, ob man eine Malschule finanziell unterstützen solle. Erst breite Zustimmung. Dann aber regte sich Widerspruch: Da gehen doch auch Jungen hin! Bei einer pauschalen Zuwendung würde man die ja mit unterstützen. Ob das denn vertretbar sei, wo man sich doch als Frauenverein auf weibliche Belange zu konzentrieren habe.

Der Einwand wurde zwar im Laufe der Diskussion entkräftet, dennoch ist die Situation bezeichnend. In umgekehrter Richtung wäre die Frage nie aufgetaucht. Wenn schon an der Förderungswürdigkeit gezweifelt wird, dann nie an der von Mädchen. Das ist bei Zonta so, und überall sonst im Lande auch.

Könnte es sein, dass Jungen in unserer Gesellschaft zu kurz kommen? Wer diese Frage stelle, rüttle an einer gesellschaftlichen Vereinbarung, erklärte die Leipziger Soziologin Heike Diefenbach jüngst im *Spiegel*[51]. Als politisch korrekt gelte nun einmal, die Mädchen im Nachteil zu sehen. Aber das entspreche nicht der Realität. Nach der Auswertung der aktuellen Bildungsstatistiken kommt die Wissenschaftlerin zu dem Schluss, dass in deutschen Schulen die Jungen eindeutig das Nachsehen haben.

Woran liegt das? Wir Erwachsenen machen es den Mädchen leichter, weil sie es uns leichter machen. Man braucht sich nur eine Weile an einen x-beliebigen Spielplatz zu setzen und den Kindern zuzusehen: Jungen sind einfach wilder, ungestümer, rabaukenhafter – kurz: männlicher. Was die laienhafte Beobachtung zutage fördert, ist längst wissenschaftlich belegt: Es mag noch so klischeehaft klingen, aber Mädchen deklinieren soziale Themen wie »Papa, Mama, Kind« oder »Einkaufen« in allen Varianten durch (auch wenn sie dabei gelegentlich auf Bäume klettern und gern auch spucken, treten oder kneifen, um ihre WidersacherInnen in die Flucht zu schlagen), während Buben mit Ritterschwertern aufeinander eindreschen, sich gegenseitig an Marterpfähle fesseln und dabei Gorillaschreie ausstoßen. Oder vor dem PC hocken und mit dem Maschinengewehr virtuelle Gegner ummähen.

Dass sie uns mit ihrer ungehobelten Art gelegentlich ziemlich auf den Geist gehen, ist verständlich. Und so werden die kleinen wilden Kerle gemaßregelt. Mach dies nicht, mach das nicht! Was sie auch tun, richtig ist es nie. Ist es also verwunderlich, wenn viele Jungs schon vor der Pubertät in die innere Emigration gehen? Wenn sie den Frauen – den Müttern, Kindergärtnerinnen, Lehrerinnen, potenziellen Freundinnen und Geliebten – für den Rest ihres Lebens bestenfalls mit gemischten Gefühlen gegenübertreten? Wenn der Anblick eines Weibes sie zwar verlockt, aber dennoch ein Leben lang den Fluchtreflex in ihnen auslöst?

Wir Frauen sind es, die vom anderen Geschlecht tagtäglich männliches Verhalten einfordern. Doch wehe, die Jungs lassen den kleinen Macho raus, der in ihnen steckt. Dann kastrieren wir sie. Nicht mit dem Schwert. Mit Worten. Noch bevor sie den Windeln entwachsen sind, fangen wir an, ihnen ihre Wildheit abzutrainieren.

Nur wer brav und angepasst ist, nur wer die klassischen »weiblichen« Tugenden der Duldsamkeit, Unterwürfigkeit und Beflissenheit an den Tag legt, wird belohnt und geliebt. Wer sich verweigert, fliegt raus – erst aus der Schule, später aus dem Job. Und aus unserem Bett sowieso. Wir brechen den Kerlen das Rückgrat, solange sie noch klein sind. Und später ermahnen wir sie dann: »Steh aufrecht, Junge! Sei ein ganzer Mann!«

Was sich Holger mal trauen sollte

Bloß keine Weicheier, sagen wir, sobald wir aus der Rolle der Mutter und Erzieherin in die der Jägerin schlüpfen. Ein Mann muss eine virile Ausstrahlung haben, um uns anzumachen. Und während wir das sagen, haben wir einen ganz bestimmten Typ vor Augen. Boris Becker hat es uns vorgemacht. Als er am 7. Juli 1985 als erster Deutscher und jüngster Tennisspieler aller Zeiten beim Grand-Slam-Turnier von Wimbledon gegen den Amerikaner Kevin Curren siegte, war er das Milchreisbübchen schlechthin. Mit seinen rötlich blonden Haaren, Wimpern und Augenbrauen wirkte er allein aufgrund seiner äußerlichen Farblosigkeit wie der perfekte Gegenentwurf zum klassischen männlichen Helden. Dass er das Wunder von Wimbledon vollbracht hatte, begeisterte schon, aber der Schwarm unserer einsamen Nächte war er nicht.

Dieses Bild änderte sich schlagartig, als sich Boris einen neuen Stil verpassen ließ und nicht nur anfing, seinen Adonisleib in angesagte Designer-Klamotten zu hüllen. Sein ganzer Look wurde deutlich markanter. Was vorher zu blass war, wirkt jetzt gefärbt. (Steif und fest behaupten mag ich das allerdings nicht. In unserem Land wurde schließlich schon einmal prozessiert, weil jemand einem Mann aus höchsten Kreisen Mut zur Farbtönung unterstellte.) Und dann ist da noch der Dreitagebart, der das »Bobbele« so überaus erwachsen macht.

Kaum war die Wandlung vollzogen, entdeckte die Damenwelt ihre Liebe zu BB. Sabine Nedelchev, die Chefredakteurin von *Elle*, erklärt das so: »Erfolg über Sport hat etwas Körperbezogenes und etwas Kriegerisches. Boris ist ein moderner Wikinger, der auch etwas Heldenhaftes hat.«[52] Und weil das so ist, verzeiht man ihm alles. Er darf auf dem Platz fluchen, heulen, toben und schreien, darf seine Tennisschläger vor Wut zertrümmern, darf sogar verlieren und sich in der Besenkammer an Frauen vergreifen. Weil er es ist, der sich »wie ein Bekloppter aufführt«,[53] beklatscht man seine Exzesse als feuriges Temperament. Und beim Gedanken an die animalische Leidenschaft des Tennis-Machos laufen so mancher Dame wohlige Schauer über den Rücken.

Was würde wohl passieren, wenn sich Ihr Nachwuchs auf dem Spielplatz, in der Disco oder sonst wo so verhalten und dann auch noch mit einem unehelichen Balg nach Hause kommen würde? Dem würden Sie doch ganz schön die Hölle heiß machen! Etwa nicht?

Oder nehmen wir mal an, Holger von gegenüber würde sich das Gleiche mit uns erlauben. Wenn er Glück hat, würden wir es dabei bewenden lassen, ihn keines Blickes mehr zu würdigen. Mit sehr viel größerer Wahrscheinlichkeit aber würden wir ihn von oben bis unten mit Verbaljauche überschütten. Derbe Späße, Grobheiten und Flegeleien – also alles, was einen Mann eben auch ausmacht – kann sich nur ein Promi leisten.

Oder eine Frau.

»Wo sind die Männer geblieben?«, fragen die Alpenrebellen in ihrem Song. »Wo sind die knallharten Jungs?« Gute Frage.

Jörg beantwortet sie so: »Kaum kommt eine Frau zur Tür herein, stehst du als Mann unter Strom. Jetzt könntest du sagen, ich habe halt meinen Trieb nicht im Griff, aber das meine ich nicht. Auch wenn mich eine überhaupt nicht anzieht, fange ich an, auf Sammetpfoten um sie herumzuschleichen. Ich habe das Gefühl, dass überall Fettnäpfchen herumstehen, die nur für das weibliche Auge sichtbar sind.

Um nicht unangenehm aufzufallen, setze ich mich vorsichtshalber gerade hin und rücke meine Krawatte zurecht. Auf spontane Wortmeldungen verzichte ich. Jeder Satz, den ich von mir gebe, muss wohl überlegt sein. Bloß nichts, was auch nur im Geringsten nach Verallgemeinerung, Vorurteil oder Einseitigkeit riechen könnte. Witze, Bissigkeiten, Ironie? Bloß nicht! Da kriegst du gleich eins über die Rübe.

Ehrlich gesagt bin ich froh, dass ich Single bin. Da kann ich wenigstens abends die Tür hinter mir zumachen und ein paar Stunden lang so sein, wie ich bin. Wenn mir nach Tütensuppe ist, mache ich mir Tütensuppe, und wenn tausendmal keine Vitamine drin sind. Wenn ich den Käse direkt aus dem Papier essen will, dann esse ich ihn direkt aus dem Papier. Wenn ich rülpsen will, rülpse ich. Und wenn mich ein Furz drückt, lasse ich ihn raus. Ich habe ein Sofakissen auf dem Couchtisch liegen, so dass ich beim Fernsehen bequem meine Füße hochlegen kann. Echt unkultiviert, ich weiß. Aber ich habe den ganzen Tag Stress im Büro, auf Schritt und Tritt muss ich mich an irgendwelche Regeln und Vorschriften halten – da muss ich doch wenigstens zu Hause tun und lassen können, was ich will.

Versteh mich nicht falsch. Ich habe nichts gegen Frauen. Absolut nicht. Schön essen gehen. Und nachher in die Kiste … (grins) Aber mit einer unter einem Dach leben? Das wäre mir echt zu anstrengend!«

Jörg steht nicht allein mit seiner Meinung da. Wann immer die Kerle mit uns zusammen sind, haben sie das Gefühl, nicht so sein zu dürfen, wie sie sind. Wie sie das finden? Nervtötend und anstrengend. Da Männer allein schon aufgrund ihrer triebgesteuerten Natur an uns Frauen ein grundsätzliches Interesse haben, wäre manch einer durchaus bereit, an seiner Persönlichkeit zu feilen, um es uns recht zu machen und so seine Chancen bei uns zu verbessern. Dazu aber müsste er wissen, wie wir ihn gerne hätten. Und er brauchte die Gewissheit, dass wir ihn in seiner »geänderten Version« auch wirklich unwiderstehlich fänden und an uns heranlassen würden. Genau hier aber stößt er auf das Rätsel Frau. Nichts Genaues weiß man nicht …

Was wollen wir eigentlich?

Eines dieser Sensibelchen, zu denen wir unsere Söhne erziehen? Bloß nicht! Wir brauchen einen ganzen Kerl!

Einen wie den wilden Boris? Nur, solange er seine Allüren und Affären im Fernsehen und in der *SUPERillu* auslebt. Im wirklichen Leben? Kohle hat er schon … Aber ansonsten … Ach, nein …

Dann eben ein pflegeleichtes Alltagsmodell wie Holger? So tief wollen wir nun auch nicht sinken!

Der Mann, der uns gefällt, muss anders sein. Aber wie anders, ist ein Geheimnis. Was wir uns wünschen, liegt hinter Nebelschleiern verborgen. Nur was wir nicht wollen, wissen wir genau: dass einer ist, wie er ist. Komm mir bloß nicht so!

Und so treten die Helden den Rückzug an. Wann immer die Frauen das Sagen haben, gehen sie auf Tauchstation. Lieber in der Versenkung verschwinden als sich maßregeln und erziehen lassen. Reicht doch, wenn man punktuell zum Vorschein kommt.

Ex und hopp.

Fuck & Go!

Bloß weg, bevor sie dich frisst!

Mit Ecken und Kanten

Was dem guten Ton entspricht und was nicht, legen in der modernen Gesellschaft weitgehend wir Frauen fest. Wir sind es, die die Etikette vorgeben und bestimmen, worüber man guten Gewissens lachen darf und welche Anekdote nun aber wirklich absolut geschmacklos ist. Dabei messen wir gern mit zweierlei Maß: Lustig sind Späße, die die Unzulänglichkeiten von Männern auf die Schippe nehmen. Unangebracht, kurz: frauenfeindlich ist hingegen alles, was an unserer Ehre kratzt. Witze über weibliche Schwächen dürfen allenfalls wir selber machen. Wenn ein Mann deftige Worte benutzt, ist er ein Prolet. Flucht eine Frau, gilt sie als kess, hip, frech und forsch. Tolles Weib. Die traut sich was!

In den letzten Jahren haben wir unsere »neue Lust auf Knigge« entdeckt. (Man betrachte nur die Flut von Ratgebern zu diesem Thema.) Und wenn es nach uns ginge, würden wir das ganze Land nach unseren Vorstellungen umkrempeln. Die Städte würden stilvoll mit Terrakotta-Fliesen gekachelt und mit mediterranen Topfpflanzenarrangements dekoriert. Dazwischen gäbe es hübsche Straßencafés, in denen adrett gekleidete Menschen unter Sonnenschirmen (ohne prolligen Werbeaufdruck) Latte Macchiato schlürfen und dabei kultivierte Gespräche führen. Vor jeder Haustür würde ein geflochtener Kranz (je nach Jahreszeit aus Weidenzweigen oder aus Tannengrün) baumeln. Und kaum hätte man sie aufgemacht, käme dahinter eine Szenerie wie aus *Schöner Wohnen* zum Vorschein.

Aber was heißt hier »würde«, »hätte«, »käme«? Wenigstens in

unseren eigenen vier Wänden haben die meisten von uns ihre ganz persönliche Idylle bereits verwirklicht. Sie als Single-Frau sowieso, denn Ihnen redet da niemand rein. Wie auch immer unser ganz persönlicher Stil aussehen mag, bei uns zu Hause ist es so, wie wir es haben möchten. Zwei Dinge sind uns besonders heilig: unser Sofa und unser Bett. Genauso fühlt sich kuscheln und relaxen an! Da hat jedes Kissen seinen Platz, und griffbereit auf dem Tischchen davor oder daneben sind die Utensilien aufgebahrt, die wir zur Entspannung brauchen. (Wobei – das Badezimmer ist nicht minder sakrosankt. Die flauschigen Vorleger, die Tiegelchen und Töpfchen ... Die Küche ebenso ...)

Stellen wir uns vor, da käme auf einmal so ein Kerl daher und wollte sich bei uns breit machen. Es müsste noch nicht mal ein haariges, nach Schweiß und Moschus riechendes Untier mit schlechten Manieren sein. Ein durchaus wohl erzogenes Exemplar, das weder in die Ecken spuckt noch sich die Nase am Geschirrtuch putzt. Ein ganz normaler Mann mit Ecken und Kanten.

Wäre er nicht ein Fremdkörper in unserem persönlichen Kleinstbiotop? Müssten wir nicht permanent befürchten, dass er uns Tischläufer, Stuhlpolster und Teppichboden verflecken könnte? Würde uns nicht hörbar der Atem stocken, wenn er mit spitzen Fingern die kleine bronzene Buddhafigur aus dem sorgfältigen Arrangement auf der Fensterbank pflücken und sie bewundernd hin und her drehen würde, nur um sie an völlig unpassender Stelle etwa 30 Zentimeter weiter rechts wieder abzusetzen?

Egal, wie groß oder klein, wie leer oder voll gestopft so eine Single-Frauen-Wohnung ist, für einen Mann gibt es darin im Prinzip keinen Platz. Die Typen sind uns schlicht zu raumgreifend. Sie haben keinen Geschmack. Sie haben kein Gespür für die unsichtbaren Bannkreise, die wir um unsere ganz persönlichen Kostbarkeiten geschlagen haben. Ein Sofakissen ist für sie ein Sofakissen. Auch wenn es mit handgewebter Rohseide bezogen ist und sündhaft teuer war – sie benutzen es tatsächlich, um ihren Kopf darauf abzulegen (wobei sie es entsetzlich zusammenknautschen). Und auf dem Freischwinger-Stuhl wippen sie so lange auf und ab, bis die Kufen eine unschöne Spur in den handgeknüpften Teppich gegraben haben.

Versuchen wir, Männern aufzuerlegen, ein bisschen mehr Rücksicht auf unser Mobiliar zu nehmen, haben sie leicht das Gefühl, Statist in einer Kulisse zu sein. Wenn sie abends von der Arbeit kommen, wollen sie wohnen, nicht schöner wohnen spielen. Merken sie beim Probeliegen vor, während oder nach dem Akt, dass sie in einer Puppenstube gelandet sind, begeben sie sich unverzüglich zum Notausgang. Rette sich, wer kann!

Männlichkeit stellen wir uns gern als etwas Herb-Schönes vor. Das ist sie auch. Gleichzeitig aber ist sie sperrig, unbequem, eigenwillig. Sie fügt sich nicht nahtlos in weibliche Perfektionsvorstellungen ein – weder in Bezug auf das Wohnen noch auf das Leben im Allgemeinen.

Mit der Kantigkeit, die wir an den Stars und anderen unerreichbaren Helden so überaus attraktiv empfinden, eckt der Normalmann bei uns an. Darum versuchen wir, ihn zurechtzustutzen. Genau genommen halten wir ihn für einen Elefanten – ein ungehobeltes, grobmotorisches Trampeltier. Er müsste schon sehr gut erzogen werden, bevor wir ihm Zugang zu dem heiligen Porzellanladen unserer eigenen vier Wände gewähren könnten.

Das maskierte Geschlecht

Nicht nur wir Frauen haben eine glasklare Vorstellung davon, wie ein richtiger Kerl zu sein und (vor allem) nicht zu sein hat. Auch Männer selbst wissen, was einer bringen muss, um gut auszusehen. Ein Mann wäre kein Mann, würde er nicht ständig zumindest mit einem Auge darauf schielen, wie er im Vergleich zu seinen Geschlechtsgenossen dasteht. Dabei setzt er auf Sieg, Sieg, Sieg! Vor allem, wenn es um Frauen geht. Das ist ihm genetisch einprogrammiert. Verlieren ist nicht drin. Lieber sterben als ein Schwächling sein.

Michael: »Vor ein paar Monaten kam ein neuer Kollege zu uns in die Abteilung. Endlich mal ein brauchbarer Typ, ich kam von Anfang an gut klar mit ihm. Als ich erfuhr, dass er auch noch rein zufällig bei mir um die Ecke wohnt und er auch joggt, dachte ich, ist doch klasse, da brauchst du endlich nicht mehr allein durch den Park zu rennen. Seither drehen wir nach Feierabend regelmäßig zusammen unsere Runden. Aber als er mich letztes Wochenende zu einem Wettlauf herausgefordert hat, hab ich ernsthaft überlegt, ob ich mich da nicht irgendwie rausmogeln soll.

Das Problem: Der Mann ist zehn Jahre jünger als ich. Einerseits hat mich die Sache total gereizt, zumal ich in letzter Zeit viel getan habe und meine Kondition echt super ist. Andererseits war mir völlig bewusst: Du kannst dabei draufgehen. Du wärest nicht der Erste, der auf offener Strecke zusammenbricht. Herzinfarkt. Aus und vorbei. Ich wusste ja nicht, wie der loszieht, hatte ihn ja noch nie im Wettkampf erlebt. Ich hätte doch nie zulassen können, dass der mich im Regen stehen lässt. In einer solchen Situation gibst du dein Letztes, auch wenn du genau weißt, was für ein Schwachsinn das ist.«

Michael hatte Glück. Er hat gewonnen. Dieses Mal. Ein kleiner Wettlauf, nichts Weltbewegendes. Und doch tödlicher Ernst. Was heißt schon guter Verlierer? Es gibt keine guten Verlierer. Wenn ein Mann geschlagen wird, heißt das, er muss das Revier räumen und dem Sieger das Feld und die Weibchen überlassen. Insofern ist er noch ganz Neandertaler.

Müsste er den Pokal aus Altersgründen abgeben, wäre das doppelt bitter: Da hätte er kaum noch Chancen, ihn je zurückzuerobern. Dann wäre es für immer aus. Dann könnte er sich eingraben. Der Albtraum kennt nur eine Steigerung: wenn eine Frau ihn überholt. Dann müsste er rennen, bis es ihm die Lunge zerreißt …

Männlich sein ist nichts, was einem geschenkt wird. Man muss es sich in jedem Augenblick neu verdienen. Und seit der Erfindung des Warmduschers wird der Grat, auf dem der Mann dies tun kann, zunehmend schmaler. Nicht nur, dass ihm die falsche Badetemperatur zum Verhängnis werden kann. Alles, was das Leben bequem und angenehm machen könnte, ist grundsätzlich tabu, will er nicht als Weichei, Schattenparker oder Sauna-Untensitzer gelten. Will er ein ganzer Kerl sein, muss er sich permanent die Härte geben.

Ein »männlicher Mann«, das ist in unserem Kulturkreis der allen Gefahren trotzende und auf jedem Parkett versierte Naturbursche mit indianischem Schmerzunempfindlichkeitslevel, der auf eigenwillige, lässige Weise schön ist, ohne etwas dafür tun zu müssen. Ach ja, und sensibel soll er auch noch sein. Wer vor den Frauen, der Gesellschaft und nicht zuletzt auch vor sich selbst gut dastehen will, muss sich mit jener kernigen Aura des ungekünstelten Mannseins umgeben, die dieses Ideal erfordert. Das heißt: Er muss ständig Maske tragen.

Wie gern würde er aus dem gnadenlosen Wettbewerb aussteigen und sich zurücklehnen. Wie gern in aller Gemütsruhe zuschauen, wie die anderen mit heraushängender Zunge an ihm vorüberhecheln, um den Lorbeer zu erringen. Aber es darf nicht sein. Anderen freiwillig den Sieg überlassen? Das können nur die ganz großen Helden, die sich ihrer Stärke so sicher sind, dass sie sie nicht beweisen müssen. Wer ist schon so souverän?

Wir Frauen nicht.

Die Männer schon gar nicht.

So strampeln wir alle weiter und machen uns was vor.

Die größte Chance verschleudert

Man sagt, Konkurrenz belebt das Geschäft. Aber kann sie nicht auch dafür sorgen, dass gar nichts mehr geht? Weil jeder sich versteckt, aus Angst, dem Leistungsdruck nicht gewachsen zu sein? Wir geben die Powerfrau, die alles (allein) kann und niemanden braucht. Schon gar keinen Mann. Der wiederum mimt den Unbezwingbaren, den Helden ohne Furcht und Tadel, der hinter seiner Clint-Eastwood-Maske nicht minder verwundbar und unsicher ist als wir.

Ist meine Fassade noch intakt?!

Zeigt sie auch keine Risse, durch die meine wahre, menschliche (das heißt: besiegbare) Natur verräterisch hindurchschimmert?!

Auch Männer brauchen ihren Spiegel, um die Außenwirkung zu testen. Und genau an dieser Stelle kommen wir Frauen ins Spiel. Treffender als Jean-Paul Sartre und Simone de Beauvoir kann man es kaum formulieren: »Der Mann ist für sein eigenes Selbstverständnis auch immer das, was ihm die Frauen zurückspiegeln, was er sei.«[54]

Welche Manipulationsmöglichkeiten tun sich da auf! Wir beeinflussen seine Selbsteinschätzung und können wie die Punktrichter beim Eiskunstlauf nach Pflicht und Kür entscheiden, ob einer zur Spitzenklasse oder zur Dabeisein-ist-alles-Liga gehört. Null Punkte oder zehn. Daumen hoch oder Daumen runter. Leben oder Tod. Geben wir ihm das Gefühl, es wieder mal nicht gebracht zu haben, ist er am Boden zerstört, kneift den Schwanz ein und verzieht sich. Bloß nicht im Blickfeld stehen, wo alle ihn in seiner ganzen Mickrigkeit vor Augen hätten. Verlierer ducken sich im Schatten und wagen sich nur im Zwielicht hervor – und dann nur mit gesenktem Haupt. Erheben wir ihn in den Rang des Helden, fühlt er sich wie Siegfried persönlich: unverwundbar. Großartig! Gleich nimmt er die Schultern zurück und richtet sich auf. Seine Augen leuchten, sein Herz geht auf. Wo ist die nächste Herausforderung? Welche Bäume soll ich dir ausreißen?

Ein Mann kann noch so toll sein. Eine Regung von uns, schon zweifelt er an sich selbst. Wann kommt endlich eine daher, die so klug ist und ihn beruhigt und sagt: »Es ist alles in Ordnung. Auch wenn du manchmal müde und erschöpft bist, wenn du an dir zweifelst, dich klein und nichtig fühlst: Ich mag dich«? Eine Frau, die bereit ist, den alten Nichtangriffspakt neu zu beleben – entstaubt; von den berechnenden Anteilen befreit. (Denn die haben wir nicht mehr nötig, wir können ja für uns selber sorgen.)

»Männer sind auch nur Menschen ...«

»Komm mir nicht mit dem pathetischen Scheiß!«, winkt Ute ab.

»Warum nicht?«, frage ich zurück.

»Ich bin doch nicht bereit, irgend so einem Deppen Honig um den Bart zu schmieren, bloß damit er sich besser fühlt.«

Da hab ich es weg, mein Fett.

Die Männer auch.

Wir Frauen kriegen doch schon die Krätze, wenn einer die Jungs als »Herren der Schöpfung« bezeichnet. Sollen wir sie etwa auch noch auf den Thron heben? Lieber hauen wir sie in den Sack und stellen uns selbst aufs Treppchen. Von da oben können wir noch besser auf sie herabschauen. Die Aussicht ist wie Balsam auf unser armes, geschundenes Selbstvertrauen.

Die Typen loben?

Wofür denn?

Dass sie uns ab und zu einen Drink spendieren? Dass sie für uns die Mäuse entsorgen, die uns die Katze auf die Fußmatte legt? Ist doch das Mindeste! Wir betrachten die Männer so lange (bestenfalls) als mittelmäßige Normal-Idioten, die für uns praktische Hausmeisterdienste leisten dürfen, bis sie uns entgegen all unseren Zweifeln eines Besseren belehren. Vorschusslorbeeren gibt es nicht. Und damit verschleudern wir eine unserer größten Chancen, die (so behaupte ich) in allen Männern schlummernden Bindungskräfte zu wecken.

Mag sein, dass die Kerle, was Frauen anbelangt, stark aufs Äußere fixiert sind. Gut auszusehen, ist zweifellos eine wichtige Trumpfkarte im Ich-suche-einen-Partner-Spiel. Es gibt aber noch eine zweite Karte, die ebenso gut sticht: die Fähigkeit, Männern ein gutes Gefühl zu geben. Um das zu erreichen, müssten wir nur tun, was wir immer von ihnen verlangen: Wir wollen, dass sie uns nehmen, wie wir sind. Nehmen auch wir sie, wie sie sind! Ohne Maske! Gleiches Recht für alle! Und statt nach dem Negativen zu suchen, könnten wir zur Abwechslung mal nach dem Positiven gucken. Und es aussprechen. Ohne Heuchelei. Absichtslos. Nicht um bei diesem oder jenem Typen einen Punkt zu landen. Einfach so. Weil uns eben was Nettes auffällt.

Man nennt das positive Rückmeldung. Oder auch altmodisch: Komplimente machen. Schon gehört? Oder ganz vergessen? Manche Männer können das noch, obwohl wir auf dem besten Wege sind, es ihnen mit Sprüchen wie »Könntest dir ruhig was Originelleres einfallen lassen!« auszutreiben. (Okay. Manchmal sind die Kerle dabei ganz so absichtslos nicht. Aber wir könnten ja auch mal was wirklich besser machen als sie …)

Die Typen sind nicht so verwöhnt wie wir. Was für uns vielleicht platt klingt, tönt gülden in ihren Ohren. Wir könnten uns ruhig trauen. Könnten. Wenn wir wollten. Denn ganz ohne Risiko ist die Sache nicht: Gut möglich, dass sich ein Mann im Sonnenschein unseres Wohlwollens so großartig fühlt, dass er gar nicht mehr gehen will. Dann hätten wir ihn womöglich auf Dauer am Hals.

Ich höre Ute schlucken.

Und dann »Ja, aber …« sagen.

Rette sich, wer kann!

Frauen und Kinder zuerst!

Goldesel und Weihnachtsgans

Wie eine Phalanx tüchtiger Ehefrauen mit ihrer berechnenden, selbstgerechten Art die gutwilligsten Single-Männer verschreckt und vom Gang zum Standesamt abhält

Ich sitze mit Eva und Gabriele, beide Singles und Ende dreißig, im Café, und sie erzählen mir von ihrer gemeinsamen Freundin Sibylle. Endlich mal eine, die es geschafft hat, darin sind sich die beiden einig. In ihren Stimmen schwingt eine Mischung aus Neid und Hoffnung. Was hat sie, was ich nicht habe? Oder gibt es tatsächlich noch echte Wunder?

Das Wunder bahnte sich an, als die drei vor ein paar Monaten zusammen nach Ibiza flogen, um an der Hochzeit einer ehemaligen Klassenkameradin teilzunehmen. Womit sie nicht gerechnet hatten: Der ganze Abiturjahrgang war eingeladen. So kam es, dass Sibylle völlig unverhofft ihrer Jugendliebe Peter begegnete. Für sie offenbar noch immer »der Große«, denn sie geriet bei seinem Anblick derart ins Flattern, dass sie beim Sektempfang mit zittriger Hand gleich ein halbes Dutzend Gläser mitsamt Inhalt vom Tablett fegte.

Innerhalb der ersten Viertelstunde hatten die beiden die Eckpunkte ihrer Lebensgeschichte ausgetauscht. Sibylle: zweimal verheiratet, zweimal geschieden, aus jeder Ehe eine Tochter (zehn und sechs Jahre), zurzeit partnerlos. Peter: verheiratet, aber getrennt lebend, Scheidung eingereicht. Keine Kinder. Wirtschaftsprüfer und Steuerberater mit eigener Kanzlei.

»Er ist zu haben!«, jubilierte Sibylle, als sie sich später am Abend mit Eva und Gabriele beim obligatorischen WC-Damen-Meeting traf. So sehr war das Trio mit dieser Neuigkeit und den sich daraus ergebenden Möglichkeiten beschäftigt, dass es auf dem Rückweg zum Tisch unversehens in die Schar der Zwanzigjährigen geriet, die auf der Tanzfläche angetreten war, um den Brautstrauß zu fangen. Als Sibylle aus heiterem Himmel einen ziemlich großen Gegenstand auf sich zufliegen sah, riss sie erschrocken die Arme hoch. Schon hatte sie die Blumen in der Hand. Just in dem Augenblick tauchte Peter hinter ihr auf und strahlte sie an: »Wo du schon den Brautstrauß in der Hand hast … Willst du mich heiraten?«

Hollywoodreif, das Ganze. Aber Eva und Gabriele schwören Stein und Bein, dass es sich so und nicht anders zugetragen hat.

»Wie, so schnell?!«, frage ich verdattert. »Und was hat sie geantwortet?«

»Sie hat natürlich ja gesagt«, versichert mir Eva.

»So natürlich finde ich das gar nicht! Immerhin hatten sich die beiden seit Jahren nicht gesehen. Und sie hat doch schon zwei Ehen in den Sand gesetzt. Woher weiß sie denn, dass er der Richtige für sie ist?«

»Klar ist er der Richtige!«, beteuert Gabriele. »Er hat einen klasse Job und kann Sibylle echt was bieten. Ist ihr auch zu gönnen, wo sie doch mit ihrer Halbtagsstelle immer knapp an der Armutsgrenze entlangschrappt. Der Unterhalt, den sie für ihre Kinder kriegt, ist auch nicht gerade üppig. Damit kann man keine großen Sprünge machen.«

»Ist schon ein toller Mann, der Peter. Total großzügig«, seufzt Eva. »Gleich am nächsten Abend kam er mit einem Platinring an.«

Wie angle ich mir einen Millionär?

Ob ein Mann der Richtige ist, bemessen durchaus gebildete, kritische Frauen auch heute, im dritten Jahrtausend, noch immer daran, wie viel er finanziell zu bieten hat. Eva und Gabriele bilden da keine Ausnahme. Vor ein paar Monaten zeigte sich auf einer Vortragsveranstaltung an der Uni Landau, wie tief das uralte Klischee noch immer in unseren Köpfen sitzt. Um seine Veranstaltungen lebendiger zu gestalten, teilt der international renommierte Heidelberger Professor Ulrich Clement sein Publikum gern nach männlich/weiblich auf, damit er jede Gruppe separat ansprechen kann. So auch dieses Mal, als er über das Verhältnis der Geschlechter in Wirtschaftsunternehmen referierte.[55]

»Es gibt die These«, wandte er sich an die Damen-Seite, »dass Frauen den Status eines Mannes erotisch finden, aber als aufgeklärter Mensch muss ich nicht alles glauben. Ich möchte mir ein Meinungsbild machen: Finden Sie einen Mann, der hierarchisch über Ihnen steht, erotischer als einen Mann, der unter Ihnen steht?« Fast alle Hände hoben sich (die Zuhörerinnen hatten wohlgemerkt ausnahmslos eine akademische Bildung genossen). Nach einer kurzen Schrecksekunde raunte ein vielstimmiges »Oh« durch die Reihen. Aus einer Frau platzte heraus, was alle insgeheim gehofft hatten: »Ich dachte, wir wären weiter.«

Sind wir aber nicht. Die Interviews, die ich im Rahmen der Recherche für dieses Buch geführt habe, erfüllen sicher nicht die Kriterien einer repräsentativen Umfrage. Eines aber ist schon interessant: Auf die Frage, welche Eigenschaften ein Mann haben müsse, um bei ihnen in die engere Wahl zu kommen, erwähnten alle 28 Frauen, mit denen ich sprach, an erster Stelle das Thema Geld. Elke zum Beispiel formulierte es so: »Er muss finanziell wenigstens auf eigenen Füßen stehen. Noch optimaler wäre natürlich, wenn er mehr verdienen würde als ich … Ich will ja nicht gleich ganz aufhören zu arbeiten. Aber ein bisschen zu reduzieren wäre nicht schlecht.«

Es scheint, als würden sich weibliche Singles heute wie zu Marilyn Monroes Zeiten immer noch die Frage stellen: Wie angle ich mir einen Millionär?

Guck mich nicht so an!

Dass wir Frauen so viel Wert auf den Status des Mannes legen, heißt im Klartext: Er soll (zumindest teilweise) für uns aufkommen. Oder anders gesagt: Wir möchten mit seiner Hilfe in den Genuss eines Lebensstils kommen, den wir uns allein nicht leisten können – eines Lebensstils, der uns zusteht, wie wir meinen. Wir brauchen uns bloß eine x-beliebige TV-Soap anzusehen: Da wohnt niemand in beengten Verhältnissen, jede Single-Frau hat ihr Designer-Appartement, jede Gattin ihre Villa. Selbst allein erziehende Mütter residieren in großzügigen Zimmerfluchten und brauchen ihre lieben Kleinen nicht aus Platznot in Etagenbetten übereinander zu stapeln. Und selbst wenn das Drehbuch einmal Unordnung vorschreiben sollte, wirkt das Chaos irgendwie malerisch und dekorativ.

Auch wenn wir im Grunde ganz genau wissen, dass die Lebensverhältnisse des Otto-Normalmenschen wesentlich schlichter aussehen, haben wir doch das Gefühl, die Fernsehkulissen seien die eigentliche Realität – und fragen uns, was wir falsch machen, weil wir nicht darin leben.

Dass dies so ist, daran wird sich auch in Zukunft kaum etwas ändern. Ein Projekt an Salzburger Schulen zeigte unlängst, in welchem Umfeld sich die Frau von morgen gerne sähe. Unter dem Motto »Ein Tag in meinem Leben in zwanzig Jahren« befassten sich 275 Schüler und Schülerinnen auf Anregung der Soziologin Frigga Haug mit ihren ganz persönlichen Zukunftsentwürfen.[56] Die Aufsätze, die dabei herauskamen, verraten nicht nur, was sich die Jugendlichen so wünschen, sondern sagen auch viel über die Gesellschaft aus, in der sie groß werden, und darum sind sie in diesem Zusammenhang so interessant.

Was von Mädchenseite geschrieben wurde, deckt sich so sehr mit den gängigen Klischees, dass es schon wieder erstaunlich ist: Über 70 Prozent der Schülerinnen stellen sich vor, in zwanzig Jahren verheiratet zu sein, zwei bis drei Kinder zu haben und in einem großen, eigenen (!) Haus zu wohnen. Arbeiten würden sie höchstens halbtags, um Zeit für die Familie zu haben.

Also Teilzeitjob und großes Haus. Zeit und Geld. Um uns das zu ermöglichen, brauchen wir einen Finanzier.

»Guck mich nicht so an!«, sagt da der einigermaßen gut verdienende Single-Mann, wenn eine allein stehende Frau ihren begehrlichen Blick auf ihn heftet. (Andere schaut sie gar nicht erst an.) Denn er kann rechnen. Für sich allein kommt er gut über die Runden mit dem, was er verdient. Was das Wohnen anbelangt, ist er (in der Regel) eher anspruchslos. Hauptsache ein schönes, breites Bett und eine Anlage vom Feinsten. Dafür ist er durchaus zu investieren bereit. Ansonsten aber reichen ihm die von Muttern ausrangierten Möbel und Porzellanteller, ergänzt durch ein paar Billy-Regale. Farbe und Alter des Teppichbodens sind ihm ebenso egal wie das Baujahr und die Gestaltungsdetails des Badezimmers. Hauptsache, die Dusche funktioniert. Und ist der Duschkopf verkalkt, gibt's bei Aldi einen neuen.

Markus: »Ich habe kein besonderen Talente zu bieten, habe weder in der Bundesliga Tennis gespielt noch einen spektakulären beruflichen Werdegang vorzuweisen. Aber ich habe einiges geerbt und einen soliden Job. Ich will nicht angeben, aber es geht mir wirtschaftlich gut. Wenn es hart auf hart käme, könnte ich finanziell locker mehrere Jahre durchhalten, ohne in Schwierigkeiten zu kommen.

Aber es ist halt eine Frage des Anspruchs. Costolani sagt, derjenige ist reich, der mehr einnimmt, als er ausgibt. Wenn eine Frau in meine bescheidene Hütte kommt, sagt sie vielleicht: ›In so eine Bude setz ich mich nicht rein, da musst du schon ein Haus bauen.‹ Genügsamkeit ist für die meisten Frauen doch eher ein Fremdwort.«

Mag sein, dass uns die Männer die besten Jobs vor der Nase wegschnappen, aber über unerschöpfliche Reichtümer verfügen trotzdem nur die wenigsten von ihnen. So heißt es, Prioritäten zu setzen. Sparen sie an der richtigen Stelle (das heißt: an der Frau und der Wohnung), können sie sich manchen Männertraum erfüllen. Solange sie keine Familie haben, ist jedes Jahr ein neues Surfbrett drin. Die Spitzen-Skiausrüstung auch. Ebenso wie der kleine, spritzige Porsche-Boxster. »Frauen wollen wohnen, ich will leben«, mit diesen Worten erklärt mir Markus grinsend seinen Bindungsunwillen. Dass er sich so gern mit »virilen« Statussymbolen umgibt, hat nicht nur mit dem Hauch der großen, weiten Welt zu tun, von dem diese umwabert sind. Er weiß: Mit Speck fängt man Mäuse. Mit einem Porsche Muschis. Und nach dem Akt leistet das schnelle Gefährt als Fluchtauto ganz passable Dienste.

Nicht allein der Wohnkomfort

Dass bei uns Frauen die Suche nach dem Partner eng mit dem Wunsch nach einem (Eigen-)Heim verknüpft ist, hat nicht nur mit den Traumbildern zu tun, die uns von den Medien vorgegaukelt werden. Solche Szenarios kitzeln die Sehnsüchte heraus, die seit Urzeiten in unser aller Seele schlummern und auf die archaische Planungskette »Mann suchen – Nest bauen – Kind kriegen« zurückzuführen sind.

Wozu die Programmierung dient und wie sie funktioniert, macht uns der in Neuguinea heimische Laubenvogel vor: Will der ein Weibchen für sich gewinnen, muss er im Rahmen des Balzrituals einen aufwändig aus Zweigen geflochtenen und mit buntem Zierrat geschmückten Lustpavillon samt parkähnlich gestalteter Gartenanlage errichten. Je bombastischer die Bleibe ausfällt, desto größer seine Chancen, bei der Brautschau zum Zuge zu kommen. Ohne Vorleistungen gibt sich ihm kein Weibchen hin.

Wissenschaftler haben herausgefunden, dass es für die Vogeldamen doppelt Sinn macht, den Verehrer so hart für sich arbeiten zu lassen: Es geht nicht nur um Wohnkomfort. Je mehr ein Männchen in die Werbung investieren muss, desto eher ist es bereit, langfristig bei einem Weibchen zu bleiben. Bei einem Partnerwechsel ginge schließlich die Plackerei von vorne los. Nur wenn er auf Dauer treu bleibt, darf er die Früchte seiner Arbeit genießen und sogar selbst in dem bequemen Nest logieren.

Ob Laubenvogel oder Mensch, das Prinzip ist das gleiche, und in diesem Licht erscheint die weibliche Forderung nach einer luxuriösen Bleibe durchaus plausibel. Dennoch hat es das Vogelmännchen vergleichsweise gut. Seine Aufgaben beschränken sich auf den Laubenbau sowie die Zeugung und die Mithilfe bei der Aufzucht der Brut. Dafür ist er geboren, und damit hat er genug zu tun.

Es muss keinem Vermieter Tausende in den Rachen werfen oder gar Hunderttausende auf dem Immobilienmarkt hinblättern, um seiner Auserkorenen ein Quartier zu bieten, das er sich selbst in dieser Ausstattungsqualität niemals leisten würde. Er braucht sich keinem mörderischen Karrieredruck zu beugen, um das Geld für einen anspruchsvollen Lebensstil beizuschaffen, der ihm in Wirklichkeit gar nicht entspricht. Und er muss in Zukunft nicht auf den neuen Bang & Olufsen verzichten, nur um seiner Gefährtin den schicken Zweitwagen zu finanzieren.

Ist es nicht verständlich, wenn sich angesichts dieser Aussichten mancher Mann verweigert? Ein bisschen zu investieren, mag ja noch angehen. Er will ja schließlich auch was von der Frau. Aber die Schwelle ist nicht unendlich hoch – zumal das, was ihm als Gegenleistung geboten wird, oft alles andere als üppig ist.

Nach wie vor erwarten wir Frauen nämlich von Männern materielle Versorgung, weigern uns aber gleichzeitig, ihnen die immateriellen Versorgungsleistungen zukommen zu lassen, mit denen traditionell die Balance zwischen Geben und Nehmen wiederhergestellt wurde. Einen Mann gelegentlich zu bekochen, das machen wir auch heute noch. Mit Bravour zaubern wir ein Candle-Light-Dinner hin, um sein Herz zu erobern. Aber sehen wir doch einmal über den Tellerrand der Werbungsphase hinaus. Einem Mann die Hemden bügeln? Oder gar hinter ihm herwischen? Er hat doch selbst zwei gesunde Hände! Wir Frauen haben uns lang genug den Buckel krumm gemacht!

Single-Männer haben Augen im Kopf. Sie sehen, was in ihrem Umfeld los ist, und wissen:

Heiraten heißt löhnen.

Die Schuhe muss er sich trotzdem selber putzen.

Und der Sex wird auch nicht besser.

Trau keiner über dreißig

Was gibt es Romantischeres als das Happy End eines Liebesfilms, wenn sich die beiden Hauptdarsteller nach langen Irrungen und Wirrungen endlich in den Armen liegen und sich schwören, von nun an nie wieder ohne den anderen sein zu wollen? Noch rührseliger wird es, wenn der Regisseur noch eine Szene obendrauf setzt und zeigt, wie das Paar ein Jahr später einen quäkenden Sprössling im Kinderwagen vor sich herschiebt. Jetzt erst ist das Glück so richtig perfekt.

Genau diese schwärmerische Zukunftsvision treibt kinderlose Frauen um, wenn sie mit Mitte dreißig ihre biologische Uhr immer lauter ticken hören. Und mit zunehmender Hartnäckigkeit meldet sich in ihnen der Gedanke: Ich will ein Kind. Für alle nicht Liierten gewinnt die Partnersuche damit eine nie da gewesene Dringlichkeit, denn im Wettlauf mit der versiegenden Fruchtbarkeit zählt jedes Jahr. Jetzt oder nie, heißt die Devise. Ein Mann muss her.

Auf einmal ist so manche Frau, der es bis dahin kein Mann recht machen konnte, zu erstaunlichen Kompromissen bereit. Was sie sucht, ist ein Erzeuger und nicht der Mann fürs Leben. Es reicht ihr, wenn seine physischen Merkmale auf gesundes Erbgut schließen lassen. Alles andere ist zweitrangig, denn wenn sie sich von ihm schwängern lässt, heißt das noch lange nicht, dass sie für den Rest des Lebens mit ihm zusammenbleiben muss.

Ob sie es sich so deutlich bewusst macht oder nicht: Es geht ihr um das Kind, nicht um den Kerl (wenngleich manch eine auch den umgekehrten Weg wählt und sich ein Kind machen lässt, um den Kerl zu ködern). Um sich den Wunsch zu erfüllen, kommt es ihr zupass, dass die Empfängnisverhütung in ihrer Hand liegt. Kondome? Im Ernst: Welcher Mann würde schon nein sagen, wenn er »ohne« darf? Auf der Packung mag zwar gefühlsecht draufstehen, aber »the real thing« ist eben doch was anderes …

Eine Frau mit Kinderwunsch muss also nicht gleich wie Angela Ermakowa bei Boris Becker in einer Besenkammer zur Samenräuberin werden. Es geht auch gemütlich im Bett. So ein Pillenunfall lässt sich problemlos arrangieren. Dörte hat es vorgemacht:

»Es war Frühling und gleich zwei meiner besten Freundinnen hatten ein Baby bekommen. Überhaupt hatte ich das Gefühl, dass eine einzige riesige Fruchtbarkeitswelle über das Land schwappte. Besonders schlimm war es bei Ikea: Ich wollte eigentlich bloß eine neue Schreibtischlampe kaufen, aber wie es so ist, du schlenderst dann doch durch die Gänge. Und auf einmal war ich von lauter schwangeren Frauen und Müttern mit Kleinkindern umzingelt. Ich wurde richtig wehmütig. Immerhin war ich damals 38. Viel Zeit blieb mir nicht mehr – und kein Mann in Sicht.

Über Wochen ging mir der Gedanke an ein Kind nicht aus dem Kopf, und eines Abends kramte ich dann mein Adressbuch raus und rief Sven an. Das ist ein alter Freund von mir – oder sollte ich ›Verehrer‹ sagen? Es war nie was gewesen zwischen uns, ich hatte immer abgeblockt, wenn er mehr wollte. Er war nicht wirklich der Typ, mit dem ich mir ein Zusammenleben vorstellen konnte. Nicht, dass er mir unsympathisch gewesen wäre. Körperlich fand ich ihn sogar ziemlich attraktiv. Aber er war mir irgendwie zu … Ich weiß auch nicht. Manchmal war er mir zu kindisch, dann machte er wieder einen auf wichtig, wichtig … Aber egal.

Ich rief ihn also an. Er war auch gleich am Telefon, und schon eine halbe Stunde später stand er bei mir auf der Matte. Ich will hier nicht in die Einzelheiten gehen, aber natürlich war er bereit, mit mir in die Kiste zu springen. Als er nach Verhütung fragte, meinte ich ausweichend: ›Ich vertrage die Pille nicht so gut … Aber mach dir keine Gedanken …‹

Drei Monate lang hatten wir eine heiße Affäre. Dann blieb meine Blutung aus. Schwangerschaftstest: positiv. Juhuuu!!!

Svens Reaktion? Anfangs wirkte er schon wie vor den Kopf gestoßen. Man merkte ihm an, dass er sauer war. Schließlich hatte er mir immer gesagt, dass er keine Kinder wollte. Und jetzt das. Andererseits meldete sich so etwas wie Vaterstolz. Er war hin- und hergerissen.

Doch ehrlich gesagt: Was in ihm vorging, war für mich eher zweitrangig. Ich hatte jetzt an anderes zu denken. Hauptsache, er kam mit zum Jugendamt und unterschrieb den Wisch zur Anerkennung der Vaterschaft. Was er dann auch prompt machte.

Als wir nach dem Termin noch einen Kaffee trinken gingen, meinte er, wir sollten vielleicht zusammenziehen, jetzt wo wir bald zu dritt wären. Ich hätte mich fast an meinem Latte Macchiato verschluckt, so überrascht war ich.

Wir haben es dann echt probiert. Haben uns eine Dreizimmerwohnung gesucht, ganz niedlich. Doch schon bei der Möbel-Frage gab es den ersten Zoff. Er wollte allen Ernstes seinen alten Krempel da reinstellen. Aber nicht mit mir – schon gar nicht, wo ich schwanger war. Allein der Gedanke, dass mein Baby über sein versifftes Sofa krabbelt … Nee, echt. Keine Chance!

Was die Sache letztlich zum Kippen brachte, war, dass ich absolut keine Lust mehr auf Sex hatte. Ich weiß nicht, ob es allen Schwangeren so geht, aber ich wollte einfach nicht mehr. Bei dem kleinsten Annäherungsversuch stellten sich mir die Nackenhaare auf. Am Anfang gab Sven sich verständnisvoll, aber seine Laune ging mehr und mehr in den Keller. Meine auch.

Im Februar wurde Moritz geboren, Sven war bei der Geburt dabei und hat sich auch nachher viel mit dem Kleinen abgegeben. Aber für mich war irgendwie die Luft raus. Im August zog ich aus: Im Haus meiner Eltern wurde gerade eine Wohnung frei. Die beiden sind immer für mich da, und Moritz vergöttern sie regelrecht. Er ist ja auch ein richtiger Prachtkerl. Ich bin so glücklich, dass ich ihn habe.

Von Sven habe ich länger nichts gehört. Ich will nicht, dass er den Jungen holt. Ein Typ wie der … Nee … Ich hätte da kein gutes Gefühl.

Inzwischen gehe ich wieder halbtags arbeiten, meine Mutter nimmt mir Moritz vormittags ab. Ich verdiene nicht gerade viel, aber ich zahle ja keine Miete. Und wenn ich den Unterhalt dazurechne, den ich von Sven kriege, komme ich ganz gut hin.«

Wenn Dörte diese Geschichte im Kreis ihrer Freundinnen erzählt, bekommt sie volle Rückendeckung. Ach, ist der kleine Moritz nicht goldig! Zugegeben, die Art und Weise, wie sie zu ihm gekommen ist, ist nicht ganz fair. Aber was soll's. Der Zweck heiligt die Mittel. Wer vögelt, muss auch mit den Folgen rechnen …

Und Sven? Er wollte eigentlich gar kein Kind und übernahm trotzdem die Verantwortung. Als er seinen Sohn sah, war er hin und weg – wie es meistens passiert, wenn einer Vater wird. Die nächsten zwanzig Jahre zahlt er nun für ein Kind, das er liebt, aber nur sehen darf, wenn er sich vor Gericht das Umgangsrecht erstreitet. Langsam dämmert ihm, wie sehr Dörte ihn gelinkt hat. Jeden Monat, wenn er auf seinen Kontoauszug schaut und den Posten »Unterhalt« sieht, wird er aufs Neue schmerzlich daran erinnert.

Die Botschaft, die er seinen Single-Brüdern mit auf den Weg gibt?

Trau keiner über dreißig!

Die Mafia der Supermütter

Natürlich reduzieren nicht alle Frauen, die sich ein Kind wünschen, Männer auf die Funktion von Samenspendern und Zahlvätern. Es kann auch einvernehmlicher gehen. Es gibt tatsächlich Kerle, die zum Familienmenschen geboren sind und die wie Joachim bekennen:

»Dass wir Kinder haben wollen – der Wunsch kam bei meiner Frau und mir gleichzeitig hoch. Wir haben erst längere Zeit als Paar zusammengelebt, sind viel gereist, haben gefeiert, Halligalli gemacht. Aber dann auf einmal kam der Punkt, da war uns klar, jetzt wollen wir was anderes. Wir haben uns dann noch eine Kreuzfahrt geleistet, um noch mal so richtig das Leben zu zweit zu genießen. Und kurz danach ist meine Frau dann auch wirklich schwanger geworden. Ich muss schon sagen, bei uns lief alles genau nach Plan.«

Sicherlich ein idealer Fall. Dennoch geht das Verlangen nach einem Kind in aller Regel von der weiblichen Seite aus. Was dann passiert, wenn es klappt, entzieht sich dem Einflussbereich der Single-Frauen, da es sich meistens in ebenjenem (vermeintlichen) Garten Eden abspielt, der ihnen verwehrt ist: in der Partnerschaft. Aber das Szenario, das sich da entfaltet, wirkt auf potenzielle männliche Nachahmer oftmals derart schockierend, dass sie fluchtartig das Weite suchen. So kommt es, dass Solo-Frauen die Zeche dafür zahlen, wie manche gebundenen Frauen (wohlgemerkt: nicht alle!) mit ihren Männern umgehen, sobald sich Nachwuchs einstellt.

Die abschreckende Wirkung geht nicht allein von der Tatsache aus, dass so ein Baby kräht, in die Windeln macht und, bis es groß ist, jede Menge Geld und Nerven kostet. Was Männer wirklich auf Abstand gehen lässt, ist das, was mit der Liebsten passiert, sobald sie ihren Säugling im Arm hält: Selbst die Emanzipiertesten machen mitunter aus dem Stand eine Rolle rückwärts und verwandeln sich in brave, biedere Muttis.

Das Phänomen ist so augenfällig, dass ihm der *Focus* jüngst einen Leitartikel widmete. Unter der Überschrift »Die MUTTIerung«[57] wundert sich Autor Bernhard Borgeest, was bloß in die Frauen gefahren ist: »Mit welcher Radikalität sie sich für Kinder und fürs Muttersein entscheiden! Sie ziehen in Reihenhausvorstädte, die aussehen wie ein Gulag für Hausfrauen. Ihre alten Freundschaften gehen in die Brüche. Aber sie finden neue Freundinnen, die zufällig alle Kinder im gleichen Alter haben. Sie lassen Dreijährige Anrufbeantworter besprechen, sitzen in Sandkästen und beteuern ihre tiefste Zufriedenheit.«

Und er konstatiert: »Ohne Kinder leben die meisten Frauen in Deutschland egalitäre Partnerschaften. Sie gehen arbeiten, teilen sich den Haushalt. Mit den Geburten ihrer Söhne und Töchter aber wählt eine große Mehrheit das Modell der Fünfzigerjahre: Mutti bleibt zu Hause, erst mal zumindest; Vati schafft, mehr denn je.«

Selbst hoch gebildete Frauen, denen die Karriere einmal über alles ging, gehen ganz in der Mutterrolle auf und kehren der Berufswelt den Rücken. Sie dehnen die Erziehungszeit so lange wie möglich aus, und oft wird die scheinbar auf drei Jahre befristete Auszeit zum Komplett-Ausstieg – besonders dann, wenn ein zweites oder drittes Kind die Rückkehr in den Job verzögert. Ihr Argument: »Ich habe mein(e) Kind(er) doch nicht in die Welt gesetzt, um anderen die Erziehung zu überlassen.« Arbeiten gehen? In den Augen so mancher frisch gebackenen Mama wäre das geradezu ein Frevel. Die es dennoch tun, denen redet die Mafia der Supermütter sogleich ein schlechtes Gewissen ein, obwohl zahlreiche Studien erwiesen haben, dass berufstätige Mütter zufriedener sind und entsprechend fröhlicher mit ihren Lieben daheim umgehen.

Aber nein, es darf nicht sein! Größte Gefahren für das Kindeswohl werden an die Wand gemalt, wenn Mutti nicht exklusiv für den Spross zur Verfügung steht. Zu Hause zu bleiben, wird quasi zur Pflicht erklärt, denn wenn alle daheim sind, kann niemand dumme Fragen stellen.

So wie Martin: »Unsere Nachbarin kriegt das doch auch hin. Sie arbeitet wenigstens dreimal in der Woche halbtags, schmeißt ihren Haushalt, und ihre beiden Kinder machen trotzdem keinen missratenen Eindruck … Aber wenn ich meine Frau darauf anspreche, fällt sie wie eine Hyäne über mich her.«

Man muss schon einen ehrlichen Moment erwischen, um Müttern das Eingeständnis zu entlocken, dass die Babypause für sie auch eine höchst willkommene Unterbrechung des stressigen Berufsalltags ist – eine gesellschaftlich legitimierte Auszeit, die keine schwer zu erklärende Lücke im Lebenslauf hinterlässt und in der sie sich ohne dauernden Blick auf Terminkalender und Uhr einmal nach eigenem Gutdünken treiben lassen können. Claire ist 34 und im achten Monat schwanger, als sie zugibt, was viele Frauen denken: »Ach weißt du, ich hab schon so lange gearbeitet. Da ist es zur Abwechslung mal ganz schön, zu Hause zu bleiben.«

Wir können es uns leisten zu pausieren. Männer nicht. Da ihr Gehalt meist das höhere ist, würde es ein größeres Loch in die Kasse reißen, wenn sie zu Hause blieben. Damit rutschen sie automatisch in die Rolle des »Alleinverdieners« hinein. Wir profitieren davon – aber statt uns offen darüber zu freuen, machen wir ihnen auch noch ein schlechtes Gewissen. Denn würden wir unseren privilegierten Status allzu offenkundig genießen, gäben wir jedes Druckmittel gegenüber unseren Männern aus der Hand. Da jammern wir lieber, um sie schön bei der Stange und in der Defensive zu halten. Und im Übrigen sind wir ja emanzipiert. Da bleibt frau nicht einfach so zu Hause, sondern nur gezwungenermaßen, weil er sich weigert, den Hausmann zu spielen, oder aus Berufung, weil wir eine Urmutter-Mission zu erfüllen haben.

Frauen wie Marie Theres Kroetz-Relin (Tochter von Maria Schell und Veit Relin und Ehefrau des Dramatikers Franz Xaver Kroetz) kommen uns da gerade recht. Die ehemals erfolgreiche Schauspielerin schwingt sich, seit sie Nachwuchs hat, zur Galionsfigur der Mütter-Front auf. In ihrem Buch *If pigs could fly* bricht sie (anno 2004!) eine Lanze für die Nur-Hausfrau und erklärt – wie schon zuvor in der *Frankfurter Rundschau* –, es sei illusorisch, Erwerbsarbeit und Kinder unter einen Hut bekommen zu wollen. Was sie schreibt, ist so typisch, dass es sich lohnt, sich das Ganze einmal näher anzusehen.[58]

Wie so viele andere sieht sich auch die »Nur-Hausfrau« Kroetz-Relin als echtes Multitalent: Ehefrau, Mutter, Geliebte, Putzfrau, Köchin, Veranstalterin von Familienfeten, Inneneinrichterin, um nur einige zentrale Punkte aus ihrer langen Liste herauszugreifen. Dennoch sei sie »Managerin zum Nulltarif«, weil ohne Gehalt, dafür mit 24-Stunden-Tag. Aber, schiebt sie sogleich beteuernd nach, sie würde keinen Tag bereuen, denn sie sei reich beschenkt: »Traumzeit Schwangerschaft, Urknall Geburt, Wunderwerk Kind, Liebesergänzung Familie, Fortsetzung und Weiterleitung meines Ichs und einen Keller voll Erfahrungen.«

Fragt sich: Wo bleibt in dieser Beschreibung der Mann? Okay, er ist in den Begriffen »Geliebte« und »Ehefrau« implizit enthalten. Aber sehen wir uns die Realität an, merken wir, dass gerade in dem einen Punkt, auf den Männer den allergrößten Wert legen, mit »Geliebte« nicht viel drin ist. Durch die Bank berichten junge Eltern von einem radikalen Knick in ihrem Liebesleben. Nachwuchs und spontaner Sex – das will irgendwie nicht zusammenpassen.

Wie steil es mit Intimität und Zärtlichkeit nach unten geht, zeigen wissenschaftliche Untersuchungen wie die des Sozialforschers Wassilos Fthenakis. Im Rahmen einer von der LBS-Initiative Junge Familie finanzierten Langzeitstudie[59] begleiteten er und sein Kollegenteam 175 Paare, die zwischen Dezember 1995 und August 1996 ein Kind bekamen. Sie wurden während der Schwangerschaft und mehrmals in den fünf Jahren nach der Geburt gefragt, wie sich die Qualität der Partnerbeziehung verändert habe.

Gerade was das Liebesleben anbelangt, ist das Ergebnis ernüchternd: Bei jungen Eltern läuft kaum noch was. Sie sind zu müde, haben sich wegen irgendeiner Kleinigkeit zerstritten (»Du solltest doch *zwei* Packungen Windeln mitbringen!«) oder das Baby schreit im entscheidenden Moment. Besserung ist frühestens nach fünf bis sechs Jahren in Sicht, wenn der kleine Liebestöter aus dem Gröbsten heraus ist. Dann stabilisiert sich das Sexleben (sofern das Paar dann noch zusammen ist) – allerdings auf niedrigem Niveau. Ist die Lust erst im Keller, fällt es schwer, die einstigen Turmhöhen der Ekstase je wieder zu erreichen. So viel zum Thema der »Geliebten«.

Und die Rolle der »Ehefrau«? Auch hierzu lohnt sich ein Blick in die LBS-Studie: Die Unzufriedenheit in der Beziehung wächst und Streit kommt nicht nur häufiger vor, sondern wird auch zunehmend destruktiver. Der Psychologe Bernhard Kalicki, der an den Befragungen beteiligt war, berichtet in der *taz* vom 18. Mai 2002: »Vor allem nach der Geburt eines zweiten Kindes erleben die Männer das Gezänk mit der Liebsten als nervtötend. Sie haben den Eindruck, dass es immer um das gleiche geht und die Partnerin jeweils kein Ende finden kann.«

Ein längeres Gespräch am Abend, ohne das einer dazwischenkräht? Gemeinsame Unternehmungen ganz allein zu zweit? Fehlanzeige. Mama hat anderes im Kopf. Und wohin auch mit dem Sprössling? Wenn nicht gerade eine Oma parat steht, sieht es düster aus. Vielleicht auch, weil sie sich innerlich wehrt, das Prinzenkind einem anderen (wenn auch noch so zuverlässigen) Menschen anzuvertrauen: Keine(r) macht's so gut wie sie! Sie ist unersetzlich.

Sie ist die Supermutti!

Für den Papa – für den Mann – ist da wenig Raum.

Bleibt die Frage nach dem Geld: Als »Managerin zum Nulltarif«

sieht sich Frau Kroetz-Relin. Dafür, mit Verlaub, sieht sie erstaunlich gut genährt und gekleidet aus. Es gibt da offenbar einen, der für sie mitverdient. Für sie, wie für so viele andere Mamas auch: Während bei kinderlosen Paaren beide Partner im Schnitt etwa gleich viele Arbeitsstunden im Job absolvieren, sinkt das Pensum der Frauen nach der Geburt drastisch ab. Da ein Gehalt wegfällt, müssen die Männer umso mehr Zeit in den Beruf investieren.

Dafür, schreien jetzt sofort die Frauen, machen sie im Haushalt keinen Strich! Aber das stimmt so einfach nicht: Frauen machen zwar mehr, aber zumindest die an der Studie teilnehmenden Männer hocken nach Feierabend keinesfalls untätig herum. Ein gutes Drittel der unliebsamen Arbeit bleibt im Schnitt an ihnen hängen. Daneben sollen sie der Forderung nach dem Papa zum Anfassen gerecht werden: Spielen, tollen, toben, Windeln wechseln, Fläschchen geben ... Und das wohlgemerkt, nachdem sie einen kompletten Arbeitstag samt Überstunden absolviert haben. Wenn sie abends nach Hause kommen, bleibt ihnen oft nicht einmal die Zeit, sich der Krawatte zu entledigen. Kaum treten sie zur Tür herein, haben sie das Balg auf dem Arm.

Kein moderner Mann einer emanzipierten Frau kann es sich heute noch leisten, sich diesem Familienstress zu entziehen. Er wäre sogleich als Macho enttarnt und stünde nicht nur vor seiner Frau, sondern generell in der Gesellschaft als Ewiggestriger da. Nein, als Pascha vom alten Schlage kann man heute keinen Blumentopf mehr gewinnen! Doch auch, wenn sich der Superpapi nicht entzieht, sondern sich im Geiste der neuen Väterlichkeit mit der Supermutti solidarisiert, hat er sein Superweib verloren. Denn das definiert sich fortan über die Kinder und betrachtet deren Erzeuger und Ernährer allenfalls als Faktor des – nur unter weiblicher Regie – gut funktionieren Familienunternehmens.

Also packt er (notgedrungen) mit an. Es mag eine Weile dauern, bis er seinen inneren Schweinehund niedergerungen hat und sich dazu bequemt, im Haus Hand anzulegen. Aber wenn er (nur um ein Beispiel zu nennen) das Bügeln übernimmt, dann ist die Sache erledigt, sobald die Wäsche glatt ist.

Ganz so unauffällig geht es bei uns Frauen nicht. Bevor wir den

Korb in Angriff nehmen, jammern wir mehrere Tage lang über die Fron, die uns da wieder erwartet. Wir machen klar, dass es ein großes Opfer für uns ist, auf die Freiheiten des Berufslebens zu verzichten und zu Hause im Schoß der Familie unsere Pflicht zu tun. Während des Bügelns wischen wir uns alle paar Minuten laut stöhnend den Schweiß von der Stirn, damit auch jeder mitbekommt, welcher Plackerei wir uns unterziehen. Und dann nutzen wir unsere Großtat, um den männlichen Haushaltsvorstand gezielt unter Druck zu setzen: »Ich habe den ganzen Montagnachmittag mit Bügeln verbracht. Da ist es doch nicht zu viel verlangt, wenn du jetzt wenigstens das Bad putzt.«

Ich will wahrlich nicht die Leistungen einer Mutter mit kleinen Kindern herabwürdigen. Aus eigener Erfahrung weiß ich, wie anstrengend und nervenaufreibend die ersten Jahre sein können. Babys sehen niedlich aus, und manche schlafen auch tatsächlich relativ viel. Es gibt aber auch kleine Terroristen, die ihre Eltern über Monate hinweg rund um die Uhr auf Trab halten. Alles andere bleibt liegen, so dass im Haushalt das pure Chaos regiert. Irgendwann aber ist das Leben mit dem Sprössling eingespielt. Ist die Tätigkeit der »Nur-Hausfrau« und Mutter dann wirklich noch ein 24-Stunden-Job? Kein Stündchen Schlaf? Keine einzige Minute Freizeit?

Simone, Mutter von Julia (2) und Tobias (5), erlebt es anders: »In unserer Siedlung sind die Mütter fast alle zu Hause, die Väter arbeiten viel und lange. Das ist hier wie ein Refugium. Vormittags, wenn Tobias im Kindergarten ist, gehe ich oft ins Fitnessstudio, die haben eine Krabbelstube, so dass ich Julia problemlos mitnehmen kann. Im Sommer fahren wir oft mit einer ganzen Mütterclique ins Schwimmbad, wenn es regnet, treffen wir uns zum Kaffeetrinken. Mindestens einmal pro Woche spiele ich Tennis, da kümmert sich mein Mann um die Kinder. Manchmal kommt mir mein Leben vor wie der reinste Luxus.«

Väter im Spagat

Warum nur sind die Frauen trotzdem so unzufrieden? Viele sind schlichtweg desillusioniert. Sie sind fürchterlich enttäuscht von ihrem Alltag mit Kind, haben sich das alles viel schöner, rosaroter/himmelblauer vorgestellt, können es aber schwerlich zugeben. Viel zu groß ist die Angst, als unfähig oder gar als Rabenmutter dazustehen. Außerdem ist die Situation, in der sie sich befinden, selbst gewählt. Sie selbst waren es, die unbedingt ein Kind haben wollten. Es gibt keinen Schuldigen, auf den sie mit dem Finger deuten könnten. Da heißt es, gute Miene zum anstrengenden Spiel zu machen und weiter so zu tun, als sei man am Ziel der Wünsche angekommen.

Die moderne Mama hat per Gesellschafts- und Mediendekret auf Wolke sieben zu schweben. Doch zum Schweben ist ihr womöglich nicht zumute. Statt sie zu beflügeln, hängt ihr der Nachwuchs manchmal wie eine Eisenkugel am Bein. Alles, was an ihrem Leben bislang aufregend war, fällt mit dem ersten Babyschrei weg.

Die Zeitschrift *Maxi* hat ein Paar nach der Geburt begleitet. Der Artikel »Wie ein Kind die Beziehung verändert«[60] offenbart die Zwiespältigkeit der Situation. Einerseits geht er differenziert auf die »Nebenwirkungen« ein und spiegelt deutlich wider, mit welchen Einschränkungen und Schwierigkeiten das Leben mit Baby verbunden ist. Andererseits sprechen die mal romantischen, mal witzigen Fotos, mit denen das Ganze garniert ist, eine völlig andere Sprache. Was wir sehen, ist das perfekte Glück zu dritt. »Endlich ist Maike mal Superstar: jedenfalls für Baby Lara. Was für ein herrliches Glücksgefühl!«, heißt es schwärmerisch unter einem Bild von Mama am Nordseestrand – im bodenlangen Brautkleid (!) mit Kind auf dem Arm …

Wer da nicht mithalten kann (und wer kann das schon!), hat das Gefühl, etwas falsch zu machen. »Mutter zu sein ist super, von der ersten Sekunde an«, beteuert da so manche und putzt Wohnung, Kind und sich selbst heraus, bevor andere (angeblich) ebenso perfekte Mütter zum Kaffee (zur Inspektion?) anreisen. Wo vorher noch Breireste am Couchtisch klebten und sich Spielsachen, Wäscheberge und Mülltüten türmten, blitzt jetzt alles und ist tipptopp in Ordnung. Ein einziges großes Theater: Weil alle vorgeben, ihre Aufgabe bravourös mit links zu meistern, meint jede, es ebenso großartig hinkriegen zu müssen.

Es soll nur ja kein falscher Eindruck entstehen! Ihr Leben ist schön, schöner geht's nicht! Und sie strahlt von einem Ohr zum anderen – obwohl die Reduktion auf Bauklötze, Brabbelsprache und

Sandkasten-Smalltalk ihr Hirn in den Dämmerschlaf der Langeweile versinken lässt; obwohl das täglich neue Durcheinander im trauten Heim sie bisweilen in den Wahnsinn treibt; obwohl der kleine Fratz nicht nur süß, sondern gelegentlich auch tierisch nervig ist.

Vor aller Welt versteckt sie ihren Frust, manchmal sogar vor sich selbst. An irgendwem muss sie ihn trotzdem rauslassen, und da kommt ihr der Mann gerade recht. Statt nach Lösungen zu suchen und Absprachen zu treffen, die es den beiden ermöglichen würden, an einem Strang zu ziehen und diese zugegebenermaßen stressige Zeit gemeinsam so gut es geht zu meistern, bügelt sie ihn bei jeder Gelegenheit nieder.

Insgeheim hatte sie gehofft, er würde sich mindestens zur Hälfte an Hausarbeit und Kinderpflege beteiligen (obwohl er weiterarbeitet und sie zu Hause bleibt). Jetzt fordert sie seine Mithilfe im Vorwurfston ein. Das allerdings will der Erzeuger und Ernährer keineswegs einsehen, zumal ihm die weiblichen Reinlichkeits- und Versorgungsstandards grandios überhöht vorkommen. Was soll's, wenn Abdrücke von kleinen Patschhändchen die Hochglanzfronten der Küchenzeile verunzieren? Polierst du sie weg, sind schon morgen neue da. Wozu die Windeln in adretten Stapeln auf dem Bord über dem Wickeltisch arrangieren? Du kannst sie doch auch direkt aus der Packung ziehen. Warum das Baby bürsten? Es hat doch sowieso kaum Haare.

Sie meint, er müsse sie bei der Aufrechterhaltung des schönen Scheins unterstützen und ihren Perfektionismus mitmachen. (Obwohl sie das so nicht sagt: Es steht schließlich ihre Ehre als Mutter auf dem Spiel.) Aber er hat überhaupt keine Lust, sich das Leben schwerer zu machen, als es ohnehin schon ist. Was seine Beteiligung an der Versorgung des Sprösslings anbelangt, kriegt sein Eifer zudem durch Supermuttis kritischen Blick einen Dämpfer. Mit Argusaugen verfolgt sie jeden seiner Handgriffe, ob er's auch richtig macht. Fest steht: Nicht so gut wie sie!

Karin Jäckel berichtet in ihrem Buch *Der gebrauchte Mann*[61] von einer Studie, nach der 89 Prozent der Mütter ihren Männern im Umgang mit Kindern nichts zutrauen und darum trotz aller verbalen Forderungen im Grunde gar keinen Wert auf einen »aktiven Vater« legen. Kein Wunder, dass Papa sich zurückzieht. Aber es gibt noch einen weiteren Grund. Es gibt da etwas, das ihn mehr als alles andere wurmt: Er spürt, dass ihn seine Herzdame am Tag der Geburt vom Thron gestoßen und den Nachwuchs an seine Stelle gesetzt hat. Den Büttel darf er spielen, ansonsten ist er bei ihr abgemeldet. Dem Goldesel aus dem Märchen ging es sogar besser als ihm. Er wurde für seine Dienste wenigstens mit reichlich Hafer belohnt. Viele Männer hingegen fühlen wie Bernd:

»Während ich maloche, fährt Elke in die Stadt und kauft sämtliche Läden leer. Sie sagt, keiner (das heißt im Klartext: ich) würde ihre Arbeit im Haus und mit dem Kind richtig würdigen. Aber darüber, dass ich von morgens bis abends in der Firma schufte, um den beiden einen bequemen Lebensstil zu ermöglichen, verliert sie kein Wort. In der Zeitung lese ich immer von dem Spagat, den Frauen machen müssen, um Kinder und Beruf unter einen Hut zu kriegen. Glaube ich ihnen gerne – wenn sie denn arbeiten gehen. Bei uns bin eher ich der Akrobat. Wer von uns beiden zerreißt sich denn zwischen Familie und Job?

Ich glaube, sie ist auch nicht ganz ehrlich zu mir. Manchmal habe ich den Eindruck, dass sie den halben Tag mit ihren Freundinnen verquatscht. Abends und am Wochenende fällt ihr dann ein, dass sie das Wohnzimmer saugen, die Küche wischen oder die Fenster putzen muss – gerade so, als sollte ich unbedingt mitkriegen, was sie alles zu tun hat. So als sollte ich bloß nicht auf den Gedanken kommen, dass sie eine ruhige Kugel schiebt.

Immer hält sie mein schlechtes Gewissen am Köcheln. Und so stelle ich mich nach einem Zehnstundentag hin, mache das Abendbrot und räume nebenbei die Spülmaschine aus.

Ich würde das alles noch locker ertragen, wenn sie mir dann nicht auch noch vorhalten würde, ich hätte den Tisch nicht richtig gedeckt und den Käse zu dick geschnitten. Wenn ich das höre, knallt bei mir die Sicherung durch.«

Bei Bernd und Elke muss es einmal zu oft geknallt haben. Seit kurzem leben sie nicht mehr zusammen.

Scheidungsväter

Wir Frauen mögen manchmal den Eindruck haben, nur wir würden uns untereinander über private Dinge austauschen. Wenn Männer zusammen sind, meinen wir, klüngeln sie eher Geschäftliches aus oder palavern über Technik und Sport. Mag sein, dass das früher so war, doch die Zeiten haben sich geändert. Was zu Hause los ist, kommt in Männerrunden inzwischen sehr wohl zur Sprache. Beim Kaffee mit den Kollegen oder beim Bierchen mit den Kumpels schüttet so mancher Mann sein Herz über die zickige, dominante, Geld verschleudernde, Sex verweigernde Gattin/Lebensgefährtin aus.

Besonders Männer in akuten Scheidungssituationen suchen Trost bei ihren Geschlechtsgenossen. Wenn kein Partner da ist, der ein offenes Ohr für die Probleme des Leidgeprüften hat, muss er sich ein anderes Ventil suchen. Die Cliquen der Single-Männer fungieren als Auffangbecken für die gebrannten Kinder. Hier hat man für jeden Verständnis, denn den Frust mit »den Frauen« kennt jeder aus eigener Erfahrung. Und so schäumen sie los. Berichten haarklein, wie übel ihnen ihre »Ex« mitgespielt hat.

Die Kumpels hören es und ziehen ihre Schlüsse. Zum Beispiel Single-Mann Markus: »Ich hab da einen Freund, der ist geschieden und hat drei Kinder. Und dann ist ihm auch noch die Firma Pleite gegangen. Dem steht das Wasser bis zum Hals. Der fährt nachts Taxi, um überhaupt über die Runden zu kommen. Eine Frau müsste mir schon sehr viel zu bieten haben, damit ich so ein Risiko auf mich nehmen würde.«

Im Internet schürt die Lobby der Scheidungsmänner einen regelrechten Weiberhass. Allen voran machen die Väter mobil. Sie fühlen sich geschröpft, gestraft, getäuscht; sehen sich als Opfer gewissenloser, berechnender Frauen, die ihnen nach der Trennung die Kinder entziehen und sie durch Unterhaltsforderungen finanziell ausbluten lassen. Dabei geht es längst nicht mehr nur ums Geld. Viele Männer haben die klassische Rollenverteilung längst hinter sich gelassen. Vaterschaft geht für sie über das Abliefern des monatlichen Alimente-Schecks hinaus. Sie wollen nicht auf die Rolle des Wochenend-Event-Daddys reduziert werden. Doch dass auch ein Mann seine Kinder lieben könnte, scheint für Mütter nur so lange im Bereich des Möglichen zu liegen, wie die Ehe währt. Geht sie auseinander, wird er dem Nachwuchs gegenüber zur Persona non grata erklärt. Ein Kind, das dennoch mit seinem Vater zu tun haben will, gerät da leicht in die Gefahr, sich wie ein Verräter an Mamas Sache zu fühlen.

Es gibt tausend Gründe, warum sich Paare trennen, und es steht mir fern, an dieser Stelle für den einen oder anderen Partei zu ergreifen. (Wie heißt es so schön? Zum Streiten gehören immer zwei.) Was aber nach der Trennung passiert, ist bisweilen so erschreckend einseitig pro Frau, dass die Wut der betroffenen Männer mehr als verständlich erscheint. Beim Streit ums Sorgerecht ist das so. Beim Auseinanderdividieren der Finanzen auch. Sind sie während der Ehe der Goldesel, werden sie nach einer Scheidung oft wie Weihnachtsgänse gerupft.

Möglich wurde dies durch die große Scheidungsreform von 1977. Bis dahin zogen die Frauen für gewöhnlich den Kürzeren. Bei einem Seitensprung verloren sie zum Beispiel durch das damals geltende Schuldprinzip jeglichen Anspruch auf Sorgerecht und Unterhalt. Seit der inzwischen beinahe dreißig Jahre gültigen Neuregelung stehen jedoch eindeutig die Männer schlechter da. Harald Schütz, Richter am Oberlandesgericht Bamberg, bringt die Folgen auf den Punkt:[62]

»In unserem Rechtsstaat kann es Menschen, weit überwiegend Vätern, widerfahren, dass gegen ihren Willen und ohne ihnen anzurechnendes schuldhaftes Verhalten ihre Ehen geschieden, ihnen ihre Kinder entzogen, der Umgang mit diesen ausgeschlossen, der Vorwurf, ihre Kinder sexuell missbraucht zu haben, erhoben und durch Gerichtsentscheid bestätigt und sie zudem durch Unterhaltszahlungen auf den Mindestselbstbehalt herabgesetzt werden. Die Dimension solchen staatlich verordneten Leides erreicht tragisches Ausmaß und sollte seinen Platz auf der Bühne, nicht in unserer Rechtswirklichkeit haben.«

Hat es aber doch – und darum gehen immer mehr Männer in die Offensive. Auf Internetseiten wie www.pappa.com, www.wochenendvater.de oder www.vaeter-aktuell.de organisieren sie sich im gemeinsamen Kampf gegen das Vorurteil vom miesen Ehemann, der seine Familie schmählich im Stich lässt, um sich mit einer Jüngeren ein schönes Leben zu machen. Initiativen wie diese sind längst kein Randgruppenphänomen mehr. »Väteraufbruch«, mit seinen 2.500 Mitgliedern der wohl größte deutsche Verein dieser Art, warnt auf seiner Homepage (www.vafk.de): »Vorsicht EHE!«

Da ist die Rede von Hunderttausenden Betroffenen, die sich von einer weitgehend an Fraueninteressen orientierten Familienrechtsprechung zu »rechtlosen Trotteln und Unterhaltssklaven« degradiert fühlen; von Richtern, die sich als Beschützer der Frauen gerieren; und von Müttern, die die Rechtslage schamlos zu ihren Gunsten ausnutzen, um nicht arbeiten gehen zu müssen – von Müttern, die ihre Kinder als »Spekulationsobjekt« mit sicherer Rendite funktionalisieren.

Mag sein, dass in den Pamphleten und Aufrechnungen der unfreiwilligen Wochenendväter viel Polemik steckt. Die verletzten Löwen beißen nun mal ebenso um sich wie die verletzten Kätzchen. So auch Thorsten, der nach einer gescheiterten Ehe einmal und nie wieder sagt: »Es wird immer behauptet, Nutten seien teuer. Doch glaube mir, eine Ehefrau kann kostspieliger sein. Spaß am Sex? Den haben beide nicht. Aber Erstere tut wenigstens so, als würde es ihr gefallen.« Harte Worte, die sicher nicht allgemein gültig sind. Nicht jede Frau verwandelt sich bei der Trennung in eine Hyäne. Aus der Luft gegriffen sind die Vorwürfe der scheidungsgeschädigten Männer dennoch nicht.

Aber wenn wir Frauen in trauter Runde zusammensitzen und eine von ihrem Scheidungsdrama berichtet, dann ziehen wir mitfühlend die Stirne kraus. Von vornherein steht für uns fest, wo der (nicht die) Schuldige zu suchen ist: Ist er gegangen, ist er sowieso der Böse. Hat sie den Bettel hingeschmissen (was in der Mehrzahl der Fälle geschieht), hat sie bestimmt allen Grund dazu gehabt … Wenn sie sich rächt und ihn bis aufs letzte Hemd auszieht, klopfen wir ihr ermutigend auf die Schulter: »Recht hast du! Lass dich bloß nicht unterbuttern!« Und wenn der Betroffenen die Ideen für ihren Rachefeldzug auszugehen drohen, überbieten wir uns gegenseitig mit kreativen Vorschlägen.

Wir halten das für weibliche Solidarität. In Wirklichkeit aber schneiden wir uns ins eigene Fleisch. Denn wenn wir so weitermachen, wird irgendwann kein Mann mehr längerfristig etwas mit uns zu tun haben wollen. Es gibt da eine alte Kaufmannsregel, die besagt, dass ein unzufriedener Kunde tausend andere vergrault. Für jeden Rosenkrieg, der geführt wird, taucht ein kleines Heer von Single-Männern im Untergrund ab.

Was Ricarda Junge in einer Glosse in der *Frankfurter Rundschau*[63] schreibt, klingt lustig – klingt nach Klischee. Aber so weit von der Realität liegt es gar nicht entfernt: »Frauen von heute heiraten nur noch, um sich gewinnbringend scheiden zu lassen. Ihre Kinder erziehen sie allein, weil Frauen die besseren Väter sind, und wenn das Geld mal nicht reicht, steht der Staat halt Pate. Kein Wunder also, dass die Männer die Ehe für sich entdeckt haben und nun wie verrückt untereinander heiraten.«

Da wundern wir uns noch, wenn die Männer sagen:

Sex? Ja, bitte.

Beziehung? Nein, danke!

Mach's dir doch selbst!

Wie sich die Single-Frau einer dreifachen Konkurrenz gegenübersieht und trotzdem alles tut, um im Wettbewerb unterlegen zu sein

Ralf: »Wenn ich mich in meinem Bekanntenkreis umsehe, kenne ich kein Paar, bei dem mir der Gedanke kommt: So würdest du gerne leben. Es gibt da niemanden, mit dem ich freiwillig tauschen würde. Wenn ich sehe, was da abgeht bei den Leuten … Die Männer können doch kaum einen Schritt machen, ohne dass sie sich rechtfertigen müssen. Die können ja nicht mal mehr einen Abend mit ihren Kumpels ausgehen, ohne dass ihnen ihre Frau in den Ohren liegt. Ständig ist wegen irgendeiner Sache dicke Luft im Haus.

Nur bei meinem Freund Reinhold ist es anders. Der hat sich eine russische Frau … wie soll ich sagen … ›genommen‹?

Keine Ahnung, wie genau sie sich kennen gelernt haben. Ich meine, sie hätte eine Anzeige aufgegeben. Auf jeden Fall war sie damals schon in Deutschland, und am Anfang gab es Riesenprobleme mit dem Visum. Eine heikle Geschichte, aber Reinhold hat sich ziemlich engagiert, und es ist ihm gelungen, die Sache zu bereinigen.

Ob es sich für ihn gelohnt hat? Unbedingt! Er ist alles andere als ein Frauentyp, ist viel zu zurückhaltend … Bevor er Tanja kennen lernte, hatte er lange gesucht. Sie haben dann auch ziemlich schnell geheiratet.

Ab und zu bin ich bei den beiden eingeladen, und jedes Mal denke ich: Er ist der einzige von meinen Bekannten, den ich um seine Beziehung beneide.

Nicht, dass Tanja unterwürfig wäre oder ein dummes Mäuschen. Nein, sie ist gebildet, kommt aus gutem Hause, spricht inzwischen auch super Deutsch. Er hat natürlich investiert in sie, ihr Sprachkurse bezahlt und so weiter. Aber was soll's. Er kriegt ja auch was dafür.

Klar, die Frauen in Russland sind noch eher bereit, sich einem Mann unterzuordnen. Die überlegen gar nicht erst, ob die Hausarbeit ihre oder seine Sache ist, die machen sie einfach. Aber das allein ist es nicht, auch wenn es eine Menge Stress erspart.

Was mir so gut gefällt: Die Frau hat so eine angenehme Art. Sie sieht nicht alles immer so kritisch wie andere Frauen. Sie ist so ausgeglichen, ist immer gut drauf. Man fühlt sich als Mann da einfach willkommen; gut aufgehoben. Man ist entspannt, hat nicht dauernd das Gefühl, nicht wirklich genehm zu sein. Kein Wunder, dass Reinhold mit ihr so glücklich ist.

Ich ärgere mich bloß über mich selbst: Vor ein paar Monaten war eine Cousine von Tanja zu Besuch, eine bildschöne Frau, und vom Wesen her genauso angenehm. Die wäre auch bestimmt nicht abgeneigt gewesen, aber ich Idiot hab irgendwie nicht reagiert. Weiß auch nicht warum. Manchmal denke ich, ob ich mich nicht mal nach ihr erkundigen sollte.«

Konkurrenz aus dem Osten

Nun könnten wir denken: Da haben wir es wieder! Ein Mann, der zu schüchtern ist, um hierzulande eine Frau an Land zu ziehen, »nimmt« sich eine Russin, damit sie ihm den Haushalt führt und ihm auch sonst zu Willen ist. Unweigerlich kommt uns Gerhard Polts Paradenummer von dem Mann in den Sinn, der uns seine frisch aus dem Fernen Osten importierte Katalog-Braut Mai Ling vorstellt: Er habe sie zwar erst seit drei Wochen, aber er sei sehr zufrieden mit ihr, denn sie schmutze nicht (wie der Asiate an und für sich nicht schmutze), sei leise und zudem klein genug, um in Tante Annis ausrangiertem Kinderbett zu schlafen. Das alles zum Schnäppchenpreis von nur »2.785 Mark und a bissel was« ab Bangkok Airport. Da nehme man gern in Kauf, dass sie gelb ist. Zum Beweis ihrer Fügsamkeit lässt er sich von ihr wie von einem Schäferhund die Zigaretten nebst »Zündhölzel« apportieren. »Brav, Mai Ling. … So, jetzt darfst dich wieder setzen.«

Es geht hier weder um Sextourismus noch um Prostitution aus dem Katalog, sondern um die Frage, was Frauen wie Tanja haben und wir nicht (mehr) haben. Deshalb wäre es schade, die Geschichte unbesehen unter der Rubrik »moderne Sklaverei« abzuhaken. Schließlich sind wir dabei zu ergründen, warum Männer sich nicht binden wollen. Und dann begegnen wir auf einmal zwei ganz anderen Exemplaren: Reinhold, der bereit ist, »seine« Russin stante pede zu heiraten, und weder Kosten noch Mühen scheut, um die dazu erforderlichen Papiere zu beschaffen. Und Ralf, der sich grämt, weil er die einmalige Gelegenheit verstreichen ließ, es seinem Freund gleichzutun und die Cousine der Dame für sich zu gewinnen. Ach, hätte er nur »zugegriffen«!

Das Bedürfnis nach Bindung ist bei Männern also durchaus vorhanden. Und nicht nur bei den beiden: Alle Single-Männer, die ich für dieses Buch interviewt habe, sprachen von ihrer großen Sehnsucht nach einer Frau, mit der sie ihr Leben teilen könnten. Und auch wenn dies kein repräsentativer Querschnitt ist, dürften doch viele andere so wie sie empfinden.

Die schnelle Nummer? Warum nicht? Man(n) ist ja kein Kostverächter. Aber daneben wünschen sich die Jungs etwas anderes: Selbst Männer, die gern jedes sexuelle Abenteuer mitnehmen, geben zu, dass sie gern »etwas Festes« – »etwas fürs Herz« – hätten. Vom Bindungsbedürfnis bis zur Beziehungsbereitschaft ist es jedoch ein langer Weg. Wie sagt Ralf es so schön? Mit Ausnahme von Reinhold beneidet er keinen einzigen seiner Bekannten um seine Beziehung. Er wünscht sich so eine Frau wie Tanja, sonst keine.

Müssen wir jetzt tatsächlich die Konkurrenz aus dem Osten fürchten? Ganz so einfach ist es nicht. Bleiben wir vorerst bei Tanja: Was hat sie, das Männer dazu bringt, über den Schatten ihrer Beziehungsscheu zu springen? Fragt man sie, heben sie vor allem drei Dinge hervor:

- Sie kann einen Mann offenbar so lassen, wie er ist.
- Sie ist so verlässlich »gut drauf« und umgänglich, dass man sich in ihrer Gegenwart wohl fühlt.
- Sie ordnet sich unter, ohne groß zu diskutieren.

Legt man (deutschen) Single-Frauen diese Liste vor, regt sich sofort Widerspruch. Einen Mann so lassen, wie er ist, das mag ja noch angehen. (Außer wenn er im Stehen pinkelt. Oder uns im ungebügelten Hemd zur Geburtstagsparty unserer Freundin begleiten will.

Oder, oder, oder ...) Aber schon der zweite Punkt ist völlig indiskutabel. Immer gut drauf sein – wer kann, wer will das schon? Wir Frauen jedenfalls nicht! Zu gern bedienen wir uns immer noch der »weiblichen Waffen« aus Großmutters Zeiten und meinen, uns männliche Bewerber nach dem Prinzip von Zuckerbrot und Peitsche gefügig machen zu müssen. Unberechenbarkeit gibt dem Spiel erst die richtige Würze: Wenn er nie so genau weiß, was als Nächstes passiert, hält ihn das auf Trab. Außerdem wirkt ein kleiner Gunstbeweis sehr viel größere Wunder, wenn er aus heiterem Himmel erfolgt. Nur der Empfänger, der darauf gepolt ist, stets mit dem Schlimmsten zu rechnen, wird sein Glück wirklich zu schätzen wissen.

So verkaufen wir wie eh und je »kapriziöses« Verhalten als Merkmal für edle Weiblichkeit. Bei Pferden lässt eine gewisse Nervosität ja auch auf Rasse und Klasse schließen. Gutmütigkeit und Duldsamkeit hingegen sind eher Eigenschaften, die man einem Brauereipferd zutraut, und wer wollte sich schon mit so einem plumpen Kaltblüter vergleichen?

Es geht hier keineswegs darum, Männer als Helden ohne Furcht und Tadel zu preisen und die ganze Schuld an der Zerrüttung des Geschlechterverhältnisses allein den Frauen in die Schuhe zu schieben nach dem Grundsatz: Wenn eine den Kerlen auf der Nase herumtanzt, braucht sie sich nicht zu wundern, wenn noch der Gutmütigste das Weite sucht. Dass die »Herren der Schöpfung« gleichfalls ihre Schwächen haben, braucht man keiner Frau zu sagen. Das ist uns allen hinlänglich bekannt. Auch käme es kaum einer von uns in den Sinn, mit voremanzipatorischer Unterwürfigkeit alles abzulegen, was IHN stören könnte, bloß um »einen abzukriegen«.

Über die Männer haben wir uns oft genug beklagt – mal aus mehr, mal aus weniger gutem Grund. An dieser Stelle aber bringt es uns nicht weiter. Schließlich wollen wir verstehen, warum sich die Kerle nicht binden wollen. Und ganz gleich, wie prall gefüllt der Sack an Problemen ist, den sie mit sich herumschleppen – eines steht fest: Sie verspüren nicht nur eine verschwindend geringe Lust, diese aufzuarbeiten, sondern auch einen zunehmenden Widerwillen gegen die so genannten weiblichen Schrulligkeiten. Letzteres allerdings hat sich in Frauenkreisen offenbar noch nicht herumgesprochen.

Mag sein, dass die Gleichung »zickig = interessant« gelegentlich immer noch aufgeht. Es gibt tatsächlich masochistisch veranlagte Männer, die sich das exzentrische Verhalten von Frauen als Zeichen von Wildheit und Unbezwingbarkeit schönreden. Wahrscheinlich brauchen sie das, um vor sich selbst zu rechtfertigen, warum sie sich so schikanieren lassen. Die meisten Typen aber sind heute von ihrem Job-Alltag so gestresst, dass sie vor jeder weiteren Anstrengung zurückscheuen. Sich den unkalkulierbaren Stimmungsausbrüchen einer launischen Geliebten auszusetzen, ist da so ziemlich das Letzte, was sie sich freiwillig zumuten wollen.

Wir aber setzen das Attribut »pflegeleicht« unbeirrbar mit Dummheit gleich und feilen eifrig weiter an unseren Allüren. Hat die moderne Frau nicht die Selbstverwirklichung zum erklärten Ziel erhoben und sich, als Spätfolge der Emanzipation, eine »neue Weiblichkeit« auf die Fahnen geschrieben? Durch konsequentes Studium der einschlägigen Ratgeberliteratur sowie den Besuch von Eso- und/oder Psychokursen (an denen interessanterweise kaum je ein Mann teilnimmt) hat sie gelernt, sich selbst zu beobachten und in sich hineinzuhorchen. Oh, ja! Sie spürt, was für sie stimmig ist und was nicht. Authentisch will sie sein. Und wenn sie schlechte Laune hat, zeigt sie das auch. Alles andere käme doch einer Selbst-Vergewaltigung gleich!

Dass die großen Weisheitslehren, aus denen sie sich inspiriert, eigentlich die Überwindung des Egos fordern und Tugenden wie Hingabe, Demut und vor allem Selbstbeherrschung einen hohen Stellenwert beimessen, übersieht sie geflissentlich. Wenn sie liest, dass sie über die Beobachtung des Selbst zur Selbstlosigkeit finden soll, kommt in ihrem Hirn nur der halbe Satz an:

»Beobachte dich selbst!«

Ja, denkt sie begeistert. Lange genug hat sie sich für andere aufgeopfert. Höchste Zeit, den Fokus einmal auf die eigene Person zu richten. Endlich mal sich selbst wichtig nehmen! Großartig, jubelt sie, und mit jedem Tag bläht sich ihr Ego weiter auf. So fühlt sich Selbstverwirklichung an!

ICH, ICH, ICH!

Und wehe, einer trampelt in ihrem Vorgarten herum!

Friede, Freude, Eierkuchen? Das war gestern. Heute lacht sie nur, wenn es was zu lachen gibt. Und wenn einer damit nicht klarkommt, legt sie das alte, abgegriffene Tic-Tac-Toe-Album auf und lässt die Gören singen, was sie sich denkt:

»Verpiss dich!«

»Ich find dich Scheiße«.

Genau so eine moderne Frau war Gerti auch. Auch sie hatte sich die Maxime der Selbstverwirklichung auf die Fahnen geschrieben – bis vor etwa zwei Monaten alles anders wurde. Da nämlich hat sich ihr Mann nach beinahe zwanzigjähriger Ehe von ihr getrennt. Heute wünscht sie sich, sie hätte ihre Grillen nicht ganz so intensiv gepflegt und ihren Frust und ihre Negativität öfter mal mit sich allein ausgemacht. »Eigentlich überrascht es mich nicht, dass sich Paul irgendwann kaum noch daheim blicken ließ«, gibt sie heute selbstkritisch zu. »Er brauchte doch bloß zur Tür hereinzukommen und schon fing ich an, ihm das Leben schwer zu machen. Warum ich so mit ihm umgesprungen bin, weiß ich selber nicht. Ich konnte irgendwie nicht anders.«

Gerti könnte uns Leid tun. Aber Mitleid hilft uns nicht. Versetzen wir uns lieber einen Augenblick lang in ihren oder jeden anderen Mann hinein. Wenn wir vor der Entscheidung stünden, uns auf eine Frau einzulassen: Welche würde uns wohl mehr verlocken – eine wie Tanja oder eine wie Gerti? Die Antwort ist klar, oder?

Solange wir meinen, die Männer in unserem Umfeld die ungebremste Wucht unserer psychischen und emotionalen Befindlichkeitswellen zumuten zu müssen, um uns frei entfalten zu können, so lange stimmt es schon: Da müssen wir sie fürchten, die Konkurrenz. Vielleicht nicht generell die aus dem Osten. Aber mit Sicherheit die der Tanjas dieser Welt, die es verstehen, gute Stimmung zu verbreiten. Die nicht launisch und unberechenbar, sondern (fast) immer gut drauf sind. Weil sie sich selbst nicht so wichtig nehmen.

Warum ist das so? Nun, jene Art von Selbstbespiegelung, wie wir sie in unserer modernen westlichen Gesellschaft so gern und ausgiebig betreiben, ist letztlich ein luxuriöser Zeitvertreib, den wir uns nur erlauben können, weil uns keine existenzielleren Sorgen quälen. In einem wirtschaftlich kargen Umfeld (wie beispielsweise Tanjas Heimat) bleibt für diese Art von Nabelschau wenig Raum. Da beschäftigen einen ganz andere Fragen: Wovon soll man satt werden? Wovon die nächste Miete zahlen? Wer sich mit solchen Problemen herumschlagen muss, hat für Geschlechterkampf keine Zeit. Im Gegenteil: Man zieht an einem Strang, man sitzt im selben Boot und hat verinnerlicht: Entweder wir schaffen es gemeinsam oder gar nicht. Der oder die Einzelne ist da sekundär – auch aus typisch weiblicher Perspektive.

Befreite Zone »Bett«

Fehlt noch der dritte Punkt in Tanjas Positivliste. Er ist gleichzeitig derjenige, der bei den von mir befragten Frauen die allerheftigste Kritik ausgelöst hat. Dankbarkeit hin oder her. Aber wie kann sich so eine derart freiwillig den Kerlen unterordnen?!

Klar, dass die das toll finden!

Aber nicht mit uns!

Wo kämen wir denn da hin?!

Es ist schon interessant: Wir hören ein Wort wie »unterordnen«, schon schießt uns das Adrenalin in die Adern. Reflexhaft springen wir auf die Barrikaden. Als hätte jemand auf einen Auslöser gedrückt, keifen wir blindlings los. (Ich will mich da nicht ausnehmen. Auch in mir selbst löst der Begriff mächtigen Widerwillen aus!) Unsere Reaktion erinnert verdächtig an die eines scharf gemachten Kampfhunds. Ein Reizwort genügt, und wir schnappen zu. Wer oder was hat uns bloß so konsequent auf Angriff getrimmt?

Merkwürdigerweise scheinen Frauen aus anderen Ländern – zum Beispiel aus dem Osten – einen weniger ausgeprägten Beißreflex zu haben, obwohl die Kerle dort bestimmt nicht »besser« sind als die unsrigen. Es liegt garantiert nicht daran, dass die Mädels generell sanft- und edelmütiger sind als wir. So mancher Single-Mann hat mir von Erlebnissen berichtet, die eben auch auf eine gewisse berechnende Ader bei der ausländischen Konkurrenz schließen lassen. Ob hierzulande oder anderswo – solche und solche gibt es überall.

Dennoch fühlen sich Ostfrauen offenbar nicht so wie wir dauernd von Männern in ihrer Position, ihrer Würde, ihrem Recht, ihrer Integrität, ihrer Unabhängigkeit infrage gestellt. Überhaupt scheinen sie sich über ihr Selbstverständnis als Frau wesentlich weniger Gedanken zu machen. Das hat auch der Leipziger Sexualwissenschaftler Kurt Starke herausgefunden.[64] Er stellte fest, dass bei den »Ossis« ungeachtet aller Widrigkeiten im gesellschaftlichen Umfeld das Verhältnis zwischen Mann und Frau entspannter sei – im Zusammenleben wie auch in der Sexualität. Der Grund: Anders als in den alten Bundesländern kam im Ostblock – also auch in der ehemaligen DDR – niemand auf die Idee, das Geschlechterverhältnis intellektuell zu hinterfragen, durchzudiskutieren und von Grund auf zu reformieren. Berufliche Gleichberechtigung wurde, wenn auch nicht auf hoher und höchster Ebene, von Staats wegen verordnet. In den »volkseigenen Betrieben« mochte man schließlich nicht auf die weibliche Arbeitskraft verzichten. Und in der UdSSR musste (ebenso wie im heutigen Russland und in den früheren Teilrepubliken) manche Frau auf dem Bau oder im Stahlwerk schuften, damit sie ihre Familie nebst wodkageschwängertem Gatten über die Runden brachte. Die Frauen brauchten sich ihren Platz in der Arbeitswelt nicht zu erobern: Sie hatten ihn schon, ob sie wollten oder nicht.

Noch etwas war »drüben« anders: Erotik war kein Thema in den Medien. Über Sex wurde nicht groß geredet, er wurde praktiziert. Schließlich ist der Liebesakt so ziemlich das Einzige, was dem arbeitenden Volk in einem straff organisierten Staat zu unkontrollierter Leidenschaft und ekstatischen Glücksgefühlen verhelfen kann. Und das ganz umsonst. Das Bett war die befreite Zone. Ein kleines Paradies. Noch heute, Jahre nach dem Mauerfall, sei dieses unbeschwerte Miteinander zu spüren, meint Professor Starke.

Ganz anders die Situation im Westen: Zu mühsam haben die Frauen hier den Männern ihr Territorium abgerungen, als dass sie sich jetzt unbeschwert mit ihnen vergnügen könnten. Es ist, als würden wir dem Frieden nicht recht trauen und hätten auch nach so vielen Jahren des Geschlechterkampfes immer noch das Gefühl, uns auf besetztem Gebiet zu bewegen. Selbst wenn längst niemand mehr unsere Eigenständigkeit bezweifelt, vermuten wir in jedem Mann unbewusst immer noch den potenziellen Partisanenkämpfer, der nichts anderes im Sinn hat, als uns unsere Position streitig zu machen. Um ihn in Schach zu halten, fletschen wir vorsorglich die Zähne. Frau kann ja nie wissen!

Die bereits an anderer Stelle beschriebene mediale Dauerberieselung mit Bildern von überirdisch orgiastischer Ekstase trägt das ihre dazu bei, unsere innere Anspannung zu verstärken. Mit dem, was wir da sehen, kann kein Mensch mithalten. Versuchen tun wir's trotzdem. Partnerglück als Leistungssport. Wenn wir uns nur richtig anstrengen, kriegen wir das schon hin. Verbissen arbeiten wir daran, endlich höchste Lust und ultimatives Glück zu erleben. Und scheitern täglich neu, weil sich das Leben weigert, mit unseren Erwartungen Schritt zu halten; und weil unter Druck erst recht nichts geht. Anstrengung und Enttäuschung lassen uns mürrisch werden.

Bitter.

Launisch.

Gereizt.

Wenn wir uns bloß einen Moment lang ausruhen könnten, seufzen wir und sehnen uns nach dem Helden mit der breiten Schulter zum Anlehnen. Genau hier aber fängt die Sache an, schizophren zu werden. Denn während die eine Stimme in uns ruft »Ich will einen starken Mann«, schreit die andere »Bloß nicht!« und löst sofort Großalarm aus, wenn so einer in unsere Nähe kommt. Ist er etwa ein gut getarnter Freischärler der Anti-Emanzipations-Brigade? Sofort fühlen wir uns bedroht und um uns zu schützen, kehren wir die Kratzbürste heraus. Unterordnen werden wir uns auf gar keinen Fall. Niemals!

Da ist das Unwort wieder. Aber sich unterordnen ist doch nicht gleichbedeutend mit sich aufgeben. Es heißt nicht mehr und nicht weniger, als den Stärkeren als »Leittier« zu akzeptieren. Tun wir es nicht, fängt der Kampf um die Hackordnung an – und es ist aus mit der Partnerschaft, in die jeder das einbringt, was er geben kann.

Manch einem Kerl ist das Ganze zu blöd und er macht sich aus dem Staub. Verwunderlich ist das nicht, denn er sucht ja etwas ganz anderes als das alltägliche Hickhack um die Beziehungshierarchien. Eigentlich will er eine Frau, die ihn unterstützt und an einem Strang mit ihm zieht. Die das Miteinander, nicht das Gegeneinander sucht; die ihm Lust und Freude und keinen Ärger bereitet. Er will aufregenden Sex statt anstrengender Diskussionen; wünscht sich eine himmlische Geliebte und keine Beißzange, die ihm die Hölle heißt macht. Er will spielen und nicht kämpfen. Er will einfach seine Ruhe haben.

Die heilige Inquisition

»Mürrisch, bitter, launisch, gereizt, zickig? Ich doch nicht!«, höre ich die eine oder andere von Ihnen einwenden. »Ich bin schließlich auf Partnersuche, und da werde ich mir doch nicht ins eigene Fleisch schneiden. Wenn ich ›auf die Piste‹ gehe, setze ich selbstredend mein Sonntagsgesicht auf.«

Mag ja sein. Aber es ist nicht alle Tage Sonntag, und irgendwann ist Schluss mit lustig.

Nehmen wir an, wir hätten einen geeigneten Kandidaten ins Visier genommen und er schiene auch uns gegenüber nicht abgeneigt. Man kommt sich näher, geht ab und zu zusammen essen, verbringt vielleicht auch das eine oder andere Wochenende zusammen. Aber der Kerl kommt und kommt nicht zur Sache – ich meine, zur *eigentlichen* Sache: In die Kiste zu hüpfen, dazu ist er schon bereit. (Wir wissen ja – Fuck & Go.) Nur, er bekennt sich nicht zu uns. Dabei sind wir schon seit zwei (!!!) Monaten zusammen. Lange Leine lassen ist nicht unser Ding; Geduld zu haben auch nicht. Wir wollen endlich wissen, woran wir sind.

Zweifel steigen in uns auf. Ob es womöglich eine andere gibt? Wir beraten uns mit unseren Freundinnen. Sie finden es auch komisch, dass er so zögerlich ist. Höchste Zeit, ein ernstes Wort mit ihm zu reden, finden wir. Er reagiert ausweichend und meldet sich erst einmal mindestens drei Tage lang nicht. Kein Wunder, denn mit unserem hochnotpeinlichen Verhör haben wir seine schlimmsten Vorurteile gegenüber Frauen bestätigt: Er weiß jetzt, dass wir zur Kategorie der Kontroll-Tussis gehören und nur auf eine passende Gelegenheit warten, ihn seiner Freiheit zu berauben.

Und tatsächlich: Wenn wir das nächste Mal in seinem Auto sitzen – sofern es ein nächstes Mal gibt –, suchen wir nach Beweisen dafür, dass er uns hintergeht und unsere vermeintlichen Besitzansprüche unterwandert. Wir scannen den Sitz nach Haaren unbekannter Länge und Haarfarbe ab, und lässt er beim Tanken sein Handy auf dem Fahrersitz liegen, gucken wir flugs die Anruferliste durch. Ein und dieselbe Nummer dreimal hintereinander? Das kann nichts Gutes verheißen!

Ob mit diesem oder jedem anderen Mann – der Funke eines Verdachts genügt, schon ist die Staatsanwältin in uns erwacht. Obwohl er uns nichts versprochen hat, schnüffeln wir auf Schritt und Tritt hinter ihm her, um zu überprüfen, ob er auch treu und ergo unser würdig ist. Jede vermeintliche Verfehlung wird gnadenlos geahndet. Manchmal erinnert das Ganze schon verdächtig an die (un)heilige Inquisition. Wobei die der Ketzerei geziehenen »Sünder« im Mittelalter von weiterer Verfolgung verschont blieben, sobald sie ihrem angeblichen Irrglauben abgeschworen hatten. Wovon aber sollte ein Mann heute abschwören? Von seiner Lust am Weib? Oder gleich generell von seinem Mannsein? (Ob wir ihn dann noch mögen würden, wage ich zu bezweifeln.)

Ich wundere mich manchmal, warum sich überhaupt irgendein Typ freiwillig solchen Nachstellungen aussetzt. Natürlich ist Eifersucht kein typisch weibliches Phänomen. Ein krankhaft misstrauischer Liebhaber kann in dieser Hinsicht mindestens ebenso ätzend sein wie manche Frau.

Worum es mir hier geht, sind nicht die Dramen, die sich da gelegentlich abspielen, sondern der ganz normale tägliche Wahnsinn – und hier ist die Rolle des Oberkontrolleurs in den allermeisten Fällen weiblich besetzt. Dass dies so ist, hat mit einer grundsätzlichen Verschiedenheit der Geschlechter zu tun.

Spätestens seit uns John Gray in seinem Millionenbestseller[65] die grundsätzliche Andersartigkeit von Mars-Männern und Venus-Frauen vor Augen geführt hat, steht fest, dass Männer mehr Rückzugsräume brauchen als Frauen. Der Psychologe Oskar Holzberg formuliert es 1999 in einem *Brigitte*-Spezialheft[66] wie folgt: »Statt artfremder Gefühlshaltung wird eine dem männlichen Wesen angemessene Freilandhaltung empfohlen. Die Erkenntnis der Psycho-Innung an der Schwelle zum neuen Jahrtausend lautet simpel: Ein Mann kann nicht immer da sein. Ein Mann muss fliehen können. Es ist sein Wesen, weg zu sein. Der Mann ist ein Weg-Mann.«

Im Prinzip wissen die meisten Frauen sehr wohl um den männlichen Freiheitsdrang. Das Problem: Wir scheinen ihn einfach nicht respektieren zu wollen oder zu können. Widmet uns der (potenzielle) Partner nicht rund um die Uhr seine ungeteilte Aufmerksamkeit, fühlen wir uns vernachlässigt. Unsicher wie wir sind, dürstet es uns ständig nach Bestätigung, nach einer zärtlichen Geste, einem freundlichen Wort, einem überschwänglichen Lob, einem liebevollen Blick, einem kleinen (oder größeren) Geschenk ... Meist merken wir nicht, wie sehr wir den Männern mit unserer Forderung nach 24-Stunden-Dauerbeachtung die Luft zum Atmen nehmen. Will er sich entziehen, braucht er eine gute Ausrede. Sonst sind wir beleidigt.

Um der unersättlichen Gier der Frauen nach Nähe und Aufmerksamkeit zu entkommen, haben sich Männer tausend Schleichwege ins Exil geschaffen. Sie sind überall – im Fitnessklub, mit den Kumpels unterwegs, auf Mountainbike-Tour oder in der Garage. Nur da, wo wir sie gern hätten – an unserer Seite –, da sind sie (meistens) nicht. Und sollten sie physisch doch einmal anwesend sein, verschwinden sie hinter einer Zeitung oder lassen sich von einer Tennis-Übertragung im Fernsehen in Trance versetzen.

Solange ein Mann solo ist, kann er sich seine Rückzugsmomente nehmen, wann und wo er will. Lässt er sich aber auf eine von uns ein, muss er auf einmal jede kleine Abwesenheit erklären, muss sich seinen Freigang Runde für Runde genehmigen lassen. Noch nicht einmal im eigenen Kopf lassen wir ihn allein. Zieht er sich dorthin zurück, fragen wir:

»Was denkst du gerade?«

Statt ihm Raum zu geben, so dass er auf uns zukommen kann, stellen wir ihm nach und drängen ihn an die Wand.

»Wo willst du (wieder) hin?«

»Wo bist du (wieder) gewesen?«

»Was hast du so lang gemacht?«

»Warum hast du mich nicht angerufen – oder mir nicht wenigstens eine SMS geschrieben?«

Über jede seiner Minuten muss er haarklein Rechenschaft ablegen. Hat ein Mann es wirklich nötig, sich dermaßen kontrollieren zu lassen? Sicher nicht. Dank Mikrowelle und Italiener an der Ecke ist er kaum noch auf unsere unmittelbaren Dienstleistungen im Haushalt und bei der Kindererziehung angewiesen. Auch wenn wir die Sache allein unter dem Aspekt der Triebbefriedigung betrachten (der auf der männlichen Prioritätenliste bekanntlich auf Platz eins rangiert), hat er zweifellos andere Möglichkeiten. Und damit wären wir bei einer weiteren Konkurrenz, und zwar einer, die es versteht, einen Mann nach allen Regeln der Kunst zu betören: den Damen des horizontalen Gewerbes.

Sie bedienen (mehr oder weniger frei-) willig jeden Kunden – ein Angebot, das vielen Männern verlockend erscheint, zumal sie eine Gabe haben, die uns Frauen verwehrt ist: Sie können Sex und Liebe voneinander trennen. Was die Etablissements anbelangt, ist durchaus für jeden Geschmack etwas dabei. Steffen zum Beispiel mag es stilvoll:

»Es gibt da einen Klub in XXX. Von fünf bis sieben Uhr abends, wenn die Leute vom Job kommen, ist da Hochkonjunktur und es ist (grins) rammelvoll – Verheiratete, Singles, ganz egal.

Die sind auf kompletten Service eingerichtet, du kriegst Duschzeug, Badeschlappen, Handtuch, alles. So wie du von der Arbeit kommst, so gehst du dahin. Noch nicht mal eine Sporttasche brauchst du. Das ist völlig unauffällig.

So ein normaler Puff wäre nichts für mich. Aber dort ist es eine Nummer vornehmer, eher wie im Wellness-Center, mit Sauna, Masseur, Freigelände, Fitnessbereich – ein richtiger Männererholungsklub. Du läufst da nackt rum, und wenn dir eine über den Weg läuft, die dir gefällt, dann greifst du sie dir.

Billig ist der Spaß nicht, aber wenn du da rauskommst, fühlst du dich wirklich wie neugeboren. …

Die Frauen sind heutzutage so schwierig, kriegen alles gleich in den falschen Hals … Nach einem stressigen Tag im Job habe ich keine Lust, auch noch nach Feierabend irgendwelche Missverständnisse auszuräumen. Ich lege da lieber ein bisschen Geld hin und habe meine Ruhe. So ein Klub ist da ideal.«

Jürgen[67] hat einen anderen Geschmack. So viel Luxus empfindet er eher als störend. Was ihn anmacht, ist gerade das halbseidene, verruchte Ambiente des Rotlichtmilieus. So üben die klassischen Bordelle eine magische Anziehungskraft auf ihn aus. Etwa vier Besuche pro Monat müssen schon drin sein für ihn. Dabei ist er ganz anders, als man sich einen typischen Freier vorstellt – erfolgreich, offen und selbstbewusst:

»Ich führe ein völlig normales Leben, betreibe einen eigenen Handwerksbetrieb, bin finanziell abgesichert und wohne etwas außerhalb in einem eigenen Haus. Ich bin nicht verklemmt, kann ganz gut mit Leuten umgehen, und eine schreckliche Kindheit habe ich auch nicht gehabt. Ich würde mich vor allem als einen unabhängigen Menschen definieren, und deshalb bin ich natürlich auch nicht verheiratet. Ich habe keinen Drang nach einer festen Beziehung. In den Puff geht man ja nicht, um länger währende Beziehungen zu knüpfen. …

Ein Bordell ist ein Stück Freiheit. Da kann man sich richtig gehen lassen. … Wer dorthin geht, muss sich kein Bein ausreißen, dass auch die Frau auf ihre Kosten kommt. … Die Männer zahlen auch ganz ordentlich dafür, dass die Mädchen sie anhimmeln, als wenn sie der Größte wären. Nun ist es aber nicht so, dass ein Puffbesuch für mich so wäre wie ein Reifenwechsel. Das ist schon etwas Besonderes für mich, und meistens mache ich mir eine Art Festtag daraus, wenn es mal wieder soweit ist. …«

Jürgen ist überzeugt, dass jeder Mann mindestens einmal in seinem Leben mit einer Hure schlafen will. Einige, so meint er, seien bestimmt neidisch, weil sie »immer nur mit ihrer Alten ins Bett steigen und sich zu Tode langweilen, während Männer wie ich sich da kein bisschen einschränken«. Warum er sich keine »normale« Partnerschaft wünscht? Ganz einfach: »Weil Frauen beim Sex völlig anders ticken als Männer. Männer gehen ganz anders ran an die Sache. Frauen wollen immer erst mal eine Romanze aufgeführt haben. Bei ihnen dreht sich fast alles um Gefühle. Huren dagegen erwarten nicht, dass man ihnen die große Liebe vorspielt, sie machen nicht diesen Stress mit dem Kennenlernen. Auch sonst nerven sie einen nicht mit endlosen komplizierten Geschichten.«

Es ist bestimmt nicht jedermanns Geschmack, Geld dafür zu bezahlen, dass eine Frau sich ihm hingibt. Aber wie gesagt: Sex ist nicht gleich Liebe. Über erotische Dienstleistungen wird zwar immer noch vorwiegend hinter vorgehaltener Hand gefachsimpelt, gleichwohl werden sie gerne gekauft. Wie oft dies der Fall ist, zeigen repräsentative Umfragen, nach denen bis zu einem Drittel aller männlichen Bürger unseres Landes über einschlägige Erfahrungen verfügen.[68] Natürlich schwören die nicht alle den »normalen« Frauen völlig ab, aber wenn wir wieder einmal am Teichrand sitzen und uns wundern, warum die Frösche ihr Kussmaul nicht mehr so willig spitzen wie früher, könnte die Antwort lauten: Weil sie es nicht nötig haben. Ihr Trieb ist schon gestillt.

Romantik? Gääääḧn …

Ein andermal vielleicht.

Aber heute Abend nicht. Da ist Fußball. Das musst du schon verstehen.

Wenn schon, dann Frischfleisch

Das alte Spiel von Kavalier und Burgfräulein funktioniert im Prinzip nur noch in einer einzigen, ganz speziellen Besetzung: wenn der männliche Held ein nettes, junges Blut entdeckt, das sich von ihm unter die Fittiche nehmen lässt. Und damit wären wir bei einer weiteren Konkurrenz angelangt, gegen die die gemeine Single-Frau bisweilen ziemlich alt aussieht. Die Rede ist vom Girlie.

Dass so viele Männer ein ausgeprägtes Faible für wesentlich jüngere Geliebte haben, hat nicht nur mit knackigen Brüsten und straffer Haut zu tun, auch wenn rein körperliche Vorzüge wie diese immer eine wichtige Rolle spielen. Nicht zu vernachlässigen ist auch der Imagegewinn, den der verbucht, der sich in reifen Jahren mit einer jugendlichen Begleiterin zu schmücken vermag.

Der eigentliche Reiz der Kindfrau ist dennoch ein ganz anderer: Ihre Mädchenhaftigkeit ermöglicht es ihrem Liebsten, in der traditionellen Beschützerrolle zu bleiben. Er weist den Weg, sie folgt ihm nach. Je größer der Altersunterschied, desto eher greift die alte patriarchale Form. Das höchste Glück des weltgewandten Gönners: wenn sie mit unschuldigem Augenaufschlag zu ihm aufschaut, während er ihr mit jovialer Großzügigkeit die Welt zu Füßen legt.

Geht sein Traum in Erfüllung, kriegt er endlich die Anerkennung, die er sich so ersehnt. Und das alles, ohne sich groß anstrengen zu müssen. Allein das Altersgefälle sorgt schon dafür, dass er für sie auf einem Sockel steht. Für den Mann bedeutet das: Entspannung pur. Er braucht nicht ständig zu fürchten, in Rangordnungskämpfe verwickelt zu werden. Dass er den Führungsanspruch hat, steht fest. Da nimmt er gern in Kauf, sich entgegen seinen altersgemäß gesetzteren Vorlieben gelegentlich unters Jungvolk zu mischen und sein Häschen in die Disco auszuführen. Schweißtreibend zwar, und die Musik ist auch nicht sein Fall. Aber er weiß schließlich, dass man dem jungen Gemüse etwas bieten muss, um es bei Laune zu halten.

Ist »seine Kleine« dennoch zickig, lässt er sie lächelnd gewähren. Als er in dem Alter war, schoss er schließlich auch gelegentlich übers Ziel hinaus.

Noch etwas macht die junge Frau für ältere Herrensemester ungemein attraktiv: Sie erinnert auf keinen Fall an die eigene Mutter. Zupft so eine ihrem Begleiter im Restaurant diskret die Speisereste vom Kinn, wehrt er nicht unwirsch ab wie anno dazumal, als er noch mit der gleichaltrigen Gattin in erster Ehe verheiratet war. Was er bei dieser sofort als Unterwerfungsgeste gewertet hätte, wirkt bei der zarten Maid liebevoll und irgendwie rührend. Ach, wie fürsorglich ist sie doch! Schon schmilzt er dahin.

Ein Blick auf jede x-beliebige Kontaktanzeigenseite genügt, um zu sehen, wie weit verbreitet der männliche Wunsch nach »Frischfleisch« ist. Dass sich ein »Er«, 50, jünger aussehend, nach einer »Sie«, schlank, attraktiv, bis 35 verzehrt, ist eher die Regel als die Ausnahme. Ob er sie findet, hängt nicht zuletzt von seiner sozialen Stellung und vom Füllstand seines Portemonnaies ab. Die Kombination von Promi und mehrfachem Millionär ist besonders erfolgversprechend. Das Mädel will zumindest zwei Stufen über ihrem eigenen Niveau einsteigen. Das Motto heißt nicht mehr Krankenschwester und Arzt. Er muss schon Manager sein, um erhört zu werden, schließlich will die Dame auch was von der Sache haben. Es ist ein Geschäft auf Gegenseitigkeit. Du versorgst mich üppig, dafür schenke ich dir ein paar Jahre deiner Jugend zurück.

Solche Voraussetzungen haben natürlich nicht alle zu bieten. Aber lässt sich ein nicht mehr ganz so taufrischer Mann tatsächlich nur deshalb mit einer ebenfalls leicht verwelkten Dame gleichen Alters ein, weil er (momentan) keine Jüngere erobern kann?

»Guck sie dir doch an«, seufzt Olaf (51), mit dem ich mich in einem Frankfurter Straßencafé über dieses Thema unterhalten habe. Mit hochgezogenen Augenbrauen mustert er ein Grüppchen von Rentnerinnen, das gerade dabei ist, sich ein paar Tische weiter niederzulassen. »Soll ich mir etwa eine Aktivistin von den Grauen Panthern anlachen?«

»Aber Olaf«, gebe ich zu bedenken. »Die Frauen da, die sind doch weit über sechzig. Ich frage doch nur, warum du dir keine Gleichaltrige suchst. Es gibt doch total attraktive Fünfzigjährige …«

»Wo???«, fragt er und schaut sich hektisch nach allen Seiten um. »Hab ich da was übersehen?« Eine Weile rührt er nachdenklich in seinem Kaffee … »Mal ehrlich, was soll ich denn mit so 'ner alten Glucke?« Er hat wohl gemerkt, dass ich bei dieser Bemerkung innerlich zusammenzucke (bin ja schließlich auch keine dreißig mehr), denn schnell schiebt er entschuldigend nach: »Du hast schon Recht, die eine oder andere mag sich ganz gut gehalten haben … Aber in dem Alter, da wollen die Frauen entweder sofort wissen, woran sie sind, weil sie schlichtweg keine Zeit mehr zu verlieren haben. Die denken, jetzt oder nie, werfen sich dir ohne Rücksicht auf Verluste an den Hals und fordern in der ersten Nacht, dass du dich zu ihnen bekennst. Dass einem Mann das Ganze womöglich etwas zu schnell gehen könnte, kommt ihnen gar nicht in den Sinn.

Oder sie haben jede Menge schlechte Erfahrungen hinter sich und sind so zu, dass du erst drei Reihen Stacheldraht überwinden musst, um an sie ranzukommen. Da frage ich mich dann schon, ob ich mir das zumuten will.«

»Ich hab's ja gewusst. Zug abgefahren, aus und vorbei!«, mag jetzt die eine oder andere denken, auf deren Geburtstagstorte schon mehr Kerzen stecken, als man mit einem Mal auspusten kann. Sofort würde sie der amerikanischen Autorin Serena Gray beipflichten, die 1991 in ihrem Buch gleichen Titels behauptete: *Eine Frau über 35 läuft eher Gefahr, von einem Tiger gefressen zu werden, als einen Mann zu finden.*

Okay.

Vielleicht nicht 35.
Aber 40 …
45 allemal.

Wie Butter in der Sonne

Wir sollten dennoch nicht der Versuchung erliegen, die Schuld für etwaige Misserfolge im Dating-Geschehen doch wieder nur den Männern und ihren einseitigen Fixierungen auf jung-blond-blöd in die Schuhe zu schieben. Führen wir uns lieber vor Augen, dass Männer (wie wir an anderer Stelle gesehen haben) auf Schritt und Tritt nach Bestätigung ihrer Männlichkeit suchen. Jede Form von Anerkennung oder gar Bewunderung lässt ihr Herz dahinschmelzen wie Butter in der Sonne. Sie brauchen das einfach für ihr Ego.

Klar, ab einem bestimmten Alter sind wir nicht mehr so leicht beeindruckbar. Warum auch? Irgendwann haben wir das meiste schon mal gehört/gesehen/erfahren und es muss sich einer schon etwas sehr Originelles einfallen lassen, um uns zu spontanen Begeisterungsäußerungen hinzureißen. Nur: Über den einen Kamm unserer kollektiven Erfahrungen sollten wir die Männer doch nicht scheren. Denn begegnen wir den Kerlen von vornherein im Du-bringst-es-nicht-Modus, brauchen wir uns nicht zu wundern, wenn sie Reißaus nehmen, bevor wir zugreifen können.

Brema ist 46. Mit einer Notlüge hat sie Carstens Fixierung aufs Alter unterwandert – aber wenn man sie von ihm schwärmen hört, wird klar, warum er ihr verziehen hat:

»Als ich beim Erstellen meines Profils im Internet mein Alter eingeben sollte, habe ich erst einen Moment gezögert – und dann habe ich mich zehn Jahre jünger gemacht: 36. Eigentlich liegt mir so was nicht. Ich bin sonst eher geradeheraus. Aber ich dachte mir, sonst kannst du das Ganze sowieso vergessen.

So aber bekam ich jede Menge Mails. Und bei Carsten stellte ich relativ bald fest: Er ist es! Die Sympathie beruhte auf Gegenseitigkeit. Doch auf einmal bekam ich ziemliches Bauchziehen. Der Mann ist 42. Und ich wusste: Irgendwann würde auch bei uns der kritische Moment kommen, wo wir das Mailen und Telefonieren hinter uns lassen und uns von Angesicht zu Angesicht gegenüberstehen würden …

Als wir uns trafen, redeten wir von allem Möglichen – bloß nicht vom Alter. Ich habe mich ganz gut gehalten, werde meistens jünger geschätzt. Er merkte nichts. Und wir verstanden uns super …

Carsten ist ein total interessanter Mann, er hat so viel zu erzählen, ist schon so weit rumgekommen. Und wenn ich überlege, was er alles mitgemacht hat … Ich will hier nicht sein Leben ausbreiten, aber das Schicksal hat ihm gelegentlich ganz schön übel mitgespielt. Ich bewundere die Art, wie er damit umgeht.

Aber zurück zu damals: Wir sahen uns ein paarmal, fuhren sogar einmal übers Wochenende weg. Und ich lief immer noch mit meinem Geheimnis rum.

Irgendwann musste ich dann doch mit der Wahrheit herausrücken. Mir war richtig schlecht vor Angst, aber ich kam um meine Beichte nicht herum.

Zuerst war Carsten schon etwas pikiert. Aber bis dahin waren wir uns schon so nahe gekommen … Was soll ich sagen? Ich habe Glück gehabt. Er hat die Kröte geschluckt, weil er mich inzwischen lieben gelernt hatte. Er wollte mich nicht mehr missen in seinem Leben.

Seit drei Jahren wohnen wir jetzt zusammen und es klappt prima. Wir sind so relaxt miteinander, wir machen viel zusammen, lassen uns aber auch unseren Raum … Und was vielleicht das Wichtigste ist: Wir haben einen sehr ähnlichen Humor, amüsieren uns über die gleichen Sachen. Es gibt immer viel zu lachen bei uns.

Bevor ich's vergesse, da ist ja noch was … (lacht) Also im Bett sagt Carsten manchmal, es wäre ihm noch nie mit einer Frau so gut gegangen wie mit mir, ich sei so reif und erfahren … Und es stimmt schon: die Kleinmädchenverklemmtheit habe ich irgendwann abgelegt.«

Noch Fragen?

Einsame Spitze

Spätestens seit 1999 die deutsche Übersetzung von Michel Houellebecqs Erfolgsroman *Ausweitung der Kampfzone*[69] erschien, wissen wir, dass es neben dem Alter einer Frau noch ein weiteres wichtiges Ausschlusskriterium gibt: Der Anti-Entwurf des begehrenswerten Weibes ist für viele Männer die Karrierefrau.

Dem namenlosen Ich-Erzähler in Houellebecqs Geschichte begegnet sie in der Person von Cathérine Lechardoy, die er als wahrlich erbarmungswürdiges Geschöpf beschreibt. Sie »bestätigt von Anfang an alle meine Befürchtungen ... hat ein Technikerdiplom in Informatik und ... abgesehen von den schlechten Zähnen hat sie glanzloses Haar und kleine, vor Zorn funkelnde Augen. Kaum Brüste, keinen Hintern. Gott hat es wirklich nicht gut mit ihr gemeint.«

Ganz schön harter Tobak. Haben sich die Männer, die Houellebecqs Buch verschlingen, schon einmal kritisch vor dem Spiegel stehend gefragt, ob sie selbst tauglich für den Laufsteg wären? Aber dass Houellebecq seinen Helden so vom Leder ziehen lässt und damit bei seinen Geschlechtsgenossen solchen Erfolg hat – der Mann ist mit seinem Bestseller nicht nur in französischen Intellektuellenkreisen zur Kultfigur avanciert –, spricht dafür, wie tief das Klischee von der Ungepflegtheit und Feindseligkeit der karriereorientierten »Macherin« verankert ist. Im männlichen Bewusstsein scheinen sich Karrierestreben und Weiblichkeit gegenseitig auszuschließen.

Doch Äußerlichkeiten machen nur einen Teilaspekt jener »schlimmsten Befürchtungen« aus. Viel gravierender ist der Widerwille, den das taffe Auftreten der beruflich Erfolgreichen auslöst. »Für den Mann ist eine selbstsichere Frau fast ein Feindbild«, konstatiert die Hubschrauberpilotin Barbara Gobli im Frühling 2004 in *Vogue Business*[70]. Dort geht man der Frage nach, warum so viele Karrierefrauen unfreiwillig ohne Partner bleiben – also just jene weiblichen Erfolgstypen, die auf den Hochglanzseiten insbesondere dieses Journals sonst immer als schillerndes Vorbild hingestellt werden.

Basis für den Artikel sind diverse Studien wie die von Sonja Bischoff[71], nach deren Erhebungen nur 75 Prozent der weiblichen (gegenüber 92 Prozent der männlichen) Führungskräfte verheiratet sind oder in einer festen Bindung leben, oder auch die Untersuchung, die die beiden Wiener Sozialwissenschaftlerinnen Cheryl Benard und Edith Schlaffer 2002 im Auftrag von Proctor & Gamble[72] durchführten. Sie kamen zu dem Schluss, dass die männliche Angst vor weiblicher Macht alles andere als ein Auslaufmodell ist. Da haben wir sie wieder, Houellebecq und seine »schlimmsten Befürchtungen« …

Nebenbei wird in dem Bericht der zwei Forscherinnen noch auf ein anderes, viel banaleres Problem hingewiesen. Für Frauen, die verstärkt auf den Beruf setzen (und welche Single-Frau täte das nicht), habe die Priorität des Privaten ihre Zugkraft verloren. Sprich: Geschäftstermine gehen bei ihr vor. Wenn da ein Typ anruft, um sie zum Essen einzuladen, fängt sie erst einmal an, ihren Kalender zu studieren. »Nein, diese Woche ist völlig unmöglich. Vielleicht nächsten Mittwoch … Oder nein, noch lieber wäre mir der Freitag darauf, da habe ich zwar ein Meeting bis etwa 20.00 Uhr, aber danach hätten wir jede Menge Zeit.« Der Mann, der da zum Zuge kommen will, wäre gut beraten, sich seine Dates bereits drei Monate im Voraus reservieren zu lassen …

Aber gut. Nehmen wir an, das Terminproblem ließe sich lösen. Dann geht es mancher trotzdem wie der namenlosen Jet-Setterin, die – noch immer in *Vogue Business* – über ihre vergebliche Suche nach einem passenden Mann klagt: »Ich komme mir dabei immer mehr wie früher vor, als wir als Kinder das Spiel ›Wer hat Angst vorm schwarzen Mann?‹ spielten. ›Niemand‹, wird erst zurückgebrüllt. ›Wenn er aber kommt?‹ – ›Dann laufen wir davon …‹ Aus dem schwarzen Mann, glaube ich, ist für die Jungs von heute die starke Frau geworden. Irgendwie trägt sie wohl ein nur für Männer sichtbares Alarmzeichen auf der Stirn, das signalisiert: ›Vorsicht! Konkurrenz‹. Oder: ›Ich stelle dich vor deinen Freunden bloß.‹ Oder auch nur: ›Super-Zicke‹.«

Ganz gut erkannt, die Sache mit den drei Warnhinweisen, denn worum geht es uns denn beim »Flirten«? Doch nicht nur um eine prickelnde Affäre für zwischendurch. Wenn uns einer gefällt, wollen wir Nägel mit Köpfen machen. Wir legen das Lasso nie aus der Hand. Dumm bloß, dass das männliche Freiwild denken kann. Wenn es uns sieht, duckt es sich darum schnell weg.

Ernst: »Eine Frau, die über Jahre hinweg im Beruf ihren Mann gestanden hat? Die ist doch gewohnt, anderen zu sagen, wo es langgeht. Wenn du mit so einer zusammenleben würdest, müsstest du dir jeden Handgriff vorschreiben lassen. Die führt sich doch schon wie der Boss auf, wenn du sie noch gar nicht richtig kennst.

Du brauchst doch bloß zu gucken, was passiert, wenn du mit so einer ins Restaurant gehst. Garantiert ist sie es, die den Tisch aussucht. Nein, hier will sie nicht sitzen, da zieht es. Nein, dort nicht, das ist zu nah am WC. So geht das hin und her. Dass du als Mann eventuell selbst die eine oder andere Vorliebe haben könntest, danach wird nicht gefragt. Und am Ende platziert sie dich auf einem Stuhl mit exklusivem Wandblick, während Madame den perfekten Überblick über das ganze Lokal hat.

Wenn das schon so anfängt ... Was glaubst du, was da passiert, wenn man sich näher kommt? Das wird doch nicht besser!«

Ob wir es glauben oder nicht: Männer haben die Nase voll, von uns herumkommandiert zu werden. Sie haben keine Lust auf Bevormundung. Zwar müssten sie nicht nach unserer Pfeife tanzen, denn schließlich könnten sie uns auch selbstbewusst gegenübertreten und uns Paroli bieten. Aber genau das trauen sich die meisten nicht. Kaum hören die Kerle ein strenges Wort aus weiblichem Mund, werden sie zu Fünfjährigen, die sich mit gesenktem Haupt von Mama in den Senkel stellen lassen. Sie leiden unter einem Massentrauma, das sich durchaus überwinden ließe. Aber: Das würde Arbeit bedeuten. Arbeit an der Psyche. Welch ein Graus! Kaum ein Mann ließe sich freiwillig auf so ein Abenteuer ein.

Er klettert auf den höchsten Berg, wandert auf Schneeschuhen zum Nordpol, fliegt zum Mond. Doch wenn er daran denkt, in die Niederungen der eigenen Psyche hinabsteigen zu müssen, bildet sich Angstschweiß auf seiner Stirn. Das Gründeln im Seelenschlamm überlässt er lieber den Frauen. Mit Psychokram hat er nichts am Hut. Zu groß die Gefahr, dass seine harte Schale brüchig werden könnte. Was da zum Vorschein käme? Das (vermeintlich) Unmännlichste des Unmännlichen: Gefühle. Womöglich gar ein Meer von Tränen?! Bloß nicht daran rühren. Die Furcht vor dem Weib ist nichts verglichen mit diesem Grauen.

Solange ein Mann diesen Schritt verweigert, wird es dabei bleiben: Er ist wehrlos gegenüber der starken Frau. Bevor er sich »so einer« ausliefert, trollt er sich lieber. Allein bei der Vorstellung, dass sie ihn andauernd maßregeln und herumdirigieren könnte, kriegt er die Krätze. Eine gut zurechtgemachte Karrierefrau zu vögeln, dagegen hat er nichts – vorausgesetzt sie schweigt und lässt ihn ansonsten in Ruhe.

Wenn sie es aber übertreibt, wenn sie sich gleich beim ersten Rendezvous so richtig ins Zeug legt und mit berechtigtem Stolz in leuchtenden Farben ihre beruflichen Erfolge schildert, damit der Mann auch weiß, wen er vor sich hat und sich bewusst wird, welche Gnade sie ihm erweist, sich überhaupt mit ihm abzugeben, dann könnte es ihr ergehen wie Erika.

Clemens: »Wir haben uns in einer Bar getroffen, sie war so eine typische Business-Frau. Aber ich hatte gleich den Eindruck: gelackte Fassade und nichts dahinter. Die war mir viel zu cool, zu oberflächlich.

Also, wir saßen da so eine Weile rum und unterhielten uns ... und auf einmal sagt sie zu mir: ›Wenn du den Mann am Klavier dazu bringst, mir mein Lieblingslied zu spielen, dann darfst du mich auch mal zum Essen einladen.‹

Erst habe ich geschluckt. Dann spürte ich auf einmal eine unglaubliche Wut in mir aufsteigen. Was bildet die sich eigentlich ein?!

Ich freue mich noch heute darüber, wie ich reagiert habe. Ich bin nämlich einfach aufgestanden und gegangen. Aber vorher hab ich noch ausgespuckt, was mir auf der Zunge lag:

›Mach's dir doch selbst!‹«

Lust auf Tango

Warum Frauen eine klare Linie zwischen Vergangenheit und Gegenwart ziehen und sich zwischen Ehrlichkeit und Theater entscheiden müssen – es sei denn, sie wollten überhaupt keinen Mann

Die Zeiten, da sich Prinzen im Amphibiengewand bereitwillig an die Wand werfen ließen, um einen Kuss von einer hochnäsigen Prinzessinnen-Zicke zu ergattern, sind vorbei. Froschkönig war gestern! Wenn wir schon im Schatz der Legenden nach einem passenden Vergleich für den aktuellen Stand der Mann-Frau-Beziehung suchen, trifft eher die Moritat von den zwei Königskindern zu: Sie konnten zueinander nicht kommen, das Wasser war viel zu tief.

So unüberwindbar scheint die Kluft, die sich zwischen den Geschlechtern aufgetan hat, dass man sich fragt, wie es sein kann, dass gelegentlich immer noch ein Paar zusammenfindet. Eigentlich müsste es doch ein Ding der Unmöglichkeit sein:

Hier die Frau, die sich angeblich nichts sehnlicher wünscht als eine feste Beziehung, aber – ob bewusst oder unbewusst – alles daransetzt, damit es nur ja nicht klappt. Weil keiner merken soll, welch kleines Herzchen hinter ihrer Fassade der coolen, emanzipierten Weltenbürgerin pocht, verschanzt sie sich hinter einer Mauer aus überhöhten Ansprüchen und Bedenken oder verschreckt potenzielle Bewerber mit überfallartigen Annäherungsversuchen nach dem Motto »Ran an den Mann«. Um von ihrer Rolle als Beziehungs-Saboteurin abzulenken, schimpft sie auf die egoistischen Fuck&Go-Männer und Null-Nummern, die nun wirklich kein Niveau haben. Bevor sie sich auf so einen einlässt, mummelt sie sich lieber daheim in ihre Kuscheldecke ein und telefoniert mit ihren Freundinnen.

Und dort der Mann, dessen Faszination für alles Weibliche zunehmend von Argwohn überlagert wird, weil er aus eigener Erfahrung oder den Berichten von Geschlechtsgenossen weiß, wie launisch, fordernd und berechnend Frauen sein können. Da sein Trieb im Zweifelsfall stärker ist als jede Vernunft und er darum nicht immer Herr seiner Entscheidungen ist, fürchtet er, von einer betörenden Zauberhexe in den Bann gezogen zu werden. Nur zu leicht könnte sie ihn gefügig machen und ihn nach dem Kleiner-Finger-ganze-Hand-Prinzip zu einem Jawort verleiten, mit dem er sich ihr völlig ausliefern würde – und sein Bankkonto gleich mit. So weit darf es gar nicht erst kommen! Also windet er sich in Ausflüchten und tritt den Rückzug in die Unverbindlichkeit an, sobald er spürt, dass sich ihm eine unter dem Deckmäntelchen der Verliebtheit nähert und ihr begehrliches Auge auf ihn wirft.

»Ich ruf dich wieder an, bestimmt …«

Dass in regelmäßigen Abständen neue Scheidungsstatistiken durch die Presse gehen und sich die Trennungsrate unaufhaltsam der 50-Prozent-Marke nähert, trägt nicht unbedingt zur Überbrückung des Grabens bei. Ein Mann muss schon ein ziemlicher Optimist sein, um zu glauben, zur anderen Hälfte zu gehören. Bevor er Schiffbruch erleidet und sich damit jede Menge »Altlasten« auf den Buckel lädt, lässt er es lieber ganz.

Eine Frage der Solidarität

Die Situation ist verfahren, doch ausweglos ist sie nicht. Mag sein, dass manche Single-Frau jahrelang in einem Zickzackkurs zwischen Wunderglauben (»Eines Tages wird Mr. Perfect garantiert vor mir stehen!«) und Selffulfilling Prophecy (»Es klappt sowieso nie!«) durchs Leben eiert, ohne ihrem Wunsch nach einer Beziehung auch nur einen Schritt näher zu kommen. Sie selbst aber hat es in der Hand, dem Spuk ein Ende zu bereiten.

Was hätte sie auch davon, die Jagd nach dem Glück bis ins Unendliche fortzusetzen? Natürlich könnte sie ihre umfangreiche Sammlung von Kurzzeitbeziehungen noch um die eine oder andere Eroberung erweitern und ihr angeschlagenes Selbstwertgefühl damit aufpäppeln. Doch wirklich weiter bringt sie das nicht – weder sie selbst noch irgendeine andere Frau.

Eines nämlich sollten wir uns vor Augen führen: Behalten wir den gegenwärtigen Kurs bei, will irgendwann kein Kerl mehr etwas mit uns zu tun haben. Genau betrachtet, sitzen wir alle in einem Boot. Wenn eine von uns einen Mann klein macht, um selber groß herauszukommen; wenn eine einen Mann aus welchen Gründen auch immer demütigt, funktionalisiert, kontrolliert, herumkommandiert, ausbeutet oder sonst wie in die Pfanne haut, zahlen wir alle gemeinsam die Rechnung dafür.

Jeder frauengeschädigte Mann ist wie ein Leuchtturm, der seine Geschlechtsgenossen vor den Untiefen des Beziehungslebens warnt.

Kehr um, Freund!

Bring dich in Sicherheit!

Noch ist es Zeit!

Jetzt schon haben immer mehr Männer die Nase voll. Sie verabschieden sich aus dem Part des Gentleman-Lovers, weil es zu viele Frauen gibt, die ihre Dienste zwar liebend gern in Anspruch nehmen, sie aber oft nicht einmal mit einem Lächeln dafür belohnen. Sie lassen sich nicht mehr so leicht den Ich-liebe-dich-Sand in die Augen streuen, der sie früher einmal blind in die Versorgerrolle tappen ließ. Die Kerle wissen heute, was ihnen blüht, wenn sie sich unter unsere Fuchtel begeben, und es muss einer schon sehr dicke Tomaten auf den Augen haben, um es freiwillig zu tun – es sei denn, er gehört zu der zahlenmäßig vermutlich relativ überschaubaren Schar der selbstquälerisch veranlagten Dulder, die ihren größten Lustgewinn aus der Züchtigung durch eine Domina beziehen.

Die einst so willigen Sklaven proben den Aufstand. Das Maß ist voll! Sie sind wütend, und wer wütend ist, differenziert nicht mehr. Ihr Zorn richtet sich nicht gegen eine Einzelne von uns, die einem von ihnen im konkreten Einzelfall übel mitgespielt hat. Er richtet sich gegen uns alle: gegen DIE WEIBER.

Mag sein, dass manche von uns Angst vor einer Beziehung haben, weil das Zusammenleben mit einem anderen Menschen immer auch Kontrollverlust bedeutet. Wer allein lebt und darum mehr als jeder andere gewohnt ist, alle Fäden in der Hand zu halten, dem kann es bei dieser Vorstellung schon ziemlich mulmig werden. Mag sein, dass auch Sie persönlich vor den unkalkulierbaren Risiken der Liebe zurückscheuen und Ihnen im entscheidenden Moment der Mut fehlt abzuspringen, weil Sie nicht sehen können, wo Sie landen werden.

Manchmal ist es da in der Tat einfacher, IHN vor den Kopf zu stoßen, als Gefahr zu laufen, dass einem das Herz bricht.

Aber überlegen Sie es sich gut, bevor Sie das nächste Mal einen Mann verprellen. Es könnte sein, dass Sie den allerletzten noch willigen Kandidaten verschrecken, den es im Lande gibt. Dass er danach mit Ihnen nichts mehr zu tun haben will, ist zu erwarten. Aber womöglich meidet er nicht nur Sie, sondern Ihre Freundin, Ihre Kollegin, die Frau von gegenüber und auch mich gleich mit.

Lange genug haben wir die Männer leiden lassen. Nicht die arroganten Kotzbrocken und egoistischen Idioten, von denen rede ich hier nicht – sondern die Gutmütigen, die Sensiblen, die Scheuen, die Freundlichen, die Arglosen, die weder unsere Ablehnung noch unseren Zorn verdient haben. Wenn Sie wieder einmal einem dieser Leider-nicht-mein-Fall-Typen begegnen, dann haken Sie ihn ab, vergessen Sie ihn. Aber beachten Sie dabei wenigstens die Regeln der Höflichkeit. Rächen Sie sich nicht an ihm für die Enttäuschungen, die andere Ihnen zugefügt haben. Versetzen Sie ihn nicht, sondern sagen Sie ihm ab, so dass er sich keine falschen Hoffnungen macht. Missbrauchen Sie ihn nicht als Lückenbüßer, bloß weil Sie grad keinen Besseren haben. Spielen Sie nicht Katz und Maus mit ihm, nur um das Gefühl zu kosten, dass Sie ihn haben könnten, wenn Sie ihn haben wollten. Lassen Sie ihm seine Würde. Wenn Sie ihn schon stehen lassen müssen, dann verzichten Sie darauf, ihm zum Abschied auch noch den Pfennigabsatz Ihres Schuhs in den Mittelfuß zu rammen. Gehen Sie menschlich mit ihm um. Nicht nur, weil er selbst es verdient hat: Es ist auch eine Frage der weiblichen Solidarität, denn für eine andere ist er womöglich das perfekte Pendant. Machen Sie ihn nicht zum gebrannten Kind, sonst verderben Sie ihr das Spiel!

Keine einfache Forderung, ich weiß. Um den Zusammenhalt unter uns Frauen stand es schließlich noch nie zum Besten. Die Krähen mögen es anders halten, aber bei uns hackt im Zweifelsfall die eine der anderen durchaus schon mal ein Auge aus. Nach außen hin mögen wir wirken, als seien wir aufs Innigste befreundet, Küsschen rechts und Küsschen links. Innerlich aber checken wir ständig ab, welche von uns am besten dasteht. Spieglein, Spieglein an der

Wand, wer ist die Schönste im ganzen Land? Und wehe, es ist eine andere.

Dass Frauen miteinander um Männer konkurrieren, ist nur natürlich. Trotzdem bringt uns unsere Stutenbissigkeit nicht weiter. Die Männer machen sich rar. Wenn wir sie halten wollen, dürfen wir sie nicht weiter düpieren. Wir müssen lernen, an einem Strang zu ziehen, und unsere Regeln im Umgang mit dem anderen Geschlecht überdenken – oder irgendwann ganz auf die Männer verzichten.

Romeo und Julia forever

Wir Frauen waren es, die das Geschlechterverhältnis völlig auf den Kopf gestellt haben. Wäre es nach den Männern gegangen, wäre bestimmt alles beim Alten geblieben. Für sie war die Welt schließlich ganz in Ordnung. Wir dagegen fühlten uns (mit Recht) benachteiligt und haben das System zum Kippen gebracht. Wenn wir auch längst nicht alle Ziele von damals verwirklichen konnten, haben wir doch vieles erreicht. Noch nie haben Frauen ein so freies, unabhängiges und selbstbestimmtes Leben geführt wie in unserer modernen, westlichen Gesellschaft.

Nur in einem Punkt halten wir mit unendlicher Zähigkeit am Gestrigen fest: Eine dünne Schicht von Fortschrittlichkeitstünche kann nur mühsam verbergen, dass unsere Vorstellung von Liebe und Partnerschaft noch immer so ist wie zu Shakespeares Zeiten. Es treibt uns Tränen der Rührung in die Augen, wenn wir im Theater mit ansehen dürfen, wie sich eine holde Schönheit mit halb verzücktem, halb leidendem Blick über die Balkonbrüstung neigt, während ihr Liebster sie vom Garten aus mit lyrischen Worten betört. So wünschen wir uns unser Leben. Romeo und Julia forever. Dabei vergessen wir, dass die beiden alles andere als ein Erfolgsmodell waren. Auch sie konnten zueinander nicht kommen. Und hätten sie es geschafft? Was wäre nach dem Happy End passiert? Mit Sicherheit das, was allen Liebenden nach dem Happy End passiert – sie wären über kurz oder lang auf dem Boden der Tatsachen gelandet und in die traditionellen Rollen geschlüpft: Sie hätte Haus, Hof und Kinder versorgt und er hätte das Geld beigeschafft, um seine Lieben über die Runden zu bringen.

Das war damals so und ist heute in erstaunlich vielen Fällen immer noch so. Auch wenn oberflächlich betrachtet heute alles ganz anders aussieht – wirklich geändert hat sich wenig.

Ich will das gar nicht werten. Es mag immer noch Frauen geben, für die das alte, traditionelle System von Ehe und Familie das höchste Glück auf Erden bedeutet. Sie wünschen sich nichts sehnlicher als einen Mann, zu dem sie aufschauen können und der ihnen sagt, wo es langgeht. Wenn sie mit so einem zusammenleben, ihn umsorgen und ihm zwei, drei Kinder schenken, sind sie fröhlich und zufrieden. Gerade in einer Zeit der gesellschaftlichen Umbrüche, in der nichts mehr sicher zu sein scheint, mag der Gedanke an eine lebenslange Partnerschaft »bis dass der Tod euch scheidet« und an einen Mann, der sich um die wirtschaftlichen Belange des Unternehmens »Familie« kümmert, für manche absolut verlockend erscheinen. Sie steuern die Ehe an wie einen sicheren Hafen in der rauen See der Unverbindlichkeit: Wenn nichts mehr trägt, so wenigstens das; und wenn der Gatte die Verantwortung übernimmt, darf er auch gern das Sagen haben.

Eine Frau, die so denkt und fühlt, ist bereit, ihren Romeo-und-Julia-Traum in aller Konsequenz zu Ende zu träumen: Was nach dem Abstieg von Wolke sieben passiert, schreckt sie nicht. Im Gegenteil, es ist ihr Ziel. Sie freut sich darauf, ihr kleines Reich in Ordnung zu halten und ihren Lieben ein gemütliches Zuhause zu bieten, mehr will sie nicht. Wollte sich der Mann an Haushalt und Kindererziehung beteiligen, würde sie dies als Einmischung empfinden. In ihrem Lebenskonzept sind die Kompetenzen klar verteilt: Sie ist für den Innendienst zuständig, er für den Außendienst. Das Modell ist zwar nicht unbedingt brandaktuell, aber wenn es sie glücklich macht …

Sucht sie keinen Freigeist als Mann – und das wird eine so veranlagte Frau nur in den seltensten Fällen tun –, wird die Verwirklichung ihrer Vision bestimmt nicht an einem Mangel an heiratswilligen Kandidaten scheitern. Ob auf dem Teller, im Bett oder in der Ehe – die gute, alte Hausmannskost findet immer ihre Liebhaber.

Die meisten von uns aber sind anders. Zwei Seelen schlagen in unserer Brust: Wir wünschen uns zwar auch einen Mann, zu dem wir aufschauen können, und träumen den klassischen Traum von der romantischen Zweisamkeit. In der Hinsicht sind wir ganz altmodisch. Fängt allerdings unser Prinz an zu sagen, wo's langgeht, hört der Spaß auf. Klaglos die Hausarbeit und die Kinderaufzucht zu übernehmen, ist nicht wirklich unser Ding. Da sind wir auf einmal ganz modern.

Die innere Zerrissenheit zwischen gestern und heute treibt uns an den Rand der Schizophrenie. Ständig liegen in unserem Inneren zwei Personen miteinander im Clinch: die Sexyhexe und das Pflänzchen Rühr-mich-nicht-an; die Partylöwin und die Biedermutti; die Biestige, die nach allen Seiten austeilt, und die arme Haut, die von allen Seiten einsteckt. Solange wir so janusgesichtig durchs Leben gehen, weiß kein Mann, woran er mit uns ist.

Um den Eiertanz zu beenden, müssen wir uns entscheiden: Zurück ins alte Modell? Uns wieder die Kittelschürze der Abhängigkeit überziehen und zumindest zwei der drei Ks mit allen Konsequenzen leben, ohne Wenn und Aber, klaglos und ohne Gejammer? Weil wir gemerkt haben, dass uns der Wind in der Männerwelt doch zu eisig um die Ohren bläst? Zurück hinter den warmen Ofen? Wenn das Ihr Weg ist, dann los!

Aber wenn nicht? Dann vollziehen Sie ihn endlich, den Schritt in die Gegenwart! Erinnern Sie sich daran, warum Frauen irgendwann einmal ausgezogen sind, das alte Beziehungsmodell über den Haufen zu werfen: Es war ihnen zu eng und stupide.

Hören Sie auf, von dem Prinzen zu träumen, der Ihnen sein Reich zu Füßen legt. Das Szenario mag zwar romantisch wirken, aber eine tragfähige Basis für eine Partnerschaft ist es nicht. Nehmen Sie Abschied von Ihrem Märchenglauben! Und wenn Sie schon beim Abschiednehmen sind, dann schmeißen Sie gleich das eine oder andere Klischee und Verhaltensmuster mit über Bord, das Sie daran hindert, eine wirklich moderne Form von Beziehung zu leben, und es Ihnen verwehrt, einen Mann zu finden, der sich mit Ihnen gemeinsam auf dieses Abenteuer einlassen will.

Acht Forderungen

Dieses Buch kann und will kein Ratgeber sein. Viel zu verschieden sind die Geschichten der Frauen und Männer, die (noch) allein durchs Leben gehen und so gern einen Begleiter fänden. Wer wollte da aus der Ferne im konkreten Einzelfall Empfehlungen geben? Tu dies und nicht jenes, mach das eine und nicht das andere! Mit solchen Tipps liegen einem die Freundinnen schon genug in den Ohren. Aber das Verhältnis zwischen Mann und Frau funktioniert nun einmal nicht nach Schema F. Es ist kein Kochbuch-Thema und lässt sich nicht nach dem Man-nehme-Prinzip abhandeln.

Dennoch krankt unser Umgang mit Männern in einigen so grundlegenden Punkten, dass sich daraus die nachfolgenden acht Forderungen ableiten lassen. Vielleicht haben Sie persönlich die eine oder andere davon längst in Ihrem Leben umgesetzt. Dann mögen andere Ihrem Beispiel folgen, könnte frau sich doch auf diese Weise ihren vielfach erklärten Wunsch erfüllen und wieder (näher) an den Mann (heran)kommen. Vielleicht nicht an einen speziellen. Aber an die Spezies bestimmt. Und was sich daraus ergibt?

Mal sehen.

Wer weiß …

Machen wir uns klar, dass Männer auch Menschen sind, und entlassen wir sie aus ihrer Feindbild-Rolle!

Löschen wir das Macho-Klischee, das die Radikalemanzen der Siebzigerjahre so tief in den Felsen des weiblichen Kollektivgedächtnisses gemeißelt haben, dass wir noch heute jeden Satz, jede Geste und jede Handlung eines Mannes argwöhnisch unter die Lupe nehmen und nach möglicher Frauenfeindlichkeit abscannen. Wir haben mit unserem chronischen Misstrauen das Klima zwischen den Geschlechtern vergiftet. Warum spielen wir nicht Wetterfee und lassen den Wind zur Abwechslung einmal aus einer anderen Richtung wehen?

Erinnern wir uns daran, dass Männer auch Menschen sind. Klar, sie haben ihre Macken – die einen mehr, die anderen weniger. Es gibt eben solche und solche. Wie bei uns Frauen auch. Aber allein die Fairness gebietet, dass wir uns Männern gegenüber so lange zumindest neutral verhalten, bis sie uns eines Besseren oder Schlechteren belehren. Nehmen wir niemanden allein deshalb »auf den Kieker«, weil er als Mann geboren wurde. Erinnern wir uns an das dritte Gebot des Grundgesetzes, das da lautet: »Niemand darf wegen seines Geschlechtes ... benachteiligt ... werden.«[73] Was du nicht willst, das man dir tu, das füg auch keinem anderen zu!

Hören wir auf, Männer ständig unter dem Gesichtspunkt unserer materiellen Absicherung zu betrachten!

Missverstehen Sie mich nicht: Es geht mir nicht darum, in das alte emanzipatorische Horn zu blasen und Frauen aufzufordern, sich um jeden Preis ihre finanzielle Unabhängigkeit zu bewahren. Sich mit einem anderen Menschen auf eine Partnerschaft einzulassen, bedeutet zwangsläufig, sich auch in Gelddingen mit ihm zu verbandeln – es sei denn, man wollte auf Dauer den Krampf mitmachen, getrennte Kassen zu führen. Aber widersetzen wir uns der Versuchung, eine Beziehung als eine Art Hängematte zu betrachten, indem wir sagen: »Dieser Typ da gefällt mir, weil er mir ein bequemes Leben bieten kann.«

Ob solo oder gebunden – grämen wir uns nicht, weil wir uns unser Geld selbst verdienen müssen. Seien wir lieber stolz darauf, selbst für uns sorgen beziehungsweise unseren Beitrag zum gemeinsamen Budget beitragen zu können. Wenn wir für uns einzustehen bereit sind, brauchen wir nicht erst auf den Geldbeutel eines Mannes zu schielen, bevor wir uns entschließen, ihn sympathisch zu finden.

Stülpen wir Männern nicht ungefragt unser Lebenskonzept über. Und vor allem: Jubeln wir ihnen niemals ein Baby unter!

Wenn bei uns Frauen ab einem bestimmten Alter die biologische Uhr zu ticken beginnt und wir einen Mann suchen, der als Vater für unsere Kinder infrage kommt, sollten wir uns vorher klar machen, welcher Lebensentwurf uns vorschwebt. Das Dasein als »Nur-Hausfrau« und Mutter? Oder können/wollen wir auf unseren Beruf nicht verzichten und auch nach der Geburt weiterarbeiten? Keines von beidem ist besser oder schlechter. Jede Frau muss selbst wissen, wie sie leben will. Aber vergessen wir nicht, dass zum Kinderkriegen immer zwei gehören. Auch der Mann hat bestimmte Vorstellungen von seinem Leben – und die sind ebenso berechtigt wie die unsrigen. Wollen wir mit ihm partnerschaftlich zusammenleben, hat er ein Recht darauf, gleichberechtigt an der Planung der gemeinsamen Zukunft mitzuwirken. Er wünscht sich auch ein Kind? Wunderbar! Ist er bereit, die Rolle des Alleinverdieners zu übernehmen oder wünscht er sich eine andere Aufgabenteilung? Um einen Konsens zu finden, müssen beide Positionen auf den Tisch.

Und auch das sollten wir respektieren: Wenn er keine Kinder haben will. Mag sein, dass wir das schade finden, dass womöglich sogar die Beziehung daran scheitert. Wenn uns der Wunsch nach Nachwuchs wichtiger ist als der Mann, müssen wir uns einen anderen suchen. Aber ihn ganz bewusst in die Falle zu locken und ihm ein Baby aufzunötigen, das er nicht will, das grenzt an arglistige Täuschung. Männer haben genug Vorurteile gegen Frauen. Liefern wir ihnen nicht auch noch den Beweis dafür, dass wir tatsächlich so hinterlistig sind, wie sie immer befürchtet haben.

Lassen wir uns nicht länger von unseren überzogenen Ansprüchen, Wunschbildern und Idealen versklaven!

Solange wir um jeden Preis aussehen wollen wie die Models aus dem Modejournal, unser Dasein danach beurteilen, ob es den Stoff für eine Hollywood-Inszenierung hergäbe, und meinen, nur mit Adonis persönlich glücklich werden zu können – so lange wird uns die Geißel der eigenen Unzulänglichkeit im Nacken sitzen und uns zu immer neuen Formen der Selbstquälerei antreiben. Wir werden uns überteuerte Fältchencremes ins Gesicht schmieren und uns auf der Jagd nach dem ultimativen Kick im Leben einen gnadenlosen Freizeitstress zumuten. Und in der Hoffnung, dieses Mal aber wirklich den EINEN WAHREN gefunden zu haben, werden wir unzähligen gut aussehenden Hirn-im-Gemächt-Männern auf den Leim gehen. Doch was wir auch tun, wie auch immer wir uns mühen: Vollkommen wird es nie. Im Gegenteil. Im Vergleich mit dem Göttlichen muss das Irdische immer unendlich banal wirken.

Weil wir alle Menschen sind und keiner gern mit dem Finger auf sich selber zeigt, wenn etwas nicht so ist, wie wir es gerne hätten, werden wir in unserer Unzufriedenheit nach einem Sündenbock suchen, dem wir die Schuld an unserer Misere in die Schuhe schieben können. Wer wäre da besser geeignet als DIE MÄNNER. Wenn sie nur ein wenig idealer wären, dann wäre uns das Paradies gewiss.

Wäre, wäre, wäre …

Können Sie es auch bald nicht mehr hören? Dann machen Sie Schluss damit! Hören Sie auf, minütlich ihre Speckröllchen abzutasten oder im halogenbeleuchteten Vergrößerungsspiegel nach Krähenfüßen zu suchen. Pflegen Sie sich. Machen Sie sich schön. Aber hören Sie auf, Ihren Körper als Katastrophengebiet zu betrachten. Erfreuen Sie sich lieber an ihm. Attraktiv und glücklich zu sein, hat nichts mit Rennen, Schuften und Leiden zu tun. Und schon gar nichts mit Perfektion. Wenn Sie aufhören, sich zum Sklaven überzogener Leitbilder zu machen, brauchen Sie sich nicht an den Männern für ihre Otto-Normalverbraucher-Situation zu rächen.

Befreien wir uns von der Zwangsvorstellung, vor allen immer gut dastehen zu müssen!

Es ist schon schwierig genug, die Hürde unserer eigenen Ansprüche zu überwinden und einen Mann zu finden, der uns selbst gefällt. Vollends unmöglich aber wird das Unterfangen, wenn wir die Bewerber auch noch durch den Rost der zahllosen Fremdmeinungen sieben. Wenn es wieder einmal so weit ist, brauchen wir gar keinen Rundruf im Freundes- oder Verwandtenkreis zu starten, um die Kommentare zu hören. Unsere Vorstellung ist lebhaft genug: Was wird wohl XY sagen, wenn sie mich mit einem Bartträger/einem Opelfahrer/einem Durchschnittsverdiener sieht? Ich könnte mich bei ihr doch nie wieder blicken lassen!

Reicht es nicht, dass wir jeden Mann an der Messlatte unserer eigenen Ausschlusskriterien messen, bevor wir auch nur einen Kaffee mit ihm trinken gehen? Warum ignorieren wir nicht einfach, dass Beate etwas gegen eine behaarte Brust hat, wenn uns das Fellchen selbst nicht stört? Warum erzählen wir unseren Freundinnen nach dem ersten Date haarklein, wie ER gewesen ist? Je mehr die anderen wissen, desto mehr finden sie auszusetzen.

Wäre gut möglich, dass sie versuchen, ihn uns ganz auszureden. Aus Neid? Vielleicht. Es ist aber auch ein Stück Zuneigung dabei, muss doch realistischerweise angenommen werden, dass wir unseren Freundinnen (oder soll ich sagen: unserem »urban tribe«) verloren gingen, wenn was Ernstes daraus würde. Schon so manche Busenfreundin wurde auf diese Weise entthront.

Sollten Sie in nächster Zeit also mal wieder einen Mann kennen lernen, überlegen Sie sich, ob er Ihnen selbst gefällt. Wenn ja, dann viel Glück. Und: Behalten Sie's für sich.

Machen wir Schluss mit der Männer-Manipulation und dem Theaterspielen!

Wer sich ein Bild von der intriganten Natur der Frau machen will, braucht bloß ein halbes Stündchen in einen dieser typischen »Weiberabende« hineinzuhören. Hier nämlich werden die heißen Tipps und Buchempfehlungen gehandelt. Zum Beispiel wie frau nach dem *Uschi-Prinzip*[74] die Männer um den Finger wickeln und für sich arbeiten lassen kann. (Uschi-Prinzip??? »Na, du weißt schon, diese ›Uschi-Frauen‹: wuschelige Löwenmähne, manikürte Fingernägel – und dann dieses Lachen. Immer eine Spur zu kokett, zu kindisch, zu schrill … Aber ständig von einer Schar von Verehrern umlagert, die sich darum reißen, ihr die Wohnung zu renovieren.«) Oder welche *40 Do's & Don'ts*[75] zu beachten sind, um die Sperre im Hirn des Liebsten zu unterwandern und ihn zum Heiraten zu verführen.

Auch werden hier rege Diskussionen darüber geführt, welche praktischen Maßnahmen unseren Marktwert erhöhen. Der Wald der Patentrezepte ist schier undurchdringlich. Mal sollen wir uns verknappen, dann wieder verströmen, zickig sein oder einem Mann jeden Wunsch von den Augen ablesen. Mal sollen wir ihn am Telefon zappeln lassen, dann wieder mit SMS-Nachrichten bombardieren …

Ja, warum benehmen wir uns nicht einfach endlich wie reife, erwachsene Menschen und tun, was wir – und keine anderen! – für richtig halten? Wenn wir Lust haben anzurufen, dann rufen wir an – und wenn es fünfmal am Tag ist. Wenn wir keine Lust haben, dann melden wir uns eben nicht, und sei es eine Woche lang oder auch zwei. Seien wir taktvoll, aber ehrlich. Spielen wir kein Theater. Schlüpfen wir in keine Rolle, die uns nicht passt. Weder in die des hilflosen Mäuschens noch in die der Powerfrau oder des Vamps. Hören wir auf mit der Manipulation und der Intrige. Männer sind doch nicht blöd. Sie riechen auf zehn Meter gegen den Wind, dass wir etwas im Schilde führen. Was glauben Sie denn, warum sie es am Morgen danach oft so eilig haben? Lieber beizeiten geflüchtet als lebenslang eingesperrt!

Machen wir uns den Unterschied zwischen einer Liebesbeziehung und einem Besitzverhältnis klar!

Wenn wir uns verlieben, wollen wir sogleich wissen, »woran wir sind«. Der Mann soll uns besser heute als morgen glaubhaft versichern, dass er ab sofort nur uns und uns ganz allein in den Mittelpunkt seines Lebens rückt. Mit Ausnahme unserer eigenen Person hat er die weibliche Hälfte der Menschheit komplett aus seinem Bewusstsein zu streichen. Selbst wenn der knappste Minirock aller Zeiten an ihm vorüberwippt, darf er keine Miene verziehen. Da wir ihm offenbar jede Schweinerei zutrauen, geben wir uns mit dem Treueschwur allein nicht zufrieden, sondern gucken sehr genau hin, ob er ihn auch einhält. Vertrauen ist gut, Kontrolle ist besser. Ja, wo leben wir eigentlich?! In einem Überwachungsstaat?

Hören wir auf, Liebe mit Besitz zu verwechseln. Ein gewisses Maß an Freiheit braucht jeder Mensch. Sogar ein Mann. Sich zueinander bekennen, sich vornehmen, das Auf und Ab des Lebens gemeinsam zu meistern, zusammen durch dick und dünn zu gehen – alles wunderbar. Aber bleiben wir auf dem Teppich. Einen Menschen in den Klammergriff der »Liebe« zu nehmen, heißt, ihm die Luft zum Atmen zu nehmen. Bewahren wir uns unsere Eigenständigkeit – und lassen wir ihm die seine. Wenn wir ein eigenes Leben haben, brauchen wir keinen Mann mit der Drohung unter Druck zu setzen, ohne ihn nicht leben zu können.

Jemanden kennen gelernt? Eine »Beziehung« in Sicht? Dann geben Sie ihr Zeit, in aller Ruhe zu wachsen. Verlangen Sie dem Mann nicht ab, sich in Leibeigenschaft zu begeben. Lassen Sie ihm seine Freiheit! Vielleicht kann er dann ja zu Ihnen sagen.

Beenden wir die Testphase und fangen wir endlich an mit dem richtigen Leben!

Wenn wir zusehen, wie Sandkorn um Sandkorn in der Eieruhr unseres Lebens nach unten rieselt und wir in Sachen Partnerschaft noch immer nicht den großen Coup gelandet haben, ist das schon ein Grund, um nervös zu werden. Ob sich das bis zur Rente noch hinkriegen lässt? Je knapper die Zeit wird, desto kostbarer erscheint sie uns. Sie mit irgendeinem x-Beliebigen zu verbringen, wäre da eine unverzeihliche Verschwendung. Bevor wir uns binden, legen wir darum ein Testprogramm auf. Der Kandidat muss sich in jeder Lebenslage bewähren. Da wir nicht wissen, ob das Pilotprojekt toppt oder floppt, lassen wir parallel dazu zwecks Zeitoptimierung noch ein zweites und drittes laufen. Die Männer machen mit uns das Gleiche. Sie sind unsere Probanden, wir die ihren. So angestrengt sind wir mit dem gegenseitigen Begutachten und Vergleichen der Alternativen beschäftigt, dass wir vergessen, worum es zwischen Mann und Frau eigentlich geht: um das lustvolle Beisammensein.

Hören wir endlich auf mit der Testerei. Verabschieden wir uns aus der Rolle der Gutachterin, aber auch aus der des Versuchskaninchens. Strampeln wir uns nicht ab, um in der Checkliste irgendeines Mannes besonders viele Häkchen zu bekommen. Fangen wir lieber an zu leben. Lassen wir unserem angeborenen Spieltrieb freien Lauf. Schicken wir unsere innere Bedenkenträgerin ins Exil.

Zu gefährlich?

»Leben ist immer lebensgefährlich«, hat schon Erich Kästner gesagt.

Folgen wir unserer Neugier und unseren Instinkten. Mögen sich andere gegenseitig unter die Lupe nehmen. Die Zeit ist viel zu kostbar dafür! Setzen wir uns lieber ins Café, schlürfen genüsslich einen Cappuccino und beobachten die Leute, die vorbeispazieren. Und wenn einer dabei ist, der uns gefällt, dann lächeln wir ihm zu.

Nicht verkrampft.

Absichtslos.

Einfach so …

Zum Single geboren

»Ich bin wohl das, was man gemeinhin als ›eingefleischten Single‹ beschreibt. Ich habe so gut wie nie eine feste Beziehung. Bis vor kurzem habe ich mich gefragt, ob etwas mit mir nicht stimme. Als vor einiger Zeit aber auf einmal lauter einsame Romantiker in den Medien auftauchten – auf den Titelseiten von *TV Guide* und *Mademoiselle*, in Serien wie *Ally McBeal* oder *Sex and the City* –, da erschien der Dauersingle auf einmal in einem völlig anderen Licht. Wenn Sendungen wie diese in unserer Kultur den Nerv der Zeit treffen, so dachte ich, dann stehe ich am Ende womöglich gar nicht so alleine da.«[76]

Mit diesen Worten beginnt ein Artikel, den die amerikanische Autorin Sasha Cagan im Juli 2000 unter dem Titel »People Like Us: The Quirkyalones« in der amerikanischen Zeitschrift *To-Do-List* veröffentlichte und damit in den USA eine neue Bewegung ins Rollen brachte. Manche Menschen seien nun einmal wie Puzzle-Teile, die sich in kein Puzzle einfügen lassen, egal wie man sie dreht und wendet. Sie seien zu eigenwillig, zu freiheitsliebend und persönlichkeitsstark, um sich auf Dauer in den konventionellen Rahmen der Zweierbeziehung zu fügen. Zum Schutzpatron der »Quirkyalones« oder »kauzigen Einzelgänger« erhebt sie Rainer Maria Rilke, der in seinen *Briefen an einen jungen Dichter* schreibt: »Und Sie dürfen sich nicht beirren lassen in Ihrer Einsamkeit, dadurch, dass etwas in Ihnen ist, das sich herauswünscht aus ihr … Die Leute haben (mit Hilfe von Konventionen) alles nach dem Leichten hin gelöst und nach des Leichten leichtester Seite; es ist aber klar, dass wir uns an das Schwere halten müssen.«[77]

Das Essay stieß auf eine überwältigende Resonanz und machte deutlich, wie breit die Front der Alleinlebenden ist, die sich gegen das von der Gesellschaft diktierte Zweisamkeitsgebot wehren. Die Quirkyalones sehen sich als Romantiker und Idealisten, halten sich aber gleichzeitig für zu individualistisch, um beziehungstauglich zu sein. Sex-Abstinenzler und Liebes-Verweigerer? Keinesfalls. Eine spätere Beziehung oder auch den gelegentlichen Lebensabschnittsgefährten schließen die »Singles aus Berufung« nicht aus. Bloß richten sie nicht ihr ganzes Streben danach aus. Sie suchen nicht. Wenn sie gefunden werden – okay. Warum nicht? Wer weiß schon, was die Zukunft so alles in petto hält?

Mag sein, dass nicht jeder von uns etwas mit der typisch amerikanischen Art anzufangen weiß, alles und jedes gleich zu einem »Movement« zu stilisieren und unter einem griffigen Markennamen publikumswirksam an den Mann oder die Frau zu bringen. Mag sein, dass Sie persönlich nicht zu den Menschen gehören, die ihr Solo-Dasein zur Philosophie erheben möchten. Dennoch steckt in der Unabhängigkeitserklärung eine weise Erkenntnis: Als erklärte Exzentriker lösen sich die »Quirkies« aus der Fixierung auf die Partnerschaft und konzentrieren sich lieber auf das, was ihnen ihr Leben – so wie es ist – zu bieten hat. Ob Freundschaften, Kultur, Hobbys, Job, Reisen ... was auch immer ihnen Freude und Erfüllung schenken kann, rückt in den Vordergrund des Interesses. Den ohnehin aussichtslosen Versuch, mit Gewalt einen Lebensgefährten herbeizwingen zu wollen, geben sie auf. Damit verabschieden sie sich von einem Wahn, dem unsere westliche Gesellschaft verfallen ist – dem Glauben, dass alles machbar sei.

»Man brauche das Leben nur in die Hand zu nehmen. Das Glück liege zwar nicht auf der Straße, aber in einem selbst; und daher könne jeder darüber verfügen. Man könne sein Leben gestalten, ganz nach Wunsch und Wille. Karriere sei planbar ... Partnerschaft sei gestaltbar ... Sexualität könne erarbeitet werden ... Glück sei ein Anspruch, ein Geburtsrecht geradezu, es könne trainiert werden.«[78] So beschreibt Autor und Paarberater Michael Mary die Versprechen einer mittlerweile beinahe allgegenwärtigen Heilslehre, die sich bei näherer Betrachtung als eine einzige große Lüge erweist. Wehe dem, der ihr auf den Leim geht, denn wer es nicht schafft, glücklich zu sein, muss glauben, etwas falsch gemacht zu haben. Da hilft nur eines: fleißiger üben, schneller strampeln. Hechel, hechel, hechel ... dem Paradies entgegen.

»Wo Menschen aber glauben, alles machen zu können, da wird nichts mehr gelassen.«[79] Mit anderen Worten: der Krampf beginnt, die Mühe, die Anstrengung. Genau hier setzt die Verweigerung der Quirkyalones an. Sie nehmen ihr Alleinsein so, wie es ist. Versuchen nicht, mit Macht daraus auszubrechen – und können sich endlich entspannen. Was sie ungeheuer sympathisch macht.

Als bei den Olympischen Spielen in Athen die deutschen Kanuten unverhofft als Erste durchs Ziel gingen, kommentierte ein Reporter im Radio den Überraschungssieg in etwa so: Ohne Gold im Sinn auf dem Siegertreppchen gelandet. Auch wenn Sie sich nicht zum Single geboren fühlen: Manchmal lässt sich ein Ziel eher erreichen, wenn man es gerade nicht mit zusammengebissenen Zähnen anvisiert. Wer *nicht* suchet, der findet.

Also besser kein Schmetterlingsnetz hinter dem Rücken verbergen! Der Mann hat ein Gespür dafür, wenn eine Frau dies tut. Die Bedürftigkeit, die Sehnsucht, der innere Druck springt ihr förmlich aus den Augen. Er weiß, dass jede ihrer Gesten, jedes Wort, jeder Augenaufschlag, die Wahl der Kleidung – alles! – einzig und allein darauf hinausläuft, ihm Nebel ins Hirn zu pusten. Das Biest wartet nur darauf, dass bei ihm der Verstand aussetzt und der Trieb das Kommando übernimmt. Er ist sich vollkommen bewusst, dass er verloren ist, sobald sich sein Blick auf ihr Bermudadreieck fixiert. Dann nämlich ist sein Fluchtimpuls gelähmt. Und schon schlägt der Käscher zu. Also rette sich, wer kann!

Fazit: Wir müssen es irgendwie schaffen, die Männer (zeitweilig) zu vergessen, und mit uns allein leben lernen. Dann werden sich die Kerle irgendwann womöglich ganz freiwillig bei uns in Erinnerung rufen.

Frauen?

Da war doch noch was …

Bloß ein Traum?

Quirkyalones hin oder her – grundsätzlich will wohl kaum eine von uns den Männern den Rücken kehren. Warum auch? Die Kerle gehören zum Leben dazu, sind nicht die schönste Nebensache, sondern die schönste Hauptsache der Welt. Doch nach allem, was wir gesehen und gelesen haben, fragt sich, wie denn eine geglückte Beziehung zwischen Mann und Frau überhaupt aussehen mag – eine, in der beide gleichermaßen zum Zuge kommen, eine, auf die beide sich ohne Zwang (und vielleicht sogar mit Begeisterung) einlassen können.

Jeder Mensch braucht seine Träume. Wenn wir schon die Illusion vom Prinzen mit Pferd und Wagen begraben sollen, brauchen wir ein anderes Bild, um unsere Fantasie zu beflügeln. Wie wäre es mit diesem?

Ich stelle mir vor: ein Raum, fast keine Möbel stehen darin, nur ein paar Stühle an einer Wand. Weiß getünchte Wände. Die Fenster sind weit geöffnet in dieser lauen Nacht. Es ist ganz still. Da auf einmal betreten ein Mann und eine Frau die Szene, sie kommt von links und er von rechts. Als er sie sieht, bleibt er stehen. Sie schaut ihn nicht an, weiß instinktiv, dass er da ist. Und geht hinüber zu der alten Jukebox, die am hinteren Ende des Saales in einer Nische steht. Sie braucht nicht zu suchen, weiß, welches Stück sie spielen will: Tango argentino.

Kaum, dass die Musik erklingt, hat sich das Paar gefunden. Eng schmiegt sich die Frau jetzt an den Mann und schwebend gleiten sie übers Parkett, mit geschlossenen Augen. Die Welt ringsum versinkt. Nichts existiert mehr für sie als ihr prickelndes Spiel zwischen Hingabe und Dominanz. Er führt und sie vertraut sich ihm an, doch willenlos fügt sie sich nicht. Ständig provoziert sie ihn, und jedes Mal muss er sie neu erobern. Sie ist ganz Frau, er ist ganz Mann.

Die Schritte sind einfach, eher nebensächlich. Sie tanzen, was sie fühlen, und jeder fühlt sich in den anderen ein – ein Fließen im Spannungsfeld zwischen Leidenschaft und Disziplin, Pose und Bewegung: Tango argentino. Das Leben kann kaum aufregender sein.

Wie gut sich die beiden kennen? Ob sie sich lieben? Was sie machen, wenn die Musik vorüber ist? Hohle Fragen. Bedeutungslos. Was zählt, ist nur der Augenblick. Das Hier und Jetzt. Und jetzt sind sie sich nah.

Das Bandoneon verstummt. Einen Moment lang stehen die beiden still da, bis auch der letzte Ton verklingt. Dann lösen sie sich voneinander. Kaum merklich neigt er den Kopf, und auch sie nickt ihm zu. Eine Geste des gegenseitigen Respekts.

Und schon geben sie das Parkett wieder frei. Drüben auf den Stühlen an der Wand, da sitzen noch mehrere Tänzer.

Sie warten gespannt.

Sie haben Lust auf Tango.

Danksagung

Mein Dank gilt denen, die bereit waren, mir freimütig und ohne Tabus von sich und ihrem Leben zu erzählen – von ihren Pleiten und Problemen ebenso wie von ihren Hoffnungen, Wünschen und Sehnsüchten. Sie haben dieses Buch mit Wärme und Seele gefüllt.

Anmerkungen

[1] Oliver Creutz, »Das Geschäft mit der Einsamkeit«, in: *Neon*, Mai 2004

[2] Kurt Starke, »Partnerschaft und Single-Leben. Fragmente zu einem großen Thema«, in: Detlef Mücke (Hrsg.), *Lebensformen und Sexualität*, Bielefeld 1998

[3] Ethan Watters, *Urban Tribes – A Generation Redefines Friendship, Family and Commitment*, New York 2003

[4] www.single-tapete.de

[5] Zum Beispiel *Nie mehr allein – 62 Minuten Zweisamkeit*, Delta Music, 2001

[6] Barbara DeAngelis, *Wie viele Frösche muss ich küssen*, München 1996

[7] Michael Mary, *12 Beziehungskiller und wie man sie vermeiden kann*, München 1999

[8] Dirk Ludiks, *Ran an den Mann – Sextipps für Frauen*, München 1999

[9] Lou Paget und Beate Gorman, *Die perfekte Liebhaberin*, München 2000

[10] John Gray, *Männer sind anders, Frauen auch*, München 1993

[11] Reinhold Dörrzapf, *Eros, Ehe, Hosenteufel – Eine Kulturgeschichte der Geschlechterbeziehungen*, Frankfurt 1995

[12] Michael Weithmann, *Xanthippe und Sokrates*, München 2003

[13] Friedrich Dürrenmatt, Originaldrehbuch zu *Es geschah am hellichten Tag*, Regie Ladislao Vajda, Schweiz, Deutschland, Spanien, 1958; im gleichen Jahr unter dem Titel *Das Versprechen* als Roman erschienen

[14] Siehe www.uni-essen.de/literaturwissenschaft-aktiv/Vorlesungen/dramatik/brmuttercourage (18. 09. 2004)

[15] Carola Stern, *Männer lieben anders. Helene Weigel und Bertolt Brecht*, Berlin 2000, S. 101 f.

[16] Reinhold Dörrzapf, s. o.

[17] Medicine Worldwide unter www.m-ww.de/sexualitaet_fortpflanzung/lexikon/prostitution.html; leider ist aus der Seite nicht zu ersehen, wann die Daten erhoben wurden

[18] Zitiert in der Übersetzung von Annette Hahn aus Carole McKenzie, *All about Sex*, München 1997

[19] Abkürzung für Sozialistischer Deutscher Studentenbund

[20] Siehe zum Beispiel: www.politeia-project.de

[21] So war es auf einem Plakat der Neuen Frauenbewegung zu lesen.

[22] Helke Sander (Aktionsrat zur Befreiung der Frauen) auf einer Delegiertenkonferenz des SDS im September 1968 in Frankfurt/Main

[23] Zitiert nach Wiglaf Drostes Artikel »Alice Schwarzer: Tante Denunziante«, in: *Junge Welt*, 23. 04. 1998

[24] Alice Schwarzer, *Der kleine Unterschied und seine großen Folgen*, Frankfurt 1975

[25] Alice Schwarzer in der Einleitung ihres Buchs *Alice im Männerland*, Köln 2002

[26] Zitiert nach Alice Schwarzer, *Alice im Männerland*, s. o.

[27] Alice Schwarzer, *Der kleine Unterschied und seine großen Folgen*, s. o.

[28] Esther Vilar, *Der dressierte Mann/Das polygame Geschlecht/Das Ende der Dressur*, München 1971

[29] WDR, 6. Februar 1975, 16.20 Uhr: *Alice kontra Esther – Streitgespräch zwischen zwei Autorinnen*

[30] Marcel Reich-Ranicki über Elfriede Jelinek in »Die missbrauchte Frau«, *Der Spiegel*, 42/2004

[31] Jörg Blech und Rafaela von Brednow, »Eine Krankheit namens Mann«, *Der Spiegel*, 38/2003

[32] Steve Jones, *Der Mann. Ein Irrtum der Natur?*, Reinbek 2003

[33] Fay Weldon im Interview mit Rainer Oschmann, erschienen unter dem Titel »Wir wollen die Männer verändern, nicht vernichten« in: *Neues Deutschland*, 16./17. Mai 1998

[34] Frank Keil, »Das verdächtige Geschlecht«, in: *Chrismon*, 03/2004

[35] Maurice Sendak, *Wo die wilden Kerle wohnen*, Zürich 1967

[36] Michele Weiner-Davis, *Dog-Training: Jetzt ändere ich meinen Mann*, Stuttgart 1999

[37] Siehe Natalie Angier, *Schön scheußlich*, München 2001

[38] Michaela Benzeval u. a. in *Journal of Epidemiology and Community Health*, 2004, Bd. 58, S. 53

[39] Siehe Arlene Skolnick, *Embattled Paradise. The American Family in an Age of Uncertainty*, New York 1991

[40] Jane Austen, *Stolz und Vorurteil*, Zürich 2003

[41] Anne-Marie Durand-Wever (Berliner Ärztin und Mitbegründerin von ProFamilia), »Eine Pille regelt die Fruchtbarkeit«, *Stern*, 1961

[42] Zitat aus Carole McKenzie, *All about Sex*, München 1997

[43] Michael G. Koch, *AIDS: vom Molekül zur Pandemie*, Heidelberg 1987

[44] Kim Cattrall und Mark Levinson, *Satisfaction: The Art of the Female Orgasm*, Boston 2003

[45] Siehe Elke Buhr, »Gott ist damit einverstanden«, in: *Frankfurter Rundschau*, 20. 11. 2003

[46] Siehe Sebastian Hammelehle, »Am Ende des Sex«, in: *Welt am Sonntag*, 04. 04. 2004

[47] *Woman*, 09/2004

[48] John Irving, *Witwe für ein Jahr*, Zürich 1999

[49] Siehe auch Mariam Lau, *Die neuen Sexfronten*, Berlin 2000

[50] Nik Cohn, *Rock Dreams*, seit 2003 wieder erhältlich im Taschen Verlag

[51] Siehe die Titelstory »Angeknackste Helden«, in: *Der Spiegel*, 21/2004

[52] Zitiert nach www.mdr.de/brisant/promi-klatsch vom 15. Juli 2004

[53] So soll nach eigenem Bekunden Trainer Ion Tiriac einmal Beckers Verhalten beschrieben haben.

[54] Zitiert nach Natascha Freundel in ihrem Bericht über die Berliner Veranstaltungsreihe »Männlichkeit als Maskerade«, in: *Frankfurter Rundschau*, 23. 07. 2002

[55] Zitiert nach Petra Mies, »Der große Unterschied«, in: *Frankfurter Rundschau*, 10. 01. 2004

[56] Kompletter Bericht unter www.virgil.at/downloads/leben.pdf; Projektleiterinnen Edeltraud Zlanabitnig-Leeb und Hildegard Schreckeis-Nägele

[57] Siehe *Focus* 21/2004

[58] Marie Theres Kroetz-Relin, *If pigs could fly*, München 2004. Marie Theres Kroetz-Relin, »Karriere? Sorry, keine Zeit«, in: *Frankfurter Rundschau*, 10. 05. 2004. Siehe auch die Internet-Plattform www.hausfrauenrevolution.de

[59] Siehe www.lbswest.de

[60] Sonja Baulig, »Wie ein Kind die Beziehung verändert«, in: *Maxi*, 11/2003

[61] Karin Jäckel, *Der gebrauchte Mann*, München 2000

[62] Vortrag am 10. Mai 1997 auf dem 49. Deutschen Anwaltstag in Frankfurt am Main, *Anwaltsblatt* 8 + 9/97, Seite 466 – 468, 1977

[63] Ricarda Junge, »Mann und Frau«, in: *Frankfurter Rundschau*, 11. 08. 2004

[64] Siehe die Homepage von Kurt Starke unter pweb.uunet.de/starke.l/pub_ltext.html

[65] John Gray, *Männer sind anders, Frauen auch*, München 1993

[66] Oskar Holzberg, »Auf der Flucht vor zu viel Nähe«, in: *Brigitte spezial*, 3/99

[67] Mit Jürgen habe ich nicht selbst gesprochen. Ich fand das Interview im o. g. *Brigitte*-Heft (3/99) unter dem Titel »Jeder will mal mit einer Hure schlafen«. Es wurde protokolliert von Dirk van Versendaal.

[68] June. M. Reinisch und Ruth Beasley, *Der Neue Kinsey Institut Report*, München 1991

[69] Michel Houellebecq, *Ausweitung der Kampfzone*, Reinbek 2000

[70] Susanne Schäfer, »Einsame Spitze«, in: *Vogue Business, Special zum Thema Liebe und Karriere*, Frühling/Sommer 2004

[71] Sonja Bischoff (Hamburger Hochschule für Wirtschaft und Politik), »Männer und Frauen in Führungspositionen der Wirtschaft in der BRD«, Juni 1999

[72] Cheryl Benard und Edith Schlaffer, »Frauen zwischen Ambitionen und Optionen«, 2002 – eine Untersuchung im Auftrag von Proctor & Gamble, bei der 30 Karrierefrauen befragt wurden.

[73] *Grundgesetz für die Bundesrepublik Deutschland*, Artikel 3 (3)

[74] Maike Rensch-Bergner, *Das Uschi-Prinzip*, München 2004

[75] E. Antonio Elster und Monika Bauer, *Männer zum Heiraten verführen – 40 Do's & Don'ts*, Hamburg 2002

[76] Sasha Cagan, »People Like Us: The Quirkyalones«, in: *To-Do-List*, Juli 2000. In den USA hat die Autorin inzwischen auch ein Buch zu dem Thema herausgebracht: *Quirkyalone – A Manifesto for Uncompromising Romantics*, San Francisco 2004 (noch nicht in deutscher Übersetzung erhältlich)

[77] Rainer Maria Rilke, *Briefe an einen jungen Dichter*, zum Beispiel die Ausgabe Frankfurt 1972

[78] Michael Mary, *Die Glückslüge – Vom Glauben an die Machbarkeit des Lebens*, Bergisch Gladbach 2003

[79] Michael Mary, *Die Glückslüge*, s. o.